高 职 高 专 酒 店 管 理 专 业 工 学 结
职 业 教 育 数 字 化 融 媒 体 特 色 教

新编饭店概论

主 编 卢静怡 顾燕云

ZHEJIANG UNIVERSITY PRESS
浙江大学出版社
·杭州·

图书在版编目（CIP）数据

新编饭店概论 / 卢静怡，顾燕云主编. — 杭州：浙江
大学出版社，2019.8（2024.7重印）
ISBN 978-7-308-19418-1

Ⅰ．①新… Ⅱ．①卢… ②顾… Ⅲ．①饭店—概论
Ⅳ．①F719.3

中国版本图书馆CIP数据核字（2019）第163071号

新编饭店概论

XINBIAN FANDIAN GAILUN

主　编　卢静怡　顾燕云

策划编辑　徐　霞（xuxia@zju.edu.cn）
责任编辑　徐　霞
责任校对　杨利军　陈　欣
封面设计　卢　涛　周　灵
出版发行　浙江大学出版社
　　　　　（杭州市天目山路148号　　邮政编码　310007）
　　　　　（网址：http://www.zjupress.com）
排　　版　杭州林智广告有限公司
印　　刷　浙江省邮电印刷股份有限公司
开　　本　787mm×1092mm　1/16
印　　张　13
字　　数　301千
版 印 次　2019年8月第1版　2024年7月第6次印刷
书　　号　ISBN 978-7-308-19418-1
定　　价　49.90元

　　饭店概论课程是高职高专院校旅游类专业的基础课，以提高学生整体素质为基础，以能力为本位，着力培养学生的实践操作能力和创新能力。《新编饭店概论》全书共分为八章，分别介绍了饭店概述、饭店业发展史、饭店集团、饭店等级划分与评定、绿色饭店、主题饭店、经济型饭店、民宿等内容。本书强调教与学、学与用的关系，兼顾了酒店管理专业学生的学习特点，减少了普通饭店概论教材中的管理类知识，加大了饭店业发展最新趋势等内容的比重，使之既能体现课程要求，同时又符合行业特点，体现了饭店业日新月异的发展和变化。

　　本书可作为高校酒店管理专业的教材，也可作为酒店服务与管理岗位培训教材，还可作为饭店业爱好者的阅读用书。

　　《新编饭店概论》作为浙江省重点建设教材，在编写过程中体现了三大特色。第一，教材充分体现了"校企融合"的特点。本教材编写团队成员包括浙江旅游职业学院酒店管理专业、浙江商业职业技术学院旅游烹饪学院的一线"双师型"教师，具备丰富的教学经验和高星级饭店的工作经历。在教材编写过程中，根据饭店岗位对员工知识的需求，重构了知识结构和能力体系结构，增加了行业的实际案例，有利于提高教材在省内外同类高职院校教学和行业培训中的使用率。第二，教材编写模式新颖，体现了高职特色。教材贯彻"以服务为宗旨，以就业为导向"的职业教育方针，打破传统编写模式，弱化理论知识，强化能力培养。教材紧紧围绕着学生关键能力的培养来组织内容，以"必需""够用"为度，删去烦琐的理论概念和历史知识，将大量案例引入教材，突出了理论知识的实用性，促进了"教、学、用"一体化教学。第三，教材内容全面，具有可读性、趣味性和广泛性。教材引用了大量来自教学、企业和行业的最新典型案例，有助于相关课程的学习；设有饭店历史、全球著名饭店、民宿等社会热点方面的阅读材料，可以满足不同层次读者的需要。

　　本教材适合高校酒店管理专业学生使用，也可作为酒店服务与管理岗位培训用书。总教学时数为36课时，每周2课时授课，一学期完成全部课程。本教材共分饭店概述、饭店业发展史、饭店集团、饭店等级划分与评定、绿色饭店、主题饭店、经济型饭店、民宿等八章，各章由引言、教学目标、正文、知识拓展、闯关测试与思考题构成。

　　本教材由卢静怡、顾燕云担任主编，具体编写分工：第一章由浙江旅游职业学院卢静怡教授编写，第二、三章由浙江旅游职业学院顾燕云老师编写，第四、五章由浙江旅游职业学院雷明化副教授编写，第六、七章由浙江旅游职业学院方敏副教授编写，第八章由浙江商业职业技术学院陈春燕副教授编写。

在这里，特别感谢浙江大学出版社给我们这次合作机会，以及浙江旅游职业学院酒店管理系的鼎力支持，正是他们的帮助，才使本教材的出版成为可能。同时，感谢君澜酒店集团张劲松先生，为本教材提供了来自酒店一线的意见和建议，使得本教材能以校企合作的形式完成。

由于编者水平有限，书中难免存在不足之处，敬请读者和旅游业人士批评指正。

编者

2019年7月

CONTENTS

目录

CONTENTS

CONTENTS

第一章 饭店概述

饭店概述

引言

　　饭店是现代旅游业的重要支柱，是旅游供给的最基本的构成要素，是旅游业经营活动必不可少的物质条件，是为旅游者提供综合服务的重要场所。本章是本书的开篇，对饭店的定义、类别、组织结构及一些基本概念进行阐述。

教学目标

知识目标：

▶ 掌握饭店、饭店产品的定义及其特点。

▶ 理解饭店在国民经济中的作用。

▶ 了解饭店不同的分类方法。

▶ 知晓不同的饭店组织结构类型。

核心概念：

▶ 饭店　饭店功能　饭店组织

第一节 饭店的定义、功能与作用

一、饭店的定义

　　在中文里表示住宿设施的名词很多，传统的有旅店、旅馆、饭店、宾馆、招待所等。20世纪80年代末以来，中国香港和新加坡等地的"酒店"一词逐渐为人熟知。在英文中，表示饭店意思的词也颇多，有hotel、inn、lodge、guesthouse、tavern等。而hotel是目前普遍被业内人士和专家学者认可的表述住宿设施的词。饭店（hotel）一词源于法语，

饭店的定义

原指法国贵族在乡间接待宾客的别墅。后来，英、美等国沿用了这一名称来泛指所有商业性的住宿设施。

　　其实，中国的"饭店"一词含义应接近国际通例。"饭店"在过去等同于"酒店"，甚至"餐馆""酒家"等，指能提供餐食的商业经营场所，而"旅店"（旅馆、旅邸等）则提供住宿，餐饮除外。现在也出现了一种只管住宿不管餐饮的"酒店"（经济型），有些像中国古代的旅店。部分权威辞典对饭店下过不同的定义。

　　饭店一般来说是为公众提供住宿、膳食和服务的建筑与机构。

——《科利尔百科全书》

饭店是装备完好的公共住宿设施，它一般都提供膳食、酒类与饮料以及其他服务。

——《美国百科全书》

饭店是在商业性的基础上向公众提供住宿，也往往提供膳食的建筑物。

——《不列颠百科全书》

饭店是为公众提供住宿设施与膳食的商业性建筑设施。

——《简明不列颠百科全书》

饭店是提供住宿，也经常提供膳食与某些其他服务的设施，以接待外出旅游者和半永久性居住的人。

——《韦伯斯特新世界辞典》

饭店是向旅游者与过路的人出租睡觉设施的地方。

——《旅游辞典》

就一般认识而言，"全书"的定义较适合；就现代发展而言，《旅游辞典》的定义较适合。

我国《旅游饭店星级的划分与评定》（GB/T 14308—2010）对旅游饭店做出如下定义：旅游饭店（tourist hotel）是以间（套）夜为单位出租客房，以住宿服务为主，并提供商务、会议、休闲、度假等相应服务的住宿设施，按不同习惯可能也被称为宾馆、酒店、旅馆、旅社、宾舍、度假村、俱乐部、大厦、中心等。

综合上述定义，饭店是以某一特定的建筑物为依托，通过提供有形的产品和无形的服务等来满足宾客住宿、饮食、娱乐等多方面需求而获取利润的经济组织。

由此可以看出，要成为饭店，必须具备以下四个条件：

（1）饭店必须具备一定的房屋建筑、设备设施和相关的物资物品。这是饭店提供各种产品和服务的依托，是饭店的首要条件。

（2）饭店必须能够提供住宿、餐饮、商务和其他服务，有满足各种旅居宾客和其他宾客需求的使用功能。

（3）饭店必须有经过系统培训、具备了饭店行业素质的从业人员，其主要职责是为宾客服务。

（4）饭店必须以营利为目的，使用者要支付一定费用。经营者必须自主经营、独立核算、自负盈亏、自担风险。

二、饭店的功能

饭店的功能是指饭店为满足顾客的需求而提供的服务所发挥的效用。饭店最基本也最传统的功能就是向顾客提供住宿和餐饮。由于客源及顾客需求的不断变化，现代饭店的功能也已经有了很大的发展，其功能日益多样化。

（一）住宿功能

饭店为顾客提供住宿设施，以清洁、舒适的环境和热情、周到的服务，使顾客获得宾至如归的感受。

（二）餐饮功能

饭店一般设有中餐、西餐、特色风味等不同的餐厅，以良好的环境、可靠的卫生条件、精美的菜肴和优质的服务，向顾客提供零食点心、团队以及宴会等多种形式的餐饮服务。

（三）商务功能

饭店设置商务中心、商务楼层、商务会议室与商务洽谈室，为商务客人提供传真和国际、国内直拨电话等现代通信设施。商务型饭店客房商务化趋势非常明显，传真机、两条以上的电话线、与电话线连接的打印机、互联网接口等都逐步安装。有的饭店还发展电子会议设备，设有各种联络所需要的终端。高科技的设施设备使饭店更加智能化、信息化，从而更好地满足商务客人的需求。

（四）度假功能

随着我国度假旅游市场的兴起和不断发展，人们对度假型饭店的需求日益增长。度假型饭店一般坐落于风景名胜区内或附近，因地制宜配备娱乐设施，注重提供家庭度假环境，能满足不同类型家庭的度假需求。

（五）休闲娱乐功能

饭店除了提供基本的住宿和餐饮服务外，还提供各种供顾客消遣娱乐、健身康体的活动内容和项目，如付费点播电视、卡拉OK、游泳、健身、SPA等。

（六）会议功能

饭店可为从事商业、贸易展览、科学讲座等客人提供各种会议的设施和服务。饭店配有规格不等的会议室、洽谈室、演讲厅、展览厅等设施。会议型饭店往往还配备各种举办大型会议和国际会议的音响设施与同声传译设备，可供召开远程的电视、电话会议，多国语言同声传译的国际会议，各类企业的新产品推介会、业务洽谈会和新闻发布会等。

（七）其他服务功能

除了上述的服务功能外，饭店作为顾客的"家外之家"，还应该尽可能满足旅游者的各种需求，提供各种各样的其他服务，包括代订代邮服务、洗涤服务、游览组织服务，以及其他一些法律允许的特种服务等。

三、饭店的作用

在我国，饭店业、旅行社业、交通运输业被称为旅游业的"三大支柱"。饭店业作为现代旅游业的三大支柱之一，不但对旅游业本身，甚至对于整个国民经济都有着极为重要的作用。

（一）饭店业是发展旅游业的重要物质基础

饭店业毫无疑问是发展旅游业的重要物质基础，大凡旅游业发达的国家（地区），其饭店业也是发达的。在旅游需求的六大要素（吃、住、行、游、购、娱）中，除"行"和"游"之外，其他要素均可在饭店得到满足，可以说离开了饭店，游客连最基本的住宿、饮食都无法得到保证，整个旅游活动也就无法顺利地进行。因此饭店业建设总体水平，其中包括饭店客房数量、设施设备的实用程度、服务项目的数量、档次数量比例关系等具体指标，反映了一个国家（地区）发展旅游业的物质基础条件，是其旅游接待能力的重要标准之一。

（二）饭店是旅游创收的重要基地

现代化的饭店由于具备多种服务功能和提供多种项目的服务，因此，其收入在整个旅游收入中所占的比重越来越大，因而成为旅游业的重要部门，也是旅游业赚取外汇、回笼货币的重要场所和手段。根据相关统计，饭店业可以将30%以上的旅游总消费转化为自己的收入。

饭店提供的服务性劳务具有就地"劳务出口"的性质，因此，取得的外汇收入是一般外贸出口所无法达到的。随着旅游业的蓬勃发展，其在国民经济中的重要性不断上升，作为其重要支柱之一的饭店业的发展，对于国家增加外汇收入、平衡国际收支有着重要意义。

（三）饭店为社会创造就业机会，带动其他行业的发展

饭店业向社会提供的主要产品是服务，而服务部门与物质生产部门的最大区别在于它提供的是非物质产成品的活劳动。饭店业全方位地满足旅行者的临时生活需要，其分工复杂多样，这一特点决定了饭店业需要大量的就业人员。由此可见，饭店业属于最典型的劳动密集型行业，直接为社会提供大量的就业机会。

饭店创造
就业机会
的作用

根据世界旅游组织对饭店业就业状况的分析，亚太区饭店业的每间客房可以为1.5人提供就业岗位。同时，需要其他诸如建筑、商业、农副产品加工等众多的社会行业2.5人的配合，因此饭店业的发展可以为社会提供更多的间接就业机会，从而活跃劳动力市场。饭店业的发展不可能解决整个社会的就业问题，但在一定程度上可以起到缓解就业矛盾的作用，这不但有利于社会安定，也为更多的人提供了施展才华的机会。

另外，有关资料统计表明，饭店客人近60%的消费花在饭店以外的社会其他行业，而且客人在饭店消费的物品大多是由社会其他相关行业提供的。因此，饭店业的发展，实际上也刺激了其他行业的发展。

（四）饭店业的发展可促进社会消费方式和消费结构发生变化

旅游市场的激烈竞争和旅游地区人民生活水平的提高加大了社会对饭店业的需求，也促进了饭店业自身建设日趋合理和完善。现代饭店业发展的重要目标之一就是满足客人不断增加的消费需求，扩大相应的经营范围。饭店业正逐步转变为向全社会提供综合服务的消费活动场所。

高速发展的现代社会，人们个人隐私意识的加强跟社会活动空间的狭小之间的矛盾越来越突出，原有的家访式社交存在诸多不便。而饭店在各种公共场合中，其具有种类齐全的综合服务设施，能向所在地的居民提供餐饮、娱乐等活动，就会吸引本地居民，使之成为最为理想的社交环境。随着经济的发展，饭店为人们提供的服务将会越来越多，这反过来也会促进人们消费方式和消费结构发生变化。

第二节 │ 饭店产品及特点

一、饭店产品的定义

饭店产品是指顾客在住店期间，饭店提供的用以满足顾客需要的有形产品和无形服务的综合。

饭店产品的定义

（一）顾客视角

从顾客角度看，饭店产品是一段住宿经历，它包括物质产品消费和精神享受，由以下三部分构成：

（1）物质产品。顾客实际消耗的物质产品，如饮食、宿具、肥皂、牙刷及牙膏等。

（2）感觉上的享受。它是通过住宿设施的建筑物、家具、用品等来传递的，是指顾客通过视觉、听觉、味觉以及嗅觉等感受到的物质享受。

（3）心理上的感受。顾客在心理上所感觉到的利益，如地位感、舒适感、满意程度以及享受程度等。顾客在饭店的这段经历质量的好坏，既取决于饭店产品的物质形态，如建筑物、家具、食品、饮料，以及其他无形形态，即提供的各种服务及氛围等，也取决于顾客主观的经历和看法。

（二）饭店视角

从饭店角度看，饭店产品是有形设备设施和无形服务的综合。所以说，饭店产品是饭店硬件和软件的综合体，由以下六部分构成。

（1）饭店的位置。饭店所处的位置，是指它是否位于交通便利地带，如市中心或中心商务区、旅游景区或度假区等。这些都是顾客选择饭店的重要因素。美国饭店业先驱埃尔斯沃思·米尔顿·斯塔特勒（Ellsworth Milton Statler）先生曾说过："对任何饭店来说，取得成功的三个根本要素是地点、地点、地点。"今天的现代饭店更应如此，饭店充分利用位置的优势向客人推销，往往就能吸引客人，取得较佳效果。

（2）饭店的设施。饭店设施是指饭店的建筑规模，饭店的各类客房、商务套间、豪华套间、总统套房，各类别具特色的餐厅、商务中心以及公共的休息场所、卫生间等。齐全的设施是构成饭店产品的重要条件。

（3）饭店的服务。饭店的服务包括训练有素、端庄大方、懂得礼仪、恭敬待客的服务员，操作熟练、动作轻盈利落、主动热情、不厌其烦地解答客人的问询、善为客人处理意外情况的现场管理员，标准、流利的国际语言交流环境，以及千方百计为客人排忧解难、使客人感到安全可靠的服务。良好的服务，是饭店产品中最为重要的部分。

（4）饭店氛围。氛围是顾客对饭店的一种感受。例如，中国民族风格的饭店建筑，配上不同格调、不同档次的壁画、艺术品，错落有致的花草布置，以及与之相呼应的服务员的传统服饰打扮，对各国客人都有极强的吸引力。

（5）饭店的形象。在竞争日益激烈的社会中，社会形象已成为一个饭店立足社会的必备条件。饭店通过销售与公关活动在公众中所形成的良好形象，涉及饭店的知名度、经营思想、服务质量与信誉度等诸多方面。一个饭店良好的社会形象，是最重要的无形资产，对饭店的生存和发展至关重要。

（6）饭店的价格。价格也是产品的组成部分之一，饭店产品价格制定是否合理对饭店产品的销售、利润及形象会产生很大影响，只有科学合理的定价，才会吸引消费者前来消费，同时使饭店取得最大化的效益。

二、饭店产品的特点

饭店产品不是一种简单的具体产品，而是一种特殊的综合产品，所以具有不同于一般产品的特点。

（一）饭店产品的无形性

从表面上看，饭店所出售的似乎是客房、食品等有形产品，但实质上饭店所出售的是一种非量化的、无形的服务。饭店产品是一种无形产品，这是饭店最本质的特点，从而使饭店既区别于生产实物产品的生产型企业，也区别于进行商品流转的商业企业。

饭店产品的无形性是指饭店劳务服务具有看不见、摸不着、非物质化、非数量化等特点。它的无形性，使饭店难以向客人描述和展示其服务项目，给营销工作带来了很大困难。客人在做出购买饭店产品的决定时，也感到风险较大。饭店产品的无形性也决定了产品无专利权的特点,使新产品极易被竞争对手模仿。

当然,饭店产品的无形服务离不开物质化的有形商品(或以之为辅助),离开它就谈不上"饭店"产品了。但其中心还是"无形"产品,因为"有形"的物质离开"无形"的服务就不能称其为"饭店产品"。

(二)生产与消费的同步性

通常,实物产品的生产、销售和消费过程是一个分离的过程,即先由生产者生产出产品,然后进入市场销售,最后由消费者进行消费,整个过程中生产者和消费者是不直接接触的。而饭店产品的生产、销售和消费过程则是同时进行且不可分离的,当顾客消费饭店服务产品时,也就是饭店服务产品的生产(提供)过程。

饭店产品生产与消费的同步性,要求饭店不仅要有一个良好的服务环境和条件,以吸引顾客的光临,同时还要提供高质量、周到的服务,才能满足顾客的消费需求,使饭店产品的价值和使用价值得以实现。

(三)饭店产品的差异性

虽然饭店提供给每一位宾客的产品和服务都是一致的,但是,对于不同的宾客而言,由于其生活背景不同,所以对相同产品和服务的感受是具有差异性的。对于同一位宾客而言,由于其所处的时间、环境和心态不同,所以对同一种产品和服务也可能会有不同的感受。

饭店产品的差异性

就同一种产品和服务而言,不同饭店所提供的是不同的,需要突出其自身的特点。而同一家饭店所提供的同一种产品和服务同样具有质量、水平等的差异,这是因为在提供同一种产品和服务的不同服务人员之间具有差异性。对于同一名员工而言,由于时间、地点、心情等方面的原因,其所提供的产品和服务亦有差异。

因此,对饭店而言,要提供标准化服务,就必须制定相关的质量规程,对员工进行培训,树立"员工是饭店最宝贵的财富"这一理念,坚持以人为本。

三、饭店业务的特点

饭店是个特殊性行业,它是生产性行业,但生产的是无形产品,它是现代化企业,但无大机器生产,饭店有其自身特有的业务形式和业务特点。

(一)饭店业务的时空特性

饭店产品使用价值的产生和存在一定要依赖固定的空间,这些使用价值有很强的时间效用。

空间是饭店产品的外壳,是使用价值的组成部分。饭店的空间是不能移动的,这就决定了饭店产品的不可移动性。由此,我们也常常把饭店经营称为出售空间。饭店空间虽是不能移动的,但饭店空间功能可做临时性或永久性的改变。

饭店业务的时空特性

时间是饭店产品的载体，饭店产品的使用价值是和时间紧密联系在一起的。从形式上看，没用过的饭店产品的价值和使用价值依然存在，但这个存在是在一个新时段的存在，而上个时段的产品价值和使用价值因未被使用而闲置，是一种损失。因此，饭店产品的价值有很强的时间性。

我们把饭店产品的时间、空间联系起来观察就可以发现，空间和时间是互相联系和交织在一起对饭店产品产生影响的。要使每个时段的每个空间都能产生理想的效益，关键就在于提高经营管理的水平。

饭店要实现产品价值，就不能使空间闲置，就要通过营销手段吸引客源，充分利用饭店空间。而这一空间的利用和时间段相联系。饭店在淡旺季、客源不同的情况下，利用价格杠杆调节客流量，就是利用了饭店业务的时空特性。

（二）饭店业务的综合协调性

当宾客进入饭店后，要消费由各个不同部门所生产的使用价值，以宾客的活动为纽带，各相关部门使用价值的综合就形成饭店产品。无论是饭店还是饭店产业，都是一个整体，分散在不同空间的不可凝聚的多种使用价值和业务内容包容在一个整体中，去满足某一特定对象的需要，这就决定了饭店业务的综合协调性。

饭店业务的综合性是由饭店产品的业务在时空上的分散性、不可凝聚性、多样性、产品独立使用价值的多元性所决定的。因为其一，各部门独立的业务和使用价值都包容在饭店的整体中；其二，顾客在饭店的消费往往不是单一的，他们得到的服务绝不会是某部门的单一服务；其三，每一部门使用价值的产生和业务的运行都涉及其他部门，要和其他部门相联系；其四，各部门之间业务具有共进性，一个部门业务繁荣，会促进其他部门。所以，饭店业务的运行都是为了给宾客一个满意的饭店产品，这个产品是由饭店各部门共同提供的。

饭店业务的综合性带来了饭店业务的协调性。饭店业务的协调性包括：业务组合和衔接的协调；业务组合的交叉性；各部门业务水平的一致性。

（三）饭店业务的强文化性

饭店必须带有文化色彩，这里的"文化"是指大文化，由地域、民族、政治所决定的人类知识、信仰和行为的整体，它包括语言、思想、信仰、风俗习惯、禁忌、法规、制度、工具、技术、艺术、礼仪、仪式及其他有关成分。文化所包含的内容在饭店的各个方面都会充分地表现出来，它使饭店带有业务上的强文化性。

饭店业务的强文化性是渗透在饭店业务的各个环节、各个方面的，具体地说，饭店业务的强文化性主要通过饭店的硬件和软件两个方面来体现。硬件方面主要有：建筑物造型和外观环境、外装修，饭店的环境设计和内装修设计，设备设施及用品物品的造型、色彩图案、款式、CI（企业形象）设计的艺术效果等。软件方面主要有：饭店的产品理念和服务理念、饭店的文化理念、服务程序设计、产品及业务设计等。除软、硬件的文化性外，饭店的餐饮特别是菜肴也是饭店文化的重要方面。

（四）饭店作业的独立性和员工行为的自我约束性

饭店劳动的特点是体力劳动、脑力劳动相结合，但以体力劳动为主；以单体操作独立进行为主，以集体协作为辅。这种作业方式导致了劳动力有较大的自由空间和较少的外界制约因素。另外，宾客需求也有很大的随机性。为此，员工应有扎实的作业基本功、严谨的规范作业精神、应变自如的能力。

饭店各部门、各岗位间存在广泛的业务和信息联系。员工对信息的认识和处理有赖于员工的自我发挥和自我约束。主动配合、自我调节是出自于责任和理智，责任和理智的集中表现形式就是自我约束。员工只有先把握自己，才能通过自身去把握业务协调。

饭店服务是对客服务，宾客是各种各样的，对客服务的情况也是千变万化的。饭店员工的形象是饭店产品的组成部分，员工是要直接面对宾客的，保持形象是一个需要努力的过程，也是员工应有的职业习惯。在任何情况下，员工都要能控制自己的情感，控制自己的情绪和行为，以良好的形象、宽阔的胸怀来赢得宾客的满意和信赖。

第三节 ｜ 饭店的分类

一、根据饭店规模分类

国际上通常采用饭店规模分类法，一般采用以下标准。

（一）小型饭店（lodge or tavern）

小型饭店一般指拥有标准客房300间以下的饭店。这类饭店的设施和服务基本满足旅游饭店的标准和要求，如客房和餐厅。小型饭店一般价格都比较低廉，适宜于经济紧张的游客居住。

（二）中型饭店（average hotel）

中型饭店一般是指拥有300～600间标准客房的饭店。这类饭店价格比较合理，服务项目较齐全，设施也比较现代化，是一般旅游者理想的休息娱乐场所。

（三）大型饭店（mega hotel）

大型饭店一般是指拥有600间以上标准客房，并且饭店设施和服务项目比较齐全、设施比较豪华的饭店。通常大型饭店都是豪华级饭店，但随着世界旅游业的快速发展，许多中型饭店也不断扩大规模而成为大型饭店。

中国大陆由于城市化程度相对不高，而且相比较客房数量，更注重服务设施的综合性，故在规模分类上，也可采用以下的标准。

（1）小型饭店，客房数量≤25间。

（2）中型饭店，客房数量26～99间。

（3）较大型饭店，客房数量100～299间。

（4）大型饭店，客房数量≥300间。

二、根据饭店客源市场及客源特点分类

（一）商务饭店（commercial hotel）

所谓商务饭店，就是为那些从事企业活动的商业旅游者提供住宿、膳食和商业活动及有关设施的饭店。一般来讲，这类饭店大多位于城市中心或商业区，客人主要以商务旅游者为主，住宿时间一般为3～5天。客人的消费水平及对饭店服务设施的要求一般较高。为了适应商务旅游者的需要，商务饭店不仅要求设施富丽堂皇、先进完备，而且要求服务水平高、服务质量好，特别是在商务活动的条件方面，要能够适应现代商务活动的发展特点和趋势，能够很好地满足商务旅游者的要求。

世界国际酒店集团所属的饭店，绝大多数是商务饭店，如纽约希尔顿饭店（Hilton Hotel，New York）、芝加哥凯悦饭店（Hyatt，Chicago）、华盛顿万豪饭店（Marriott，Washington）、日本东京帝国饭店（The Imperial Hotel，Tokyo）等都是典型的商务饭店。

（二）公寓饭店（apart-hotel of apartment）

公寓饭店主要是为旅游者提供长期性或经常性居住的饭店。这类饭店大多数采取公寓式布局，配有完善的生活设施及各种服务设施。旅游者有充分的自由和自主性，可以自己买菜做饭，就像在自己的家中一样。由于公寓饭店一般费用较低、价格合理，而且管理简便，因而对于学习、进修、商务以及其他需较长时期住宿的旅游者来讲是最合适的。目前，国际上公寓饭店尤其是服务于商务游客的旅游饭店发展十分迅速。

（三）度假饭店（resort hotel）

度假饭店以接待休闲、度假及游乐的旅游者为主，其大多数位于海滨、温泉、森林、湖岸等地，即设在自然环境优美、气候适宜的地区。由于度假饭店的主题是为人们提供休闲、度假胜地，因而度假饭店会因地制宜地开设各种娱乐项目、体育项目和康乐设施等，有的度假饭店还设有博彩娱乐活动以增强吸引力，并通过提供热情、周到、优质的服务来吸引更多的旅游者。

（四）会议饭店（conference hotel）

会议饭店主要是为参加会议的客人提供住宿、餐饮、娱乐及其他服务的饭店，其客源市场主要是因为参加会议而暂住的客人。这类饭店与商务饭店有许多相似的特点，不仅要求舒适方便，特别要有各种类型、规格的会议室、展览厅、陈列室、演讲厅及贸易洽谈室等，以方便开展各种各样的商贸活动、学术交流和举办展览会等。由于会议市场发展迅猛，接待会议有较高的综合经济效益和社会效益，近年来，在国际、国内饭店市场上出现了众多专门的会议饭店，而且更多的饭店在新建或扩改建时配备了数量不等、规模不一的会议厅，以便招揽和承接会议。

会议饭店

（五）汽车饭店（motor lodge or motel）

汽车饭店主要是为自备汽车的宾客提供服务的饭店。这类饭店通常设在城市边缘和公路干线旁边，一般都配有停车场、住宿和餐饮等服务，能满足过往旅行者尤其是自驾车游客的基本需求。目前，随着家庭旅游者和自驾车游客的不断增多，汽车饭店的经营内容不断丰富，服务水平也不断改善。

三、根据饭店的建筑投资费用分类

（一）中低档饭店

根据国际饭店建筑投资费用标准，中低档饭店一般每个标准间的建筑投资费用为2万～4万美元。其中包括建筑材料、室内装饰以及各种设备、用具、陈设的费用，另外也包括建造中所需的各种技术和人员训练费用等。每个标准间建筑面积为25平方米左右，除了卫生间的洗漱用品以外，室内陈设包括沙发、写字台、电视机、音响系统、室内空调等。

（二）中高档饭店

中高档饭店介于中低档饭店与豪华饭店之间，其每个标准间的总建筑投资费用为4万～6万美元。客房除设置先进、舒适的卫生间之外，还有彩电、音响系统、中央空调系统、壁画等，同时注重室内环境的氛围和用具产品的质量。每个标准间建筑面积为36平方米左右。

（三）豪华饭店

豪华饭店每个标准间的建筑总投资费用为8万～10万美元。客房内有国际直拨电话、名人字画、豪华卫生间、室内按摩浴池、豪华灯具、付费点播电影和电视节目、呼唤安全电话等，设备设施完善，服务项目齐全。豪华饭店标准间的建筑面积一般要大于47平方米。

四、根据饭店的地理位置分类

（一）公路饭店（highway hotel）

公路饭店主要是为了适应汽车旅游的需要而设置的各种经济、方便、舒适的饭店，因位于高速公路沿线而得名。目前汽车旅游在欧洲、美国是极为普遍的。游客驾驶着小车，可以十分方便地住进公路饭店。这类饭店一般提供住宿、膳食、洗衣、电话以及停车场等几项服务，它目前正在向综合性服务发展。

（二）机场饭店（airport hotel）

机场饭店之所以得名，是因为它位于机场附近。这类饭店主要是为一些大型航空公司和一般飞机乘客提供方便，为游客的暂时停留而提供舒适方便的住宿、饮食服务。客人在机场饭店停留的时间一般在一天左右。我国的北京丽都饭店就属于机场饭店。

（三）城市中心饭店（city center hotel）

城市中心饭店一般位于城市中心或商业区，拥有良好的地理位置优势和豪华的设施，特别适宜发展成为以接待商务客人为主的商务饭店。

（四）风景区饭店（resort hotel）

风景区饭店一般位于风景区、山城、林地、海滨地带，其特点与度假饭店相同，以接待观光游览和休闲度假旅游者的度假饭店为主。

五、根据饭店的计价方式分类

按国际惯例，饭店的计价方式通常有以下五种。

（一）欧式计价（European plan，EP）

欧式计价是指饭店标出的客房价格只包括客人的住宿费用，不包括其他服务费用的计价方式。这种计价方式源于欧洲，目前世界绝大多数饭店使用这种方式。

（二）美式计价（American plan，AP）

美式计价是指饭店标出的客房价格不仅包括客人的住宿费用，而且还包括每日三餐的全部费用，因此，又被称为全费用计价方式。目前此种计价方式已经很少见，仅出现在一些地处偏远的度假饭店中。

（三）欧陆式计价（continental plan，CP）

欧陆式计价是指饭店标出的客房价格包括客人的住宿费和每日一顿欧陆式简单

早餐的计价方式。欧陆式早餐主要包括果汁、烤面包、咖啡或茶。有些国家把这种计价方式称为"床位连早餐"计价。欧陆式计价的饭店一般不设餐厅。

（四）百慕大计价（Bermuda plan，BP）

百慕大计价是指饭店标出的客房价格包括客人的住宿费和每日一顿美式早餐的计价方式。美式早餐除含有欧陆式早餐的内容以外，通常还包括火腿、香肠、咸肉等肉类和鸡蛋。

（五）修正美式计价（modified American plan，MAP）

修正美式计价是指饭店标出的客房价格包括客人的住宿费和早餐，还包括一顿午餐或晚餐（两者任选一）的计价方式。这种计价方式多用于旅行社组织的旅游团队。

六、根据产权及经营权分类

（一）个体经营饭店

个体经营饭店由业主个人经营，即一个人出资和经营，饭店财产归个人所有，是资产所有权和经营权完全统一的饭店。特点是所有财产归个人所有，利润归个人。个体经营饭店经营方式灵活，决策迅速，能保持经营特色，在竞争中易保守机密。但个人经营形式规模小，发展缓慢，缺乏稳定性，对企业负无限连带责任，风险大，资金占有多，一旦规模超过限度，经营将变得难以控制。

（二）合伙经营饭店

合伙经营饭店由两个及以上的合伙人订立合伙协议，共同出资，合同经营，共享收益，平担风险，对合作饭店债务承担无限连带责任。该饭店合伙方式可有多种类型，如负有无限责任的普通合作、有限责任的合作及不参与具体管理的合作等。与个体经营饭店相比，合伙经营饭店扩大了资金来源，增强了信用能力，提高了决策水平。但是合伙经营饭店权力分散，决策缓慢，经营理念分散，资本规模有限，因此这种饭店与个体经营饭店的本质没有根本区别，很难适应现代饭店业的发展需要。

（三）饭店有限责任公司

饭店有限责任公司通常由两个及以上出资人兴办，每个出资人以出资份额的多少对该公司拥有规定的权利并承担相应义务。由于饭店有限责任公司的所有权、管理权，决策工作和执行工作实施职能化，因此会提高公司整体管理水平和竞争水平。它资金实力强，设备先进，经营规模大，便于管理和控制，因此在经济中有举足轻重的作用。通常有限公司的出资标的以财产为限，不得以劳务和信用出资，全部资产不分为等额股份，公司向股东签发出资证明书，不发行股票。

（四）饭店股份有限公司

饭店股份有限公司是指由一定数量发起人组成，全部资本由等额股份构成，是由认购股份金额方式对公司承担财产责任的成员组成的饭店公司。股份有限公司通过发行股票或股权证筹集资本，股东以所认购的股份承担有限责任，公司以全部资产对公司债务承担责任。股东个人财产和公司财产分离，股东对公司的债务不负任何责任。

（五）饭店集团

饭店集团是由多个法人企业联合组成的集团，不像饭店公司那样是单一法人实体，是由多种合作方式联系在一起的，常通过持股、融资租赁、特许经营方式等进行。饭店集团常包括核心企业、半紧密层企业和松散层企业，以经营住宿产品、会展产品、餐饮产品和休闲产品为主。

七、新兴的饭店业态

随着社会进步、经济发展和现代科学技术的突飞猛进，饭店的管理方式、建筑风格有了更多的选择，出现了更多新兴的饭店业态。

（一）经济型饭店（budget hotel）

经济型饭店是饭店业为适应消费者需求变化的产物，是相对于传统的全服务饭店（full service hotel）而存在的一种新业态。它是一种以大众旅行者和中小商务者为主要服务对象，以客房为唯一或核心产品，价格低廉，服务标准，环境舒适，硬件上乘，性价比高的现代饭店业态。

经济型饭店的核心理念就是在为住宿者提供较为舒适的住宿条件的同时，无须住宿者为饭店摊销娱乐等非主体设施的费用，力求在严格控制成本的同时为住宿者提供价格低廉、舒适的核心服务。

（二）精品饭店（boutique hotel）

精品饭店是20世纪80年代在西方国家出现的一种新的专业饭店类型，是个性化需求催生出来的多元化饭店业态之一。精品饭店起源于北美的私密、豪华或者离奇的饭店，以提供独特、个性化的居住环境和"一对一"的管家式贴身服务而与大型连锁饭店相区别。但到现在为止，

精品饭店

学术界和业界对精品饭店都没有给出统一界定。尽管如此，许多学者和专家还是对精品饭店产生了一些共识，比如独特的外观建筑，精巧的室内装饰，浓郁的文化特色，高雅的品位格调，较小的经营规模，贴身的个性服务，昂贵的服务价格，特定的顾客群体等。

精品饭店的产生源自长期积淀的文化底蕴和稳定成熟的经济基础，是一种反标准化的产品，代表的是一种与主流饭店标准化和雷同化相对应的个性化产品，所以

有其自身的独特特点。

（三）主题饭店（themed hotel）

主题饭店也是近年来发展很快的一种饭店类型，人们常常将它与精品饭店混为一谈。事实上，这是两种完全不同的饭店。主题饭店是以某一特定的主题来体现饭店的建筑风格和装饰艺术，体现特定的文化氛围，让顾客获得富有个性的文化感受；同时，也将服务项目融入主题，以个性化的服务取代一般化的服务，让顾客获得欢乐、知识和刺激。历史、文化、城市、自然、神话、童话故事等都可以成为饭店借以发挥的主题。主题饭店最显著的特点就是其文化性，整个饭店的设计、运营、管理及服务都围绕着这一文化性，使之系统化和主题化。例如印尼巴厘岛的摇滚音乐主题饭店，它以摇滚音乐为主题，所有房间都提供互动式影音娱乐系统，饭店内还展出音乐文物、音乐家手稿、老唱片封面、歌唱家用过的服饰等。

（四）民宿（homestay inn）

随着旅游市场的不断发展，居民的旅游方式从简单的观光式旅游向休闲体验式旅游转变，从而催生了一种新的饭店业态。自改革开放以来，依托我国丰富的旅游资源，农家乐和乡村旅游得到了快速发展。民宿就是在家庭旅馆和农家乐基础上发展起来的，民宿是在住宿行业巨大发展和转型中成长的一种新热点。

民宿指的是利用城乡居民自有住宅、集体用房或者其他配套用房，结合当地人文、自然景观、生态、环境资源及农林牧渔业生产活动，为旅游者休闲度假、体验当地风俗文化提供住宿、餐饮等服务的处所。民宿以其给予旅游者特殊的文化体验和情感体验，满足了旅游者体验性和情感性的诉求。

■ 知识拓展

阿布扎比皇宫酒店

阿布扎比皇宫酒店（Emirates Palace）位于阿布扎比海滩，北面和西面临海，是一座古典式的阿拉伯皇宫式建筑。远远看去，它有点像清真寺，也有点像传说中的辛巴德或阿里巴巴时代的皇宫。每座宫殿都有一个传说故事，具有很浓的民族色彩。这座与阿联酋总统府仅一街之隔的宫殿式饭店，远看像一个巨大的城堡，拥有1300多米长的黄金海岸线。

这家酒店拥有八辆宝马760和两辆劳斯莱斯，专供住店旅客直接往返机场。

酒店最初是为迎接海湾合作委员会首脑会议在阿布扎比召开而修建，故饭店的原名是"会议宫"，随后还曾更名为"酋长国宫殿酒店"。该饭店由凯宾斯基饭店集团管理经营，由著名的英国设计师约翰·艾利奥特设计。他的设计基调庄重大方，富有浓郁的阿拉伯民族风格。

酒店是典型的阿拉伯皇宫式建筑，从主楼到附属建筑，宽度延绵达一千米，展示着阿拉伯文明独有的富丽堂皇。穹顶是阿拉伯建筑特有的标志，一般的建筑会由一个大穹顶和数个小穹顶组成。而宫殿酒店拥有令人吃惊的114个穹顶，全部由马赛克砌成，格外华丽庄严。其中最大的穹顶直径可达42米，表面镀银，并在顶端装饰了黄金。酒店设计中外墙采用了带有沙粒质感的材料，透着中东沙漠特有的五彩缤纷，为这幢气势宏伟的建筑披上了浓郁阿拉伯风情的外衣。

酒店装修用的全部是最新材料和技术，酒店的圆顶用最新照明技术、防腐特殊材料和纯金制造，一到晚上就会自动发光，金光闪闪，永不掉色。据说，这个圆顶还是世界上最大的圆顶建筑。酒店总共用了19万立方英尺进口大理石，1002盏施华洛世奇水晶装饰枝形吊灯（单是特别定制的水晶吊灯，就须劳驾10名清洁工打理）。酒店还设有私营沙滩、两座池塘，其间散布着一些按摩浴缸。

酒店正门的外形有点像巴黎的凯旋门，汽车穿过"凯旋门"，经过一条三四百米长的坡道，便来到了位于四楼的饭店大厅。该饭店共有大小圆屋顶114个，突出了阿拉伯人喜欢的建筑风格。

酒店内部面积达242820平方米，但客房只有不到400间。酒店内有一个面积达7000平方米的中东地区最大型的豪华礼堂，可容纳1200人开会；有一个可容纳2800人的舞厅；有12个餐厅和8个娱乐厅，配有128间厨房和餐具室，可同时接待2000多人就餐。另有40个会议室和附带12个工作间的新闻中心。从酒店通道一头走到另一头，长近千米，有时客人在酒店用餐或购物后经常找不到房间，得找服务员领路才能"回府"。

整个酒店共有394套客房，分为总统套间、宫殿套间、海湾豪华套间、海湾套间、钻石客房、珍珠客房、珊瑚客房和豪华客房等8种。客房的地板是大理石或地毯，房间价格从600美元至13000美元不等，外加20%的服务费。房间最小的客房面积为55平方米，最大的总统套间面积近千平方米。16套宫殿套间位于饭店的六层和七层，每套面积达680平方米。每个套间有7名专门的服务员在门外24小时待命，随时听候客人的吩咐。客人入住前，服务员会把套间里的电脑等设备的语言调整为客人最熟悉的语种，让卧室、客厅和餐厅里的电视上播放客人喜欢的电视节目或音乐。酒店顶层的6个总统套间，只接待来自海湾地区的元首或王室成员，设有专属的入口车道。

这家酒店的独特之处不限于表面的豪华，还在于不为人知的管道系统。管道内蜿蜒近1000千米的蓝色、红色与绿色的光缆和电缆，以及其他多种时髦玩意儿，都在向人们证实高科技才是这家酒店最耀眼的招牌。此外，酒店拥有长达一英里的私人海滩，两座游泳池面积有数个足球场那么大。房客在海滩、游泳池享受阳光时，服务生的服务甚至做到为你擦太阳眼镜、洒水雾消暑。

在这里工作的员工远比客人多得多。酒店员工和宾客的比例是6:1，由于饭店走廊又多又长，经常有工作人员在上班时迷路。由于内部面积过大，有些楼梯间距甚至超过一千米，为方便员工正常活动，酒店还为员工配备了45辆高尔夫球场专用的高尔夫球车代步。

如此豪华的酒店，服务当然非比一般，他们以铺满玫瑰花瓣的银盘端上咖啡、亚麻布餐巾、杏仁可颂和进口矿泉水等，并会向女士顾客赠上鲜花。客房服务人员每天会在床单和枕头下放薰衣草，让客人在芳香气氛下入眠。单是沐浴，酒店就为客人提供了7种选择，如果钱够多的话，酒店还可以特别为客人准备香槟浴。

奢华也许只能满足人们的虚荣心，酒店内无所不在的高科技才真正给人们提供了实实在在的享受。人们在酒店100公顷区域内的任何一处都可以享受到无线上网的乐趣，即使是在游泳池边和私人沙滩上。

客房内的高科技更是令人咋舌。入住的顾客会领到一个价值2500美元的掌上电脑。这个小巧的电脑带有一个8英寸大小的彩色显示屏，装有Linux系统，与电视、立体声音响以及其他装置相连。人们通过它可以设定叫醒电话、下载电影、录像或召唤服务员。酒店工作人员也通过类似的装置来遥控电视、灯光、声响和空调。

这座超豪华酒店所有房间都配备了号称"22世纪的设施"。大尺寸的交互式等离子电视、无线高速因特网接入是该酒店所有客房的最低标配，套间配备更加高级，还有先进的笔记本电脑和集打印、扫描和传真等功能于一体的办公设备。客人在普通客房内能通过一个专门的触摸屏来控制房间内的所有设施，如灯光、空调温度、室内游戏和娱乐节目。客人通过交互式电视，足不出户就能购买酒店商场里的东西、发出房间服务指示，或结账退房。

第四节 | 饭店的组织

哈罗德·孔茨提到："为了使人们能为实现目标而有效地工作，就必须设计和维持一种职务结构，这就是组织管理职能的目的。"饭店组织管理是饭店管理的一项重要职能。

一、饭店组织管理内容

（一）构建合理的组织结构

内容包括：

1. 制作组织结构图

组织结构图是全面反映饭店组织内部组织结构、权责关系、岗位分工、人员安排的综合图解。

2. 业务范围划分

在部门设置和管理层次划分后，要确定各部门、各层次的业务内容，即把饭店所有的业务分解并划归某一部门、某一层次，这称为业务界面划分。在划分饭店业务范围时要把握两个要点。

第一，饭店所有的业务都要有归属，哪怕再小的业务也必须落实到某一个部门，不能有"三不管"业务。

第二，一些涉及几个部门的业务，一方面要强调相互间的协作，另一方面要把各部门对同一业务的权限进行明确的划分。如预订业务涉及销售部和前厅部，房内送餐服务涉及客房部和餐饮部等。

3. 确定业务职责

业务界面划分以后，要以制度的形式（如职务说明书、服务规程等）给予确定。职务说明书是对每个职务（岗位）的工作内容、职责、权力，组织中其他部门和职务的关系，要求担任该职务者必须具备的基本素质、技术知识、工作经验、处理问题的能力等条件的具体规定和描述的饭店文件。服务规程是以描述性的语言规定饭店某一特定的服务过程所包含的内容和作业顺序，规定该服务过程所应达到的规格和标准。服务规程既是服务过程动态的标准，也是服务的规范。以服务规程来控制饭店服务质量，这是饭店服务质量管理的一大特点。

（二）编制定员

编制定员是指核定各岗位、各班组、各部门及全饭店的管理人员和服务员的数量，并根据编制配备各类人员。

通常，饭店根据经营方向、规模、档次、业务类型、组织机构、员工政治思想和业务素质等，本着节约用人、提高效率的宗旨，来确定必须配备的各类人员的数量。然后，在建立岗位责任制的基础上，按照编制定员合理配备各类人员。

（三）组织运转

1. 建立饭店管理制度

饭店是一个正式组织，正式组织的特点之一就是有明文规定的规章制度。组织有组织的目标，为了达到组织目标就要有组织的统一意志和统一行动，而组织的统一行动必须由规章制度予以制约。

2. 组织联系

组织联系主要指组织的业务联系。岗位责任制确定以后，各岗位的业务明确了，各岗位的业务就可以进行了。但全饭店及各部门的业务要运作起来，就要把各岗位的业务联系起来，使之相互协作、相互配合，形成一个业务协作的整体。

3. 任务分配

把组织目标的具体任务、具体内容分解落实到各部门，这就是组织管理中的任务分配。

（1）确定组织目标。饭店作为一个组织，有组织的目标，组织目标都包含在饭店的计划之中。饭店的各类计划形成计划体系，计划体系的主干是计划指标。饭店在经过决策后制定了计划，在计划中提出各项计划指标。饭店的计划指标体系就是组织未来要达到的目标。

（2）分解指标和分配任务。组织目标正是在各部门完成各自任务的基础上实现的。为此，饭店要对各部门、各部门要对各班组下达指标并分配任务。组织管理在任务分配以后进行，饭店及各级管理部门要积极创造条件为所属部门完成任务和计划目标创造一个良好的环境。

（3）考核目标。组织分配任务以后，要了解任务完成得怎样、是否达到各阶段目标，就要对分配的任务和目标进行考核。饭店考核目标通常以月为单位进行，考核目标时对任务完成情况进行评估，对是否达到目标进行分析，对目标的质量进行判定，在此基础上对下阶段的目标和任务提出意见和措施。

4. 劳动组织形式

劳动组织形式是通过一定的形式和方法使饭店岗位劳动连成一个流程，随着宾客的旅居活动而行进，同时使岗位劳动横向联系和协作形成一个具有多重使用价值的和谐整体。

劳动组织最规范的形式是排班。排班是根据各岗位及由岗位组成的班组的业务规律来规定工作时间和时间段，规定作业内容。在同一时间从事同一性质和内容的一群人就形成了班组。班组是饭店劳动的基层组织。排班实际上是以岗位或班组为单位的劳动分工形式。排班有两种形式：

一是按作业时间区分，排成时间班。时间班是以日为单位，确定日工作时间和时间段，如早、中、晚班等。

二是按工作性质业务内容区分，排成业务班。按业务性质排班，先对业务内容进行归类，把性质相同的业务归为一类，再对业务进行业务量的划分，业务量划分以班组能完成的量为基础，业务量划分后再配备相应的班组。有时也以区域来划分业务量，如中餐厅、宴会厅、大堂吧、屋顶花园吧等。按业务性质排班，一个班组从事同样的工作，这就对饭店业务进行了分工。例如，前厅是一个业务区域，在这个区域里根据业务内容的不同可有总台组、行李组、总机组、商务中心任务组等班组。

（四）完善饭店规章制度

饭店的规章制度是用文字条例的形式规定员工在饭店里的行为规范和行为准则。由于饭店行业的特殊性，饭店在实行现代化管理中制定的制度比较多，执行制度较为严格，制度在饭店管理中起着重要的作用。一般而言，饭店有如下规章制度。

1. 饭店管理方案

饭店管理方案是饭店根据饭店管理的原理和本饭店的特点，对饭店及各部门的管理思想、原则、内容、方法所做的规定。管理方案既提出了饭店整体的管理，又提出了各部门、各方面的管理原则和方法，因此它是饭店实际管理工作的依据，是饭店管理的纲领性文件。

饭店管理方案（有的饭店也称管理模式）可以有多种形式，每个饭店形成的管理方案的结构和内容也可能不同，但管理方案的基本内容有两个部分：一个部分是饭店整体管理方案，一个部分是各部门的管理方案。

饭店整体管理方案提出了饭店整体管理的思想和方法。首先要提出饭店的企业精神和饭店管理的基本思想，对本饭店管理做出基本的定位，确定本饭店管理的基本水准，然后是本饭店管理在各个领域的展开。这些展开的领域主要有组织管理、服务质量管理、市场营销管理、公共关系管理、人事管理、设备管理、物资管理、财务管理、安全管理、业务管理、企业文化等，对这些管理都要提出原则、内容、方法，提出这些管理的基调。

饭店部门管理方案提出了各部门管理的思路和方法。各部门的业务内容是不同的，管理的具体内容和方法也不完全一样。各部门针对自身的业务内容和特点，提出部门管理的基本目标、思想、内容、方法。部门管理侧重于决策和计划、业务管理、服务质量、效益等方面。

整体管理方案和部门管理方案两部分有机地结合起来，就构成了饭店管理方案。饭店管理方案是饭店管理的基本依据，管理必须照此实施。饭店一般定期在店务会议上检查管理方案的实施情况，保证管理者按管理方案进行科学管理。

2. 员工手册

员工手册是饭店的又一个基本制度。员工手册是规定全饭店的员工共同拥有的权利和义务、共同应遵守的行为规范的条文文件。员工手册对每个饭店来说都是必备文件，是饭店发放最广的文件。员工手册与每个员工都休戚相关，因而它是饭店里最具有普遍意义、运用最广泛的制度条文。

员工手册的内容主要有：序言、总则、组织管理、劳动管理（包括用工类别、聘用条件、劳动制度、劳动合同、体格检查、试用期、工作时间、超时工资、人员培训、工作调度、调职与晋升、合同解除等）、员工福利（包括各种假期、医疗福利、劳动保险、工作餐等）、宾馆规则（包括礼节礼貌、考勤、行为规范、员工投诉、使用电话、宾客投诉、离职手续等）、奖励和纪律处分、安全守则、修订和解释。

员工手册的内容非常丰富，包罗万象。员工手册要杜绝空话和废话，条文规定要简单明确，便于操作。饭店要经常给员工讲解员工手册，使员工熟知其中的内容以便执行。

3. 经济责任制

饭店的经济责任制简单地说就是在确定了组织目标后，把组织目标以指标的形式进行分解，层层落实到部门、班组、个人，并按照责、权、利相一致的原则实行效益挂钩的一种管理制度。经济责任制的核心是责、权、利的一致。这种一致是以制度或内部合同的形式予以确定的。经济责任制的内容主要有：通过决策制订计划，提出组织目标。分解计划指标并把它落实到各部门及班组，从而提出各部门及班组的经济责任。为保证完成经济责任，饭店要给各部门及班组授权并创造必要的条件，提出完不成、完成、超额完成计划指标的经济利益分配，即收益与效益挂钩。经济责任制要提出分配与效益挂钩的具体办法，对需完成经济责任考核的考核指标，要提出时间、考核项目、考核方法，根据考核的实绩兑现分配，从饭店到个人层层落实经济责任制的分配方案。

经济责任制是一项很细致的工作，从制订计划、分解指标到考核业绩、落实分配都有很细的工作要做。经济责任制又是一项政策性很强的工作。该制度旨在调动全体员工的积极性，若处理不当，则会挫伤员工的工作积极性。在制定经济责任制时，一定要十分谨慎，在经过反复讨论后才出台其方案。经济责任制每年都要制定，在实施的过程中饭店应根据情况变化适当进行修订。

4. 岗位责任制

岗位责任制是以岗位为单位，具体规定了每个岗位及该岗位人员的职责、工作内容、工作范围、作业标准、权限、工作量等的责任制度。岗位责任制使每个员工都明白自己所在的岗位要完成哪些工作、什么叫做好本职工作。岗位责任制在每个饭店都是必要的。岗位责任制的内容主要有：明确岗位和岗位名称，该岗位的直接上级（即对谁负责），该岗位的直接下级（即领导谁），岗位的职责和工作内容、工作量、工作质量标准，岗位权限，对有些岗位还要确定人员上岗的标准。岗位责任制有一套对岗位人员的考核办法，岗位考核由部门按日、周、月进行。

5. 部门制度

部门制度在饭店是一类很重要的制度。部门制度是指各部门根据自身的业务特点为规范部门行为而制定的制度。部门制度是有特殊性的，只适用于部门运转的制度。部门制度的制定一方面要依据饭店的基本制度，另一方面要紧扣自己部门的业务特点，使部门制度对部门的运行能起到特别的规范行为的作用。部门制度主要有：

（1）业务运转责任制度。这类制度主要是针对业务运转而制定的，这类制度有：业务情况和业务活动记录统计制度，排班、替班、交接班制度，业务流程制度，服务质量考评制度，卫生制度，表单填写制度，信息传输制度，意外事件处理制度等。该类制度的主要内容根据部门的业务不同可繁可简。

（2）设备设施管理制度。各部门所配置的设备设施各不相同，对设备设施的管理要求也不一样。各部门在设备部门的统一指导下，根据设备部门提出的要求和各自设备的特点制定设备设施管理制度。如果一个部门拥有多种设备设施，可以按设备设施种类制定各种设备设施的管理制度。

（3）服务质量标准。每个部门根据各自的特点和饭店的决策制定本部门服务质量标准。

（4）部门纪律。部门纪律是各部门员工的基本行为规范，是根据各部门业务特点制定的纪律制度。

（5）物品管理制度。部门物品管理制度主要有：物品分级管理制度、物品领用使用制度、物品保管责任制度、物品成本核算制度、物品盘存盘库制度、重要物品专人保管制度等。

（6）劳动考核制度。其主要包括考勤制度、任务分配工作安排制度、作业检查制度、劳动考核和工作原始记录制度、奖金分配制度、部门违规处理制度等。

（7）财务制度。其主要包括各部门收银及现金管理制度、信用消费制度、支付制度、资金审批制度、营业外收入制度、流动资金部门管理制度等。

6. 专业管理制度

专业管理制度主要是针对职能部门而言的。专业管理制度是指由专业的职能部门制定而在全饭店通用，要求全体员工都遵照执行的那些制度。专业管理制度主要有：

（1）行政性制度。行政性制度是对饭店的行政事务所规定的一些制度，主要有行文制度、报告制度、发文制度、行政档案制度、与行政主管部门联系制度、保密制度、内部接待制度等。

（2）人事制度。人事制度是人事部对所属各单位的管理制度，包括人事部所属各单位对全体员工的服务制度、技术职称考评制度、人事管理制度、劳动工资制度、奖惩制度、人员培训制度、晋升制度、福利制度等。

（3）安全保卫制度。饭店安全保卫制度主要有四大类：①和公安、安全、消防部门接轨，按这些部门要求制定的安全保卫制度；②饭店的内保制度，包括各部门的内保制度；③消防安全制度，包括各部门的消防安全制度；④交通安全制度。安全保卫制度有的是单独制定的，有的是包含在其他各项制度里的。

（4）财务制度。饭店的财务制度较多、较复杂。财务制度应根据财政部门对旅游财务会计的规定、饭店的决策、本饭店的实际情况分门别类地制定。财务制度一要和国家的规定相衔接，二要和部门财务制度相衔接，三要根据饭店实际业务运行特点制定。财务制度既要严密，又要积极为饭店的经营服务。

7. 饭店工作制度

饭店在管理和行政中有许多例行的工作，对这些工作要制定一定的制度，以便员工在工作中照章办事。工作制度主要有：

（1）会议制度。饭店的会议不宜过多，但也不能没有会议。饭店的会议主要有早会、晚会、店务会议、办公会议、年会、职工大会、部门业务会议、班前会、党组织生活等，对这些例行会议都要有制度。

（2）饭店总结制度。

（3）决策和制订计划制度。

（4）质量监督制度。

二、饭店组织设计

（一）饭店部门设计

1. 设计原则

（1）产品部门化。产品部门化是指根据饭店经营的主要产品设立部门，包括设立产品设计、生产、营销和服务等一系列部门的工作。这种组织设计可充分利用职工的专业知识，有利于发挥专项产品的生产和经营，对产品质量和特色管理有重要的意义。饭店主要经营客房产品、会展产品、餐饮产品和康乐产品，这些产品在生产、技术、服务和营销方面各不相同。因此为了方便工作、保证产品质量，饭店必须以产品来设计部门，如客房部（管家部）、会展部、餐饮部和康乐部等；然后根据产品的生产和服务流程设计该部门的二级部门（即下属部门），如客房部包括客房楼层、客房中心、洗衣房等。

饭店部门设计原则

产品部门化设计方法适用于规模较大的饭店，优点是易于集中专项产品的营销和质量管理，对市场有较强的适应力，易于激发职工的主动性和创造性，为培养高级管理人才提供良好机会。然而产品部门化也可能导致部门独立性过强，不利于饭店整体组织的协调。

（2）职能部门化。以工作职能为依据设计部门是将相近工作内容的职务归类成为一个部门，如人力资源部、财务部、保安部、市场营销部和工程部等。

职能部门化有利于饭店专业归口管理，便于监督指导，可提高工作效率；同时按职能设计部门有利于职工培训，充分发挥部门工作效率。职能部门化的缺点是：工作性质相对独立，往往强调自己部门的重要性，破坏饭店的整体性。

（3）区域部门化。以经营区域为依据设计部门是指按饭店经营区域划分部门。这种部门设计方法适用于国际饭店集团和大型饭店。例如，国际饭店集团或大型饭店的营销部下设欧洲营销部、亚洲营销部等。

区域部门化的优点是管理人员可熟悉地区市场环境，经营管理专业化，产品种类和营销策略有针对性，工作效率高；缺点是不利于饭店对管理部门的控制。

（4）时间部门化。时间常作为饭店部门设计的依据，由于饭店一线部门工作时间长，如房务部每天24小时工作，尤其是客房服务中心，因此可根据时间将一线业务部门设计为早班组、正常班组和晚班组等。按工作时间设计不同工作班组便于做好服务和管理工作，利于产品质量控制。

（5）综合管理化。在饭店组织中，总经理办公室常作为饭店综合管理部门，对外联系本企业与外部组织机构，对内协调饭店各部门工作。因此在饭店组织设计中，应充分考虑综合管理部门。

2. 饭店的部门分类

（1）饭店的上级机构。所谓上级机构是指饭店的投资者，它对产权有最终决策权，并以所有者的身份监督并约束经营者的经营管理行为。上级机构在一些饭店可能不存在，如独资自行管理的饭店，但饭店有上级机构的体制在我国是大量存在的。

（2）饭店内部各部门的划分。①经营部门。经营部门也叫前台部门、一线部门，是指处于一线为宾客提供面对面服务的部门，主要有市场营销部、公关部、前厅部、客房部、餐饮部、娱乐部、康乐部、商品部等。这些部门的共同特点是面对宾客提供服务，产生经营效益。②后勤部门。后勤部门也叫后台部门、二线部门、支持部门，是指处于二线不直接和宾客接触，间接向宾客提供服务的部门，主要有人力资源部、财务部、工程部、保安部、采供部、办公室等。这些部门的共同特点是不直接面对宾客和提供服务，不直接产生收入，是一线部门的支持部门，是饭店的成本部门。③其他机构的设置。除业务的前、后台部门设置外，根据我国的国情、法律、政治经济体制等，饭店还要设置其他机构。一是党组织的领导机构，它要对饭店的正常运行、经营决策、实现组织目标起监督保证作用；二是工会、共青团、妇女组织机构。工会是职工代表大会的常设机构，工会通过职工代表大会的形式使职工行使民主管理的权利，监督饭店的活动，维护广大职工的利益。青、妇组织是饭店的群众组织，根据该组织的章程在饭店中发挥积极的作用。

（二）管理层次设计

饭店组织层次设计是指确定饭店组织内的纵向工作关系。通常纵向层次划分受职能部门管理幅度的制约，而管理幅度指一个上级管理者能直接管理下属的人数。

管理幅度与管理层次相互联系，相互制约，两者成反比例关系。即管理幅度越大，管理层次越少；管理幅度越小，管理层次越多。

在饭店组织层次设计中，管理者的能力很重要，其能力包括个人素质、专业知识和管理经验。通常具备高业务素质的管理者可胜任较大的管理幅度，否则应确定较小的管理幅度。而被管理者的素质是组织层次设计时不可忽视的因素，高责任感、技术熟练、能胜任工作的职工不需过多地指挥和监督，可设置较宽的管理幅度。

有些职工愿意自我管理，设计较宽的管理幅度更有助于提高工作效率。但是对于过分依赖上级的职工，应有较小的管理幅度。根据饭店调查，有效的职工培训能减少职工对上级管理者的依赖，从而可设置较宽的管理幅度。饭店组织中有较强的凝聚力，即使设置较宽的管理幅度，也便于管理和协调。

管理工作复杂，管理者与下级职工需要保持经常联系的，应设置较小的管理幅度；工作简单的，应设置较宽的管理幅度；如果业务之间有较强的相关性，应设置适合的管理幅度。

通常，饭店采用较小的管理幅度策略时，管理层次必然多，该组织结构形似金字塔，故将这种类型的组织结构称为"高架结构"。把管理幅度宽、纵向层次少的组织结构称为"扁平结构"。高架结构和扁平结构各有利弊，高架结构可集中管理，实施严格的控制，但不利于组织内信息沟通和传递，工作效率较低；扁平结构有利于分权和授权，组织成员可从工作中获得满足感，但会加重管理者的负担。现代饭店组织结构趋向平面化和弹性化。

三、饭店组织结构类型

由于组织内外部环境的不同，组织结构的类型也不尽相同。一般来说，饭店组织结构的形式有以下几种。

（一）直线型

特点：下属只接受一个上级的指令（见图1-1）。

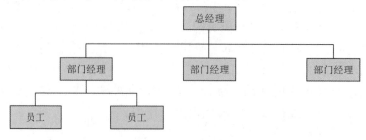

图1-1 直线型组织结构

优点：结构简单，责任分明，命令统一。

缺点：最高主管要通晓多种知识和技能是比较困难的。

适用：较小规模的饭店通常采用这种模式。

（二）职能型

特点：将技能相似的专业人员集合在各自专门的职能机构内，并分工合作（见图1-2）。

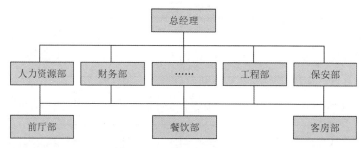

图1-2 职能型组织结构

优点：适应了大生产分工合作的要求，提高了专业化和管理水平，减轻了高层的压力。

缺点：一个下级受多个上级的领导，还会片面追求本部门的利益，部门冲突增多。

适用：流水线生产企业通常采用这种模式，饭店企业不太常见。

（三）直线-职能型

特点：该形式吸取了上述两种形式的优点，把企业人员分为两类：一类是直线领导，按统一命令原则对各级组织行使指挥权；另一类是职能机构，按专业化原则，做好直接领导的参谋，不能对直接部门发号施令，只能进行业务指导（见图1-3）。

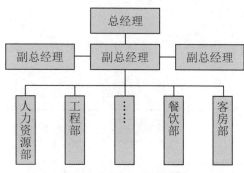

图1-3 直线-职能型组织结构

优点：既保证集中统一，又发挥专业机构的作用。

缺点：职能部门之间的协作和配合性较差。

适用：多数上规模的单体饭店通常采用这种结构。

（四）事业部制

特点：事业部必须具备三个基本的要素——独立的市场、独立的利益、独立的自主权，执行"集中决策，分散经营"的管理原则（见图1-4）。

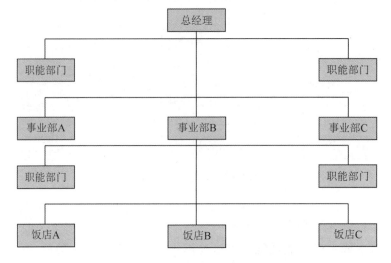

图1-4　事业部制组织结构

优点：它使高层管理部门摆脱了日常繁杂的行政事务，可以专注战略决策事务。同时能充分发挥各事业部的积极性，培养"多面手"式的管理人才。

缺点：职能部门重复，管理人员增多，管理成本提高。

适用：饭店集团公司通常采用这种模式。

（五）矩阵型

特点：是由纵横两套管理系统组成的矩形组织结构，纵向是管理系统，横向是项目系统（见图1-5）。

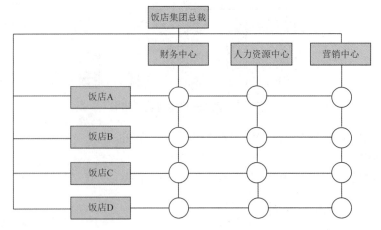

图1-5　矩阵型组织结构

优点：可以取得专业化分工的好处，可以跨越各职能部门获取其所需要的各种支持活动，可以有效地克服职能部门之间相互脱节的弱点。

缺点：组织中的信息和权力等资源一旦不能共享，项目经理与职能经理之间会发生矛盾。项目成员需要接受双重领导，要具备较好的人际沟通能力和平衡协调矛盾的技能。

适用：饭店管理公司中，采用项目管理的饭店通常使用这种模式。

（六）动态网络型

特点：是一种以项目为中心，通过与其他组织建立研发、生产制造、营销等业务合同网，有效发挥核心业务专长的协作型组织（见图1-6）。

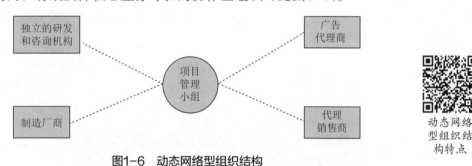

图1-6　动态网络型组织结构

优点：以项目为中心的合作可以更好地结合市场需求来整合各项资源；由于组织中的大多数活动都实现了外包，组织结构可以进一步扁平化。

缺点：组织的可控性差。

适用：耐克公司就采用这种模式。饭店战略联盟的网络组织，基本上也是这种模式。有的饭店将培训、工程、物资供应等外包，也应该算这一模式。

与传统组织模式对比，网络型组织有以下主要特点：网络性、扁平性、灵活性、多样性、全球性。

■ 知识拓展

浙江世贸君澜大饭店组织

一、浙江世贸君澜大饭店介绍

浙江世贸君澜大饭店（见图1-7）位于杭城金融、商业和文化中心的显著位置，地处西湖宝石山下、黄龙洞旁，坐拥西湖十景之黄龙吐翠、宝石流霞，闹中取静，地理位置极为优越。饭店集五星级饭店、国际会展中心和甲级写字楼于一身，占地4.5公顷，总建筑面积13.2万平方米，拥有各式客房403间（套）；设中西餐厅、行政酒廊、大堂茶园和日本料理等各类餐饮场所6处；10个大、中、小型会议场所，设施齐全，功能完备，是浙江省内最高规格的政务、商务和对外交流的重要活动场所之一。饭店内美发沙龙、室内游泳池、室外网球场一应俱全，还有外围15200平方米的绿色大草坪，以及8000多平方米的大型地下停车场，为宾客休闲商务活动提供更多便利！

2016年的G20杭州峰会，让杭州走向世界，作为南非、加拿大两国元首和七大国际组织首脑的接待酒店，浙江世贸君澜大饭店经受住了峰会对于接待酒店服务水平和保障能力的洗礼与考验。而作为君澜酒店集团的旗舰店，20年的历练和传承让世贸君澜深谙"品质胜在细节"，执着、努力而专注的匠心是世贸君澜做事的底气和迎难而上的力量源泉。秉承"更多的关爱"的服务理念，浙江世贸君澜大饭店以君子待客之道，传递中式礼仪文化，用酒店人所崇尚的工匠精神和专业态度向更多的来自五洲四海的友人提供优雅、热忱、温馨的服务，充分发挥君澜品牌深耕中国文化的力量，将中国文化、东方艺术、杭州韵味融入美食、美器、宜居环境和贴心服务的设计中，让来自各方的宾朋在短暂的居停时间里体验到中国式的内敛与豁达，体验到杭州的历史和韵味！

图1-7　浙江世贸君澜大饭店

二、浙江世贸君澜大饭店组织结构

浙江世贸君澜大饭店的组织结构如图1-8所示。

图1-8　浙江世贸君澜大饭店的组织结构（2018年）

资料来源：根据浙江世贸君澜大饭店提供的相关资料整理。

 闯关测试

香水湾君澜度假酒店

香水湾君澜度假酒店是君澜酒店集团全资管理的一家奢华海滨度假酒店。酒店位于海南陵水县香水湾旅游度假区，背靠自然分界线牛岭，与绵延的牛岭生态公园相望，面朝浩瀚的南中国海，与南海诸岛相映生辉。酒店占地64000平方米，距陵水县城17千米，距三亚市区60千米，距三亚凤凰国际机场90千米。香水湾君澜度假酒店于2010年10月开业，仅由96户滨海院墅组成，共119间卧房、超大的观景落地窗、独立的私家泳池以及私密的花园庭院让宾客足不出户尽享悠闲假期和放松心情。风荷轩中餐厅环绕于令人叹为观止的南中国海海浪和沙滩美景之中，蒂芙尼西餐厅24小时营业。酒店拥有宽敞的会议厅，私家罗马式草坪婚礼广场。私家教练开展冥想、禅修、瑜伽、太极等课程，提供专业的水疗服务，前所未有的自动平衡式灵动思维车和顶级自行车品牌崔克脚踏车可以带宾客游转酒店热带花园及沙滩，另有多项水上设施如超大海景无边界镜面户外泳池、沙滩泳池、儿童房及娱乐会所等，给度假客人带来无限的欢乐时光。

■ **思考题**

1. 请通过网络、电话调研等方式了解香水湾君澜度假酒店的组织结构。

2. 君澜酒店集团位于浙江杭州，香水湾君澜度假酒店位于海南省三亚市，试从组织管理职能角度思考集团如何开展全资管理。

测试题

第二章 饭店业发展史

饭店业
发展史

引言

　　饭店业是一个古老而又常青的行业，它伴随着人类历史而产生和发展，从最早的古代客栈到现代的新型饭店，经历了上千年的变革。而今，饭店又以一种崭新的面貌和姿态屹立于世界。本章是饭店业的历史篇章，对世界和中国饭店业的产生和发展进行介绍。

教学目标

知识目标：

▶ 掌握世界饭店业发展的分期。

▶ 理解世界和中国饭店业不同时期的特点。

▶ 了解中国饭店业发展的特色。

核心概念：

▶ 商业饭店　现代新型饭店　驿站　西式饭店

第一节 世界饭店业的发展

　　饭店的产生和发展过程源远流长，已有几千年的历史。现代的饭店，就是从中国的驿馆、中东的商队客店、古罗马的棚舍、欧洲的路边旅馆及美国的马车客栈演变而来的。

　　现代的饭店是在传统的饮食和住宿产业基础上发展起来的，它的发展进程大体上经历了古代客栈时期、豪华饭店时期、商业饭店时期和现代新型饭店时期，共四个时期。随着第二次世界大战的结束，以美国为代表的国家经济迅速恢复，饭店业快速发展，进入了新型饭店时期，并逐步形成庞大独立的饭店行业。

一、古代客栈时期（12世纪至18世纪）

　　客栈是随着商品生产和商品交换的发展而逐步发展起来的。最早期的客栈，可以追溯到人类原始社会末期和奴隶社会初期，是为适应古代国家的外交交往、宗教和商业旅行、帝王和贵族巡游等活动的要求而产生的。

　　在西方，客栈作为一种住宿设施虽然早已存在，真正流行却是在

客栈的发
展和特点

15—18世纪。当时欧洲许多国家如法国、瑞士、意大利和奥地利等国的客栈已相当普遍，但以英国的客栈最为著名。

客栈的特点：一般规模都很小，建筑简单，设备简易，价格低廉；仅提供简单食宿、休息场所或车马等交通工具。服务上，客人在客栈往往挤在一起睡觉，吃的也是和主人差不多的家常饭。当时的这些住所，只是个歇脚之处，无其他服务而言；管理上，以官办为主，也有部分民间经营的小店，即独立的家庭生意，是家庭住宅的一部分，家庭是客栈的拥有者和经营者，没有其他专门从事客栈管理的人员。后来，随着社会的发展、旅游活动种类的增加，客栈的规模也日益扩大，种类不断增多。

后期的英国客栈有了很大的改善。到了15世纪，有些客栈已拥有20～30间客房。当时比较好的客栈通常拥有酒窖、食品室和厨房，还有供店主及管马人用的房间。许多古老客栈还拥有花园草坪以及带有壁炉的宴会厅和舞厅。

此时的英国客栈已是人们聚会并相互交往、交流信息的地方。实际上，在18世纪，世界许多地方的客栈不仅仅是过路人寄宿的地方，还是当地的社会、政治与商业活动的中心。可以说这些简单的住宿设施还不是完整意义上的饭店，而是饭店的雏形。

二、豪华饭店时期（18世纪末至19世纪末）

随着资本主义经济和旅游业的产生和发展，旅游开始成为一种经济活动，专为上层统治阶级服务的豪华饭店应运而生。

在欧洲大陆出现了许多以"饭店"命名的住宿设施。无论是豪华的建筑外形，还是高雅的内部装修；无论是奢华的设备、精美的餐具，还是服务和用餐的各种规定形式——都是前王公贵族生活方式商业化的结果。饭店与其说是为了向旅游者提供食宿，不如说是为了向他们提供奢侈的享受。所以人们称这段时期为豪华饭店时期（又叫大饭店时期）。

一般认为，欧洲第一个真正可称之为饭店的住宿设施是在德国巴登建起的der Badische Hof（巴典国别墅）。随后，欧洲许多国家大兴土木，争相修造豪华饭店。当时颇有代表性的饭店有1850年在巴黎建成的巴黎大饭店、1874年在柏林开业的凯撒大饭店、1876年在法兰克福开业的法兰克福大饭店和1889年开业的伦敦萨伏伊饭店等。

19世纪末开始，美国也出现了一些豪华饭店。在这些饭店中，瑞士籍饭店业主凯撒·里兹（Caesar Ritz）开办的饭店，可以说是豪华饭店时期最具有代表性的饭店。他建造与经营的饭店以及他本人的名字变成了最豪华、最高级、最时髦的代名词。里兹在饭店服务方面所做出的创新和努力、建立的饭店经营法则和实际经验，在今天已被世界各国高级

里兹和豪华饭店

饭店继承和沿用，其著名的经营格言"客人永远不会错"被许多饭店企业家当作遗训而代代相传。

豪华饭店的特点是：规模宏大，建筑与设施豪华，装饰讲究；供应最精美的食物，布置最高档的家具摆设，许多豪华饭店还成为当代乃至世界建筑艺术的珍品。饭店内部分工协作明确，对服务工作和服务人员要求十分严格，讲究服务质量；饭店内部出现了专门管理机构，促进了饭店管理及其理论的发展。豪华饭店是新的富裕阶级生活方式和社交活动商业化的结果。

三、商业饭店时期（19世纪末至20世纪50年代）

商业饭店时期是世界各国饭店最为活跃的时代，是饭店业发展的重要阶段，它使饭店业最终成为以一般大众为服务对象的产业，从各个方面奠定了现代饭店业的基础。

商业饭店的
特点

20世纪初，世界上最大的饭店业主出现在美国，他就是埃尔斯沃思·米尔顿·斯塔特勒（Ellsworth Milton Statler）。1908年，斯塔特勒在美国布法罗建造了第一个由他亲自设计并用其名字命名的斯塔特勒饭店。该饭店是专为旅行者设计的，适应了市场的需求，创造了以一般大众所能负担的价格条件，提供世界上最佳服务为目标的新型饭店，开创了饭店业发展的新时代。

斯塔特勒在饭店经营中有许多革新和措施：按统一标准来管理他的饭店，不论你到波士顿、克利夫兰，还是纽约、布法罗，只要住进斯塔特勒的饭店，标准化的服务都可以保证；饭店里设有通宵洗衣、自动冰水供应、消毒马桶坐圈、送报上门等服务项目；讲究经营艺术，注重提高服务水平，亲自制定《斯塔特勒服务手册》，开创了现代饭店的先河。斯塔特勒的饭店经营思想，以及既科学合理又简练适宜的经营管理方法，如"饭店从根本上说只销售一样东西，那就是服务"等，至今对饭店业仍大有启迪，对现代饭店的经营具有重要的影响。

斯塔特勒的
服务准则

商业饭店的基本特点是：第一，商业饭店的服务对象是一般大众，主要以接待商务客人为主，规模较大，设施设备完善，服务项目齐全，讲求舒适、清洁、安全和实用，不追求豪华与奢侈。第二，实行低价格政策，使顾客感到收费合理、物有所值。第三，饭店经营者与拥有者逐渐分离，饭店经营活动完全商品化，讲究经济效益，以营利为目的。第四，饭店管理逐步科学化和效率化，注重市场调研和市场目标选择，注意训练员工和提高工作效率。

四、现代新型饭店时期（20世纪50年代以后）

第二次世界大战后，随着世界范围内的经济恢复和繁荣，人口的迅速增长，世界上出现了国际性的大众化旅游。科学技术的进步，使交通条件大为改善，为外出旅游创造了条件；劳动生产率的提高，人们可支配收入的增加，外出旅游和享受饭店服务的需求迅速扩大，加快了旅游活动的普及化和世界各国政治、经济、文化等方面交往的频繁化。

现代饭店的
特点

这种社会需求的变化，促使饭店业由此进入现代新型饭店时期。

20世纪60年代，大型汽车饭店开始在各地出现，并逐渐向城市发展，建筑物也越造越高，使汽车饭店与普通饭店变得很难区分，其奢华程度大大超过原先的同类饭店。鲜艳夺目的店内装饰，用来招徕顾客；花砖浴室、地毯、空调、游泳池等皆为每家饭店必备的标准设施。至20世纪60年代中期，汽车饭店联营和特许经营得到迅速发展，一家饭店生意的好坏，在很大程度上就靠联营网络中饭店之间的互荐客源。

在现代新型饭店时期，饭店业发达的地区并不仅仅局限于欧美，而是遍布全世界。亚洲地区的饭店业从20世纪60年代起步发展到如今，其规模、等级、服务水准、管理水平等方面毫不逊色于欧美饭店业。在美国《机构投资者》杂志每年组织的颇具权威性的世界十大最佳饭店评选中，亚洲地区的饭店往往占有半数以上并名列前茅。由香港东方文华饭店集团管理的泰国曼谷文华东方大酒店，十多年来一直在世界十大最佳饭店排行榜上名列榜首。在亚洲地区的饭店业中，已涌现出较大规模的饭店集团公司，如日本的大仓饭店集团、新大谷饭店集团，中国香港东方文华饭店集团、丽晶饭店集团，新加坡香格里拉饭店集团、新加坡文华饭店集团等，这些饭店集团公司不仅在亚洲地区投资或管理饭店，还扩展到欧美地区。

现代饭店的主要特点：旅游市场结构的多元化促使饭店类型多样化（如度假饭店、观光饭店、商务饭店、会员制俱乐部饭店）；市场需求的多样化引起饭店设施的不断变化，经营方式更加灵活；饭店产业的高利润加剧了市场竞争，使饭店与其他行业联合或走向连锁经营、集团化经营的道路；现代科学技术革命和科学管理理论的发展，使现代饭店管理日益科学化和现代化。

综上所述，饭店业的功能及特点随社会发展和旅游者队伍的不断壮大而逐步递增与变化。表2-1是这种规律的总结。

表2-1 世界饭店业发展的四个时期

时期	市场	交通方式	地点	特点
古代客栈时期	传教士、信徒、外交官吏、信使、商人	步行、骑马、驿车	古道边、车马道路边、驿站附近	设备简陋，仅提供基本食宿；服务项目少，质量差；低级行业；不安全，常有抢劫发生
豪华饭店时期	贵族度假者、上层阶级、公务旅行者	火车、轮船	铁路沿线、海港附近	规模大；设施豪华；服务正规，具有一定接待仪式和一定规格的礼貌礼节
商业饭店时期	公务旅行者	汽车、飞机、火车	城市中心、公路边	设施方便、舒适、清洁、安全；服务全面但较合理；经营方向开始以顾客为中心；价格合理
现代新型饭店时期	大众旅游市场	汽车、飞机、火车	城市中心、公路边、旅游胜地、机场附近	规模扩大，饭店集团占据愈来愈大的市场；类型多样化，开发了各种类型的住宿设施；服务综合化，饭店提供住、食、游、通信、商务、康乐、购物等服务

第二节 | 中国饭店业的发展

中国是文明古国，也是世界上最早出现饭店的国家之一。在中国古代，远在3000多年前的殷商时期就出现了官办的"驿站"，它是中国历史上最古老的官办住宿设施。

一、中国古代的饭店业

中国最早的饭店设施可追溯到殷商时期或更早时期，唐、宋、明、清被认为是饭店业得到较大发展的时期。中国古代住宿设施大体可以分为官办设施和民间旅馆两大类。古代官办的住宿设施主要有驿站和迎宾馆两种。

中国古代客栈的起源

（一）古老的旅馆——驿站

驿站始于商代中期，止于清光绪年间"大清邮政"的兴办，有3000多年历史。驿站是中国历史上最古老的住宿设施，主要是为了满足办理各种公务、商务和外交、军事人员的基本生存需要——食宿而设立的。

1. 驿站的起源

据历史记载，中国最古老的一种官方住宿设施是驿站。在古代，只有简陋的通信工具，统治者政令的下达，各级政府间公文的传递，以及各地区之间的书信往来等，都要靠专人递送。历代政府为了有效地实施统治，必须保持信息畅通，因此一直沿袭了这种驿传制度，与这种制度相适应的为信使提供的住宿设施应运而生，这便是闻名于世的中国古代驿站。从商代中期到清光绪二十二年（1896年）止，驿站竟长存3000余年，这是中国最古老的旅馆。

中国古代驿站在其存在的漫长岁月里，由于朝代的更迭、政令的变化、疆域的展缩以及交通的疏塞等原因，其存在的形式和名称都出现了复杂的情况。驿站虽然源于驿传制度，初创时的本意是专门接待信使的住宿设施，后来却与其他公务人员和民间旅行者发生了千丝万缕的联系。驿站这一名称，有时专指其初创时的官方住宿设施，有时则又包括了民间旅舍。

远在商朝，我国就有驿站，周朝已有平整的驿道。据说，西周时在国郊及田野的道路两旁通常栽种树木以指示道路的所在，沿路十里有庐，备有饮食；三十里有宿，筑有路室；五十里有市，设有候馆，这些都是为了供给过客享用的。中国古代驿站的设置与使用，完全处于历代政府的直接管理之下。

2. 驿站的符验簿记制度

为防止发生意外，历代政府均明文规定：过往人员到驿站投宿，必须持有官方旅行凭证。战国时，"节"是投宿驿站的官方旅行凭证。汉代，"木牍"和"符券"

是旅行往来的信物。至唐代，"节"和"符券"被"过所"和"驿券"取而代之。在旅行者出示凭证的同时，驿站管理人员还要执行簿记制度，相当于后世的"宾客登记"制度。

3. 驿站的饮食供给制度

中国古代社会是一个实行严格的等级制度的社会，公差人员来到驿站，驿站管理人员便根据来者的身份，按照朝廷的有关规定供给饮食。为了保证公差人员的饮食供应，驿站除了配备相当数量的厨师及服务人员以外，还备有炊具、餐具和酒器。驿站的这种饮食供应制度，被历代统治者传承袭用。

4. 驿站的交通供应制度

为了保证公差人员按时到达目的地和不误军机，历代政府还根据官员的等级制定了驿站的交通工具供给制度，为各级公差人员提供数量不等的车、马等。我国古代的驿站制度曾先后被邻近国家所效仿，并受到外国旅行家的赞扬。中世纪世界著名旅行家，摩洛哥人伊本·拔图塔在他的游记中写道：中国的驿站制度好极了，只要携带证明，沿路都有住宿之处，且有士卒保护，既方便又安全。

（二）迎宾馆

"迎宾馆"名称最早见于清末，是古代官方用来接待外国使者、民族代表及客商，安排他们食宿的馆舍。我国很早就有了设在都城，用于招待宾客的迎宾馆。春秋时期的"诸侯馆"和战国时期的"传舍"，可说是迎宾馆在先秦时期的表现形式。以后几乎历代都分别建有不同规模的迎宾馆，并冠以各种不同的称谓，如"诸侯馆""传舍""蛮夷邸""四夷馆""四方馆""会同馆"等。我国早期的迎宾馆在宾客的接待规格上，是以来宾的地位和官阶的高低及贡物数量的多少来区分的。为了便于主宾对话，宾馆里有道事（翻译），为了料理好宾客的食宿生活，宾馆里有厨师和服务人员。迎宾馆适应了古代民族交往和中外往来的需要，对中国古代的政治、经济和文化交流起到了不可忽视的作用。

迎宾馆

（三）民间旅馆

古代民间旅馆作为商业的重要组成部分在周朝时期就已出现，被称为"逆旅"。它的产生和发展与商贸活动的兴衰及交通运输条件密切相关。在春秋战国时期，农业生产的进步，促进了手工业和商业的发展，频繁的商贸活动增加了对食宿交通的需求，为民间旅馆的发展提供了市场。至战国时期，民间旅馆业得到很大的发展。汉代以后诸多城市发展成为商业都市，城市的管理制度及城市布局也发生了变化，从而导致了民间旅馆进入城市。隋唐时期，经济空前繁荣，旅馆业也得到了很大的发展，旅店遍布繁华街道。明清时期，民间旅馆业更加兴旺，由于封建科举制度的进一步发展，在各省城和京城出现了专门接待各地应试者的会馆，成为当时饭店业的重要组成部分。这些住宿设施不但提供客房，还提供酒菜饭食，晚上还有热水洗澡，可以说这些民间的客栈和旅馆，是现代意义上饭店的雏形。

民间旅馆

二、中国近代的饭店业

中国近代由于受到外国帝国主义的侵入，沦为半殖民地半封建社会。当时的饭店业除有传统的旅馆之外，还出现了西式饭店和中西式饭店。

（一）西式饭店

西式饭店是19世纪初由外国资本建造和经营的饭店的统称。这类饭店规模宏大，装饰华丽，设备先进，经理人员皆来自英、法、德等国，接待对象以来华外国人为主，也包括当时中国上层社会人物及达官贵人。代表有：北京的六国饭店、北京饭店，天津的利顺德饭店和上海的理查德饭店等。这些饭店除了提供基本的食宿外，还具备游艺室、浴室、理发室等，是中国近代饭店业中的外来部分，是帝国主义列强入侵中国的产物。但与此同时，西式饭店的出现对中国近代饭店业的发展起了一定的促进作用，把西式饭店的建筑风格、设备配置、服务方式、经营管理的理论和方法带到了中国。

（二）中西式饭店

中西式饭店是在西式饭店带动下，由中国的民族资本投资兴建的一大批中西风格结合的新式饭店。这类饭店在建筑式样、店内设备、服务项目和经营方式上都受到了西式饭店的影响，而且在经营体制方面也仿效西式饭店的模式，实行饭店与银行、交通等行业联营。至20世纪30年代，中西式饭店的发展达到了鼎盛时期，在当时的各大城市中，均可看到这类饭店。中西式饭店将输入中国的欧美饭店业经营观念和方法与中国饭店经营环境的实际相融合，成为中国近代饭店业中引人注目的部分，为中国饭店业进入现代饭店时期奠定了良好的基础。

三、中国现代的饭店业

中国现代饭店业的发展历史不长，但速度惊人。新中国成立后，中国的各省会城市、直辖市和风景区通过改建老饭店，建立了一批宾馆、招待所，其功能主要是干部休养、接待公事访问。营利并不是这些饭店的主要经营目的。自1978年中国开始实行对外开放政策以来，大力发展旅游业，这为中国现代饭店业的兴起和发展创造了前所未有的良好机遇。

中国现代饭店业的特点

在行业规模扩大、设施质量提升的同时，中国饭店业的经营观念也发生了质的变化，经营管理水平得到了迅速的提高。从1978年至今，中国饭店业大体经历了四个发展阶段：

第一阶段（1978—1983年）：由事业单位招待型管理走向企业单位经营型管理。这一时期的饭店，很大部分是从以前政府的高级招待所转变而来的，在财政上实行统收统支、实报实销的制度，基本没有上缴利润，没有任何风险，服务上只提供简单的食宿，谈不上满足客人要求的各种服务项目；经营上既没有指标，也没有计划，因此，作为一个饭店也就既没有压力，又缺乏活力，与满足国际旅游业发展和为国家增加创汇的要求极不相称。

第二阶段（1984—1987年）：由经验型管理走向科学管理。1984年，中国饭店业在全行业推广北京建国饭店的科学管理方法，走上了与国际接轨的科学管理的轨道，这是中国饭店业在发展中迈出的第二步。企业化管理进程开始加快，科学管理体系开始形成，经营方式灵活，管理队伍活力增强，服务质量明显上升，经济效益和社会效益不断提高。

第三阶段（1988—1993年）：吸纳国际上通行做法，推行星级评定制度，使中国饭店业进入国际现代化管理新阶段。为使中国迅速发展的饭店业能规范有序地发展并与国际饭店业的标准接轨，1988年9月，经国务院批准，国家旅游局颁布了饭店星级标准，并开始对旅游涉外饭店进行星级评定。中国的饭店星级标准，是在对国内外饭店业进行大量调查研究的基础上，参照国际通行标准并结合中国实际情况，在世界旅游组织派来的专家指导下制定出来的。1993年经国家技术监督局批准，定为国家标准。饭店星级是国际饭店业的通用语言。中国饭店业实行星级制度，可以促使饭店的服务和管理符合国际惯例和国际标准。评定星级既是客观形势发展的需要，也是使中国饭店业进入规范化、国际化、现代化管理的新阶段的需要。

第四阶段（1994年至今）：中国饭店业逐步向专业化、集团化、集约化经营管理迈进。20世纪90年代以来，国际上许多知名饭店管理集团纷纷进入中国饭店市场，向中国饭店业展示了专业化、集团化管理的优越性以及现代饭店发展的趋势。1994年，中国的饭店业已形成了一定的产业规模。经国家旅游局批准，中国成立了第一批自己的饭店管理公司，这为迅速崛起的中国饭店业注入了新的活力，引导中国饭店业向专业化、集团化管理的方向发展。另外，20世纪90年代中后期，中国饭店业的总量急骤增加。由于受到国际国内经济环境变化的影响，饭店业的经营效益出现滑坡，走集约型发展之路，越来越成为饭店业的共识，要求饭店业应从单纯追求总量扩张、注重外延型发展向追求质量效益、强化内涵型发展转变。

这个时期饭店业的特点是：①实行多种形式联合。出于经营上的需要，为了提高预订和推销效果，许多饭店实行了多种形式的联合。②投资形式多样化。为了满足不断发展的旅游业和对外开放的经济发展需要，饭店业采取多种渠道的集资形式，建造了一批具有现代化设施和服务的饭店。③设施和服务日趋现代化。为了适应现代旅游多元化的发展，满足多类别的国外旅游者的需要，中国参照国外先进饭店的硬件标准，结合中国民族建筑的特色，建造了一批建筑新颖别致、设施齐全的饭店。它们不仅具有基本的食宿设施，高级的娱乐、健身、购物等设施，而且提供接待外宾应具备的各种服务项目，并且不断地充实和改善。④经营管理日趋先进。新时期的饭店管理引进国外先进的饭店管理理论和经验，结合中国饭店经营的实际情况，吸收中国其他行业企业管理的先进经验，探索和创造了先进的饭店管理体制和方法，并不断改进和完善。

我国早期旅馆的特点

我国早期旅馆在漫长的发展过程中，受政治、经济、文化诸因素的制约，以及来自域外的各种文化的影响，逐渐形成了自己的特点。

1.建筑特点

便于"旅客投宿"是我国早期旅馆重要的建馆思想。我国早期旅馆除了坐落在城市的一定地区以外，还坐落在交通要道和商旅往来的码头附近，此外，亦常坐落在名山胜境附近。我国早期旅馆在重视选择坐落方位的同时，还注意选择和美化旅馆的周围环境，许多旅馆的前前后后，多栽绿柳花草以为美化。我国早期旅馆也同当时的其他建筑一样，受封建等级制度和宫室制度的制约。在这些制度的制约下，依据开办者的身份、财力和接待对象的不同，我国早期旅馆在建筑规模和布局上出现了差别。由官府或勋戚出资建造的旅馆，豪华富丽，颇具清幽的园林风格。由中小商人经营的旅馆，其建筑用料及规模均较官府或勋戚建造的旅馆逊色。旅馆的建筑式样和布局还因地而异，具有浓厚的地方色彩。

2.经营特点

我国早期旅馆的经营者，十分注重商招在开展业务中的宣传作用，旅馆门前多挂有灯笼幌子以为商招，使行路人从很远的地方便可知道前面有下榻的旅馆。在字号上，北宋以前，民间旅馆多以姓氏或地名冠其店名。宋代，旅馆开始出现赋予文学色彩的店名。在客房的经营上，宋元时代的旅馆已分等级经营。至明代，民营旅馆的客房已分为三个等级。在房费的收取上，当时有的旅馆还允许赊欠。在经营范围上，食宿合一是中国古代旅馆的一个经营传统。旅馆除了向客人提供住宿设施外，还出售饮食。在经营作为上，以貌取人、唯利是图是封建时代旅馆经营的明显特点。

3.接待服务特点

在接待服务上，我国早期旅馆与世界饭店史上的豪华饭店时期相比，有着极其浓厚的民族特点。

西方豪华饭店时期的旅馆，其服务方式可以从中世纪法国上层阶级社会极为奢侈的生活方式中找到渊源。现代西方高级饭店中接待客人的方法，可追溯到17—18世纪法国上层社会的风俗习惯，即尽可能地满足客人的需要。"客人总是对的"是这类饭店的服务格言。在中国，"宾至如归"则是传统的服务宗旨，这也是客人衡量旅馆接待服务水平的标准。中国自古以来就流传"在家千日好，出门一时难""金窝银窝，不如自家的草窝"等。这些都说明古代中国人对旅馆要求的标准，往往是以"家"的概念来对比衡量的，不求多么豪华舒适，但愿方便自然。由此，也派生出了中国古代旅馆在接待服务上的传统。

在礼貌待客上，当客人前来投宿时，店小二（服务员）遵循"来的都是客，全凭一张嘴，相逢开口笑，尽量顾周全"的服务原则，总是主动地向客人打招呼。按照当时的社会风俗，分别对不同地位和身份的人给予礼貌的称谓。譬如对富家子弟称"相公"，年长者称"公公"，小官吏称"客官"，军士称"官长"，秀才称"官人"，平民称"大哥"等。在对来店客人身份的观察上，应该说店小二是具有独到之处的。此外，还要求店主和店小二不但要眼勤、手勤、嘴勤、腿勤、头脑灵活、动作麻利，而且要"眼观六路、耳听八方、平时心细、遇事不慌"，既要对客人照顾周全，还要具备一定的风土知识和地理知识，能圆满地回答客人可能提出的问题，不使客人失望。

斯塔特勒对饭店的贡献

■ 闯关测试

阿里未来酒店

酒店是人们在旅行的时候必不可少要接触的，虽然现在很多地方都有民宿，但是人们的第一选择还会是酒店。随着时代的不断发展，酒店也在慢慢地升级，变得更加宜人和具有科技感，一些人工智能的技术也被运用到了住宿业中，马云的无人酒店就是其中的一种。

这个无人酒店也被称为"未来酒店"，马云命名其为菲住布渴，是"非住不可"的谐音，可见马云对这个未来酒店有多自信。菲住布渴坐落在杭州的余杭区，并且在2018年年底正式开业了。既然是无人酒店，那肯定是和普通的酒店有很大区别的，这里面运用了很多的"黑科技"，会给住客带来很多不一样的体验。

无人酒店是真的一个工作人员都没有，这里的服务员都是人工智能的机器人，为用户提供所需要的服务。从你选好房间后，用户的脸就是这里的通行证了，不需要什么所谓的房卡，"靠脸吃饭"在这里是真的存在的。酒店内部的装饰以白色和蓝色为主，充满了未来科幻的风格，当然，地板还是呈现出黄色，给人一种温馨的感觉，没有太过冰冷。

很多人在知道无人酒店开业之后，都想进去体验一下，不过这里的住宿价格也是不便宜的，一晚上需要1399元以上。很多游客都在吐槽：贫穷让我选择"有人酒店"，不过这个酒店的定位就是高消费群体，虽然价格对于一般人而言是高了些，但还是有人会选择它。

也有一些人会质疑这个无人酒店的服务水准，毕竟人工智能和真正的人类还是有很大的差距的，它们真的能满足用户的服务需求吗？而且缺少了和人的互动，住宿的时候总感觉少了些什么。实际上"无人"这个概念在未来是一定会普及的，无论是在制造业还是服务业，它们将会融入很多的行业，说是大势所趋都不为过，现在人们或许还有些不适应，但是未来就是这样。

■ 思考题

1. 请以阿里未来酒店为例，试分析人工智能对饭店的改变。
2. 请结合饭店发展现状，推测世界饭店发展接下来将经历怎么样的时期，该时期有什么特点。

测试题

饭店集团

第三章 饭店集团

引言

　　任何行业的发展，大体都是由分散到集约、由单体向联合迈进，饭店业也是如此。本章从世界饭店集团产生的背景、优势分析等方面揭示了饭店的集团化发展是必然趋势，同时介绍了世界著名饭店集团和饭店集团常见的经营模式，最后结合我国饭店集团发展的具体现状进行剖析和展望。

教学目标

知识目标：

▶ 掌握饭店集团的概念和优势。

▶ 了解世界饭店集团八大品牌及旗下品牌。

▶ 掌握饭店集团的经营模式。

▶ 了解我国饭店集团的发展情况。

核心概念：

▶ 饭店集团　品牌

第一节 饭店集团概述

一、饭店集团的概念

　　饭店集团又称连锁饭店或饭店联号，是指饭店集团在本国或世界各地拥有或控制两家或两家以上的饭店。这些饭店采用统一的店名、店标，统一的经营管理方式，统一的管理规范和服务标准、联合经营形成的系统。与单体饭店相比，饭店集团在经营管理、市场营销、人才技术、财务采购、风险扩散等方面具有明显的优势，是饭店业发展的必然趋势。

饭店集团的
概念和起源

二、饭店集团发展历程

（一）起源

　　饭店集团和连锁经营形式起源于美国。1907年，美国的里兹公司首次出售特许经营权给饭店，开始了饭店联号的经营形式，开始时连锁经营规模并不大，被认为是饭店集团经营的雏形。第二次世界大战结束后，饭店集团开始迅速发展，现在已经走上国际化、多元化发展道路。

（二）饭店集团的优势

作为与旅行相伴相生的古老行业之一，饭店业走过了从简易的客栈到现代化超豪华饭店的历史过程。虽历经千年，然而与诸如钢铁、汽车、信息技术等产业由分散到迅速形成高度集约经营的轨迹不同，在20世纪末，饭店业在业主数量、饭店所占市场份额等方面，处于相对分散的状态，发展较为缓慢。当饭店在自身发展过程中，意识到品牌、管理经验等具有像资本一样的有形价值时，饭店集团便开始利用其非资本要素优势进行迅速扩张，以获得市场增长的收益。关于饭店集团经营的优势，各位专家已有一定论述。魏小安认为："一是有统一的管理模式，形成了消费者的高度信任感；二是有统一的品牌；三是有统一的饭店销售和组织网络。"李天元等对饭店在市场营销、人力资源、采购等方面所具有的优势进行了具体论述。戴斌提出"由规模与范围而来的效率优势及由交易成本和信息成本而来的成本优势"是集团化经营的主要体现。综合各位专家论述，本章将饭店集团的优势概括如下。

1. 品牌优势

经过几十年的经营和积淀，进行集团化经营的国际饭店集团公司都拥有一个或多个国际知名度高、市场占有率高的品牌，这是饭店连锁化运作的一个非常关键的因素。饭店的品牌不仅包含了饭店产品的档次、水平和质量的实用价值，而且也包含了饭店对于顾客的精神感召力及顾客对饭店的忠诚度、信赖度。输出品牌是成本最低、手段最隐蔽、作用和影响最久远的经营战略。因此，许多国际饭店集团十分注重培育品牌、经营品牌，以及在发展中整合品牌。近几年，还出现了品牌多样化、系列化的发展趋势。比如，雅高（Accor）酒店集团于2016年7月正式宣布完成收购FRHI酒店集团及其三个奢华酒店品牌（费尔蒙、莱佛士和瑞士酒店），从而弥补了其在奢华产品线上略显薄弱的缺憾。万豪国际集团则在2016年完成对喜达屋（Starwood）酒店与度假酒店国际集团的并购之后，成为全球首屈一指的酒店集团，旗下汇聚30个领先酒店品牌，形成了从奢华到中档各具特色的品牌系列。品牌的高知名度及其良好的声誉和形象是饭店集团经营的最大优势之一。

2. 经营管理优势

饭店集团公司拥有较为先进、完善的经营管理模式，因而能为所属饭店制定统一的经营管理方法和程序，为饭店的建筑设计、内部装饰和硬件设施规定严格的标准，为服务和管理制定统一的操作规程，这些标准和规范被编写成经营手册分发给各所属饭店，以使各企业的经营管理达到所要求的水平。同时，要根据经营环境的变化，确保饭店集团经营管理的先进性。饭店集团公司总部定期派遣巡视人员到所属饭店去指导和检查，对饭店经营中的问题、不合格的服务提出建议和指导。

3. 技术优势

饭店集团有能力向所属饭店提供各种技术上的服务和帮助，这些服务和帮助通常是根据所属饭店的需要有偿提供的。例如，集团经营能为所属饭店提供集中采购服务，而集中大批量购买能获得较大价格折扣，使饭店经营成本降低。饭店集团化经营也为生产和技术的专业化及部门化提供了条件。例如，在食品生产加工、设备维修改造、棉织品洗涤等方面都可以进行集中管理，以达到降低饭店经营成本的目的。

4. 市场营销优势

单一饭店通常缺乏足够的资金进行广告宣传，尤其是国际性广告。而饭店集团则可以集合各饭店的资金进行世界范围的大规模广告，并且有能力每年派代表到世界各地参加旅游交易会、展览会，并与旅游经营商直接交易，推销各所属饭店的产品。这种联合广告可使集团中每一家饭店的知名度都大大提高。

市场营销
优势

同时，饭店集团都有自己的互联网网站和进行网络预订的界面，有较为先进的中央预订系统，配备高效率的电脑中心和直通订房电话，为集团成员饭店处理客房预订业务，并在各饭店间互相推荐客源。饭店集团在各地区的销售团队和人员，不仅向各饭店及时提供市场信息，而且还在各大市场为各饭店招徕团队和会议业务，有利于饭店开发国际市场。

5. 人力资源开发优势

饭店管理集团往往以自身的品牌、文化及声望在世界范围内通过市场广罗饭店职业经理人才，并在培训和使用过程中对其不断灌输自身的企业文化、经营理念、管理模式等，使他们尽快融入本集团中，形成一支推进集团化发展的职业经理队伍，并以此为骨干力量，组成管理团队，进入集团直接管理的饭店效力。

近年来，国际性饭店管理集团在人力资源开发上采取本土化的方针策略，在所属饭店的所在地区，承诺优厚的待遇以及提供培训和事业发展的机会，来吸引本土的优秀职业人才，并起用本土的优秀人才，使他们任职于重要的管理岗位。

饭店集团还为所属饭店进行员工培训。大的饭店集团有自己的培训基地和培训系统。例如，希尔顿酒店集团在美国休斯敦大学设立自己的饭店管理学院。饭店集团内部还设有培训部门，负责拟订培训计划并提供饭店经营管理专家，对所属饭店在职员工进行培训，同时也接受所属饭店的派遣员工到集团的总部饭店或培训基地实习等。

6. 资金和财务优势

一般来说，独立的饭店不易得到金融机构的信任，在筹措资金时有可能遇到困难。加入饭店集团则可使金融机构对其经营成功的信任度增加，从而愿意提供贷款，因为饭店集团以其庞大的规模、雄厚的资本和可靠的信誉提高了所属饭店的可信度。同时，饭店集团还能为所属饭店提供金融机构的信息，并帮助其推荐贷款机构。

饭店管理集团往往能凭借自身的品牌及声誉得到大财团的资金支持。有了较雄厚的资金做后盾，有时在接受委托管理项目时，可应业主要求注入一定的资金；也可在业主资金困难时，对有良好发展前景的饭店注入资金，成为股东，甚至处于控股地位；也可收购、兼并和投资建造有发展潜力的饭店，以扩大连锁经营的规模。

此外，各饭店集团在长期的经营过程中已经建立起了一套完善、成熟的财务管理系统、方法和制度。

7. 抗风险优势

饭店集团特别是大型的国际饭店集团，因其分布地域广、产品品种多，有较强的市场应变能力。同时，饭店集团更容易获得政府和相应财团、组织的支持，以及获得政策和相关制度的支持。另外，饭店集团也有足够的手段和资源、成熟的机制来提高危机公关能力。所以，饭店集团相较单体酒店具有更强的抗风险能力。

8. 预订优势

饭店集团在世界各地建立起独立的、全国性乃至全球性的客房预订中央控制系统，或与其他集团联系，使用共同的预订系统。通过这一系统，可以在世界各地集团内的饭店办理客房预订业务。这一优势在前面阐述市场营销优势时也曾提及，所以说饭店集团的优势很多时候是相辅相成、共同发展的。

■ **知识拓展**

万豪国际集团顾客忠诚计划

万豪国际集团的会员计划有三个：万豪礼赏、丽思·卡尔顿礼赏和原喜达屋集团的SPG俱乐部。集团2018年8月把上述三个会员计划合并成为一个强大的计划。

一、万豪礼赏

万豪礼赏计划分为白板会员（注册会员）、银卡、金卡及白金卡四个等级，各主要会员的福利及升级标准包括：

（1）银卡需要在每年完成10晚住宿，可以得到20%的额外积分，优先延迟退房，亚太区的万豪酒店可享受免费网络服务。

（2）金卡需要在每年完成50晚住宿，可以得到25%的额外积分，享受免费客房升级、行政待遇保证，免费上网和拨打市话。

（3）白金卡需要在每年完成75晚住宿，可以得到50%的额外积分，除金卡待遇外，还可享受入住礼品（与积分二选一），亚太地区的白金卡经常会有套房的升级服务。

二、丽思·卡尔顿礼赏

通过丽思卡·尔顿礼赏计划，丽思·卡尔顿酒店各项令您青睐有加的服务均将提升至一个新境界，带给您日益卓越的非凡体验。身为会员的您，入住世界各地任何一家参与计划的丽思·卡尔顿酒店，均可赚取积分或飞行里程，兑换非凡礼遇和优惠，以及享受备受赞誉的服务。凭借与万豪礼赏的合作关系，丽思卡·尔顿礼赏的会员入住世界各地参与计划的万豪国际酒店，也可享有同样待遇。

1. 赚取礼赏积分或飞行里程

作为丽思·卡尔顿礼赏计划的会员，您可以选择赚取礼赏积分或飞行里程。每

1美元的房价消费，均可赚取10点积分或2英里飞行里程。凭借与万豪礼赏的合作关系，您入住世界各地参加该计划的万豪国际酒店，也可赚取礼赏积分或飞行里程。

2.兑换礼赏积分或飞行里程

您的积分可用于兑换免费的酒店住宿、独家合作伙伴的优惠、精致礼品和其他礼赏。如果您选择的是赚取飞行里程，您则可以在参与该计划的全球各航空公司兑换这些里程。

3.尊贵会员优惠

晋升至尊贵会员级别后，您在整个下榻期间，以至退房后都可享受倍加尊崇的个性化待遇。您还可享受免费高速上网、客房升级以及会员和合作伙伴专享优惠等待遇，并体验到独特难忘的住宿经历以及仅限尊贵会员参与的精彩活动。

三、SPG俱乐部

您可在分布于全球近100个国家和地区、分属11个卓越品牌的超过1500家酒店及度假村赚取、兑换和享受您的礼遇。我们的特别组合为您提供全球高端豪华品牌以及丰厚的奖励。更多的豪华酒店、更多的目的地意味着您可利用更多的方式随心所欲犒赏自己。

SPG俱乐部为您提供品类丰富的尊贵礼遇，包括获得终身金会籍或白金会籍资格的难得机会。

1.优先会籍会员

利用每次住宿尽享专属礼遇，而且只会变得越来越好。

- 每1美元合格住宿均可赚取2点Starpoint积分。
- 通过spg.com或SPG俱乐部应用程序预订时可享受免费客房内上网接入。
- 此外，即使您并未入住酒店，在全球喜达屋酒店及度假村内的超过1000家餐厅和酒吧，也能赚取Starpoint积分并享受最低7折优惠。
- 值得信赖的奖励。只要您确保每年进行至少一次账户活动，您的Starpoint积分就永远不会过期。
- 预订团体或任何其他场合、商务或休闲住宿，每3美元合格消费均可赚取1点Starpoint积分。

2.至尊金会籍会员

会员在一个日历年内累计完成10次合格住宿或25个合格晚数，即可享受至尊金会籍级别的所有礼遇。合格付费住宿次数与晚数以及奖励兑换住宿次数与晚数均可累计尊贵级别积分。

至尊金会籍会员提升至新的级别，在获得优先会籍会员的所有礼遇之外还可享受：

- 在合格住宿中每消费1美元费用均可赚取3点Starpoint积分，比优先会籍会员多出50%。
- 至下午4:00的延迟退房，视度假酒店及会议中心酒店的供应情况而定。
- 在入住时升级至更高级客房，如拐角客房、更高楼层客房或更佳景观客房。
- 您可以在抵达时选择一份迎宾礼品，选择范围包括Starpoint奖励积分、免费客房内高级上网接入或免费饮品。

● 通过SPG俱乐部数字渠道预订时可享受免费客房内高级上网接入，此外还可获得迎宾礼品。

● 注册以通过达美交叉奖励计划合格，达美航班中的每1美元消费赚取1点Starpoint积分。

● Your World Rewards与SPG俱乐部及阿联酋航空Skywards计划携手合作：注册以通过合格阿联酋航空航班中的每1美元消费赚取1点Starpoint积分。

● SPG俱乐部与中国东方航空携手推出悦享东方计划：注册后，您搭乘中国东方航空认可航班所获得的每4点"东航万里行"飞行里数均可赚取1点Starpoint奖励积分。

● 预订团体或任何其他场合、商务或休闲住宿，每2美元合格收入均可赚取1点Starpoint积分。

● 成为终身金会籍会员。在总计达到250个合格晚数及5年的尊贵级别时，您将获得SPG俱乐部Lifetime终身金会籍级别。

3.白金会籍会员

在一个日历年内累计完成25次合格住宿次数或50个合格晚数即可达到白金会籍级别——我们的最高级别——并尽享全新高度的尊贵礼遇。合格付费住宿次数和晚数以及奖励兑换住宿次数和晚数均可累计尊贵级别积分。

作为白金会籍会员，您可享受至尊金会籍级别的所有礼遇及以下更多奖励：

● 在合格住宿中每消费1美元费用均可赚取3点Starpoint积分，比优先会籍会员多出50%。

● 您可以在抵达时选择一份迎宾礼品，选择范围包括Starpoint奖励积分、欧式早餐或当地设施。

● 入住时升级至最佳可用客房，包括标准套房。

● 免费客房内高级上网接入。

● 免费健身俱乐部、行政级别使用权。

● 在下午3：00前且于抵达前72小时预订，即可获得客房供应保证。

● 通过达美交叉奖励计划，合格达美机票中的每1美元消费可赚取1点Starpoint积分。此外，在乘坐达美航班时还可享受尊贵礼遇，如优先办理登机手续、优先登机、无限免费升级以及首件行李免费托运。

● Your World Rewards与SPG俱乐部及阿联酋航空Skywards计划携手合作：注册以通过合格阿联酋航空航班中的每1美元消费赚取1点Starpoint积分。另外，还可享受机场贵宾礼遇，包括优先办理登机手续、优先登机和免费电子门服务。

● 现在，您搭乘来自SPG俱乐部及中国东方航空的悦享东方计划认可的航班所获得的每4点"东航万里行"飞行里数均可赚取1点Starpoint奖励积分。您还将尊享机场贵宾礼遇，包括优先办理登机手续、登机和行李处理、超重行李限额和使用中国东方航空商务舱休息室。

● 预订团体或任何其他场合、商务或休闲住宿，每2美元合格消费均可赚取1点Starpoint积分。

● SPG俱乐部住宿礼遇：

（1）在一个日历年内完成50个合格夜晚后，即可从一系列选项中选择一项您喜爱的礼遇。

（2）完成75个合格晚数后：①每1美元合格消费可赚取4点Starpoint积分，比优先会籍会员多出100%，堪称业界最丰厚的积分奖励。②享有Your24服务，您可灵活选择入住时间。例如，可于晚上9：00入住，并于离店当日晚上9：00前退房。③住宿期间每1美元消费可获得2点Starpoint积分。

（3）完成100个合格晚数后，可享受SPG俱乐部大使服务。SPG俱乐部大使拥有各种各样的知识、培训经历和资源，可随时随地帮助满足您的任何需求。

● 获得白金会籍。保留白金会籍。在总计达到500个合格晚数并维持白金会籍满10年时，您将获得SPG俱乐部Lifetime终身白金会籍。

（三）现代饭店集团的发展历程

现代饭店集团诞生于20世纪40年代的欧美国家，至今已有70多年的发展历史了。在过去的半个多世纪之中，欧美国家的饭店集团在市场需求和经济利益的牵引作用下，逐步完成了从无到有、从小到大、从单一到多元、从国内到国外的成长发展过程，并先后经历了三大发展阶段。

1.第一阶段：区域性发展阶段（20世纪40—50年代）

第二次世界大战之后，伴随着欧美等国出现的相对持续的和平、稳定、繁荣、发展历史机遇，以及5天工作制、高速公路和私家汽车的日趋普及，局限在某一国家及其周边地区的休闲度假旅游或商务公干旅游对制度化、规范化和标准化管理的连锁饭店产生了强烈的市场需求。

区域性发展

1946年成立的"洲际酒店集团"（InterContinental）、1949年成立的"希尔顿国际"（Hilton International）、1950年成立的"地中海俱乐部集团"（Club Med）和1952年成立的"假日酒店集团"（Holiday Inn）等现代饭店集团都是这一时代的产物。此间，这些饭店集团扩张发展的方向是由其本国或本地游客的批量流向来决定的。哪里本国或本地的游客最多，哪里就有这些跨市、跨省、跨国、跨洲经营的现代饭店集团的身影。市场的需求和利益的牵引最终使一大批现代饭店集团应运而生并脱颖而出。

2.第二阶段：跨国发展阶段（20世纪60—70年代）

伴随着波音707的问世（1958年）和波音747的大批量投用（1969年），世界各国的民航业在20世纪60—70年代取得了长足发展。以"波音"与"协和"为代表的高速度、大容量、远距离、低价位的喷气式飞机逐步取代了涡轮机，从而使乘飞机出行成为大众休闲度假或商务旅游的首选，在欧美国家逐渐普及的带薪年假制度又进一步催生了跨国旅游和跨洋度假的大众旅游消费市场。为了满足国际旅游的市场需求，并使本国出境游客在异国他乡也同样能感受到"家外之家"的温馨、安全与舒适，众多的欧美饭店集团纷纷联姻航空公司，并先后走出国门到本国出境游客流量较大的外国旅游目的地或中心门户城市接管或开设饭店。例如，美国的希尔顿国际与环球航空公司（TWA）的联姻（1967年）、美国的西方国际（WI）与联合航空公司（UA）的联姻（1970年）、法国的子午线（Meridian）与法航（AF）的联姻（1972年）等成功案例催生了一大批跨国、跨洲、跨地区经营的国际饭店集团。这些国际饭店集团发展到20世纪70年代末，已基本完成了对全球饭店市场（社会主义国家除外）的瓜分。

3.第三阶段：整合发展阶段（20世纪80年代至今）

伴随着20世纪后期社会主义国家的政治改革和经济开放，以及信息技术和网络平台在各国饭店经营管理业务中的日益普及，那些兼具规模经济和范围经济效益的欧美饭店管理集团在基本完成了全球饭店市场的瓜分之后又呈现出整合发展的趋势：饭店集团的扩张模式逐渐从单一饭店接管向管理公司或饭店集团之间的兼并、收购与联盟转型。从1981年大都会（Grand Metropolitan）兼并洲际酒店集团开始，这种趋势一直延续到今天。其中最引人注目的莫过于香港新世界（New World）集团对华美达（Ramada）集团的收购兼并（1989年），英国巴斯（Bass）有限公司对假日集团（1989年）和洲际集团（1998年）的收购兼并，以及法国雅高酒店集团对6号汽车（Mobile 6）旅馆公司的收购兼并（1990年）。通过重新整合，在全世界范围内出现了一大批横跨国界、纵跨行业、品牌多元、管理统一的超级饭店集团（如英国的洲际酒店集团、美国的万豪国际集团和法国的雅高酒店集团等）。其中，2004年跃居国际饭店集团三百强首位的洲际酒店集团（即前"六洲"）就是通过在2003年成功收购兼并了美国的蜡木酒店式公寓集团（Candlewood Suite）而一举夺魁的，并把连续六年稳坐世界三百强头把交椅的美国胜腾（Cendant）集团拉下了马。2016年，万豪国际集团斥资130亿美元完成对喜达屋的收购之后升级成为全球最大的顶级酒店集团，旗下汇聚30个优秀酒店品牌，房间数超过110万间，在全球超过110个国家中拥有大约5700家宾馆。

（四）世界饭店集团在中国的发展

1.国际饭店集团在中国的发展阶段

国际饭店集团在我国的发展大致分为三个阶段，分别为20世纪80年代的引进初期、20世纪90年代的全面铺开阶段和21世纪初的纵深发展阶段。

（1）引进初期。继1982年香港半岛（Peninsula）集团进入中国之后，假日集团（现为六洲Six Continents）于1984年管理北京丽都假日饭店，并在五年之内先后在拉萨、桂林、广州、西安、厦门、大连、成都、重庆等城市形成网络，成为当时中国境内管理饭店最多的国际饭店集团。20世纪80年代进入我国市场的还有喜来登（Sheraton）、希尔顿（Hilton）、雅高（Accor）、香格里拉（Shangri-La）、新世界（New World）、华美达（Ramada）、凯悦（Hyatt）、太平洋（Pacific）、马尼拉（Manila）等十余家饭店集团。在引进初期，进入我国的国际饭店集团以经营中高档饭店为主，多数分布在沿海的中心城市，尤其是直辖市与著名的旅游城市。国际饭店集团进入中国市场的第一个十年里，只有假日集团形成管理10家以上饭店的规模。

（2）全面铺开阶段。20世纪90年代，尝到了甜头的国际饭店集团登陆中国市场的步伐明显加快。这一时期既是我国旅游业蓬勃发展的阶段，也是国际饭店集团积极扩大市场份额的时期。于是，形成了一批中国市场份额在两位数以上的国际饭店集团，如六洲（原Bass，曾经并购Holiday Inn）、万豪（Marriott）、香格里拉、雅高等。90年代，万豪、最佳西方国际（Best Western）、天天（Days Inn）、凯宾斯基（Kempinski）、喜达屋、海逸（Harbour Plaza）、文华（Mandarin Oriental）、威斯汀（Westin）、豪生、瑞迪森、罗顿等数十家国际饭店集团纷纷进驻中国市场，出现了群雄逐鹿的局面。根据国际饭店与餐馆协会的资料统计，2011年世界饭店管理集团排行前10位的洲际、胜腾、万豪、雅高、精品国际（Choice）、希尔顿、最佳西方国际、喜达屋、卡尔逊（Carlson）、凯悦，均已进入中国市场，并已在中国建立或管理饭店，且逐步涵盖了高中低所有的消费档次，中国已成为著名国际饭店集团的集聚地。

（3）纵深发展阶段。进入21世纪，国际饭店集团在我国的发展呈现网络化、两极化、本土化的特征，不仅饭店数量增长，而且以全球化战略为前提，追求地区分布、经营格局的更加合理化。在中国市场形成规模和特色的国际饭店集团越来越多，这既是国际饭店业发展的必然所趋，也是全球经济一体化的必然结果。例如万豪国际集团作为世界五百强跨国集团之一，是国际饭店集团中的巨无霸，虽然他们1997年才进入中国市场，但他们通过实施以丽思·卡尔顿、万豪、万丽品牌为主的全品牌发展战略，在"你如能使员工树立工作自豪感，他们就会为顾客提供出色的服务"的核心经营理念指导下，很快就打开了中国市场。目前万豪国际集团在中国管理56家饭店，旗下有丽思·卡尔顿、JW万豪、万豪酒店及度假酒店、万丽、万怡和万豪行政公寓等品牌。另有44个以上品牌的新酒店项目正在筹建中，成为在华发展最快的国际饭店集团之一。

2. 国际饭店集团在我国的发展策略

国际饭店集团进入中国已30多年，虽然并未达成全面覆盖市场的格局，但是我国饭店业的高端市场基本都控制在国际饭店集团手中。据原国家旅游局公布的资料，国外和外资饭店虽然占全国饭店客房总数的20%，却占有饭店业80%的利润。除了采用品牌化、全球化、集约化的战略决策外，集团旗下饭店的管理方式、经营理念、企业文化也值得我们借鉴与深思。

（1）多品牌策略。国际饭店集团依靠其成功的品牌经营，建立为客人所熟悉与信任的品牌，保证客人对品牌的忠诚，以期获得更高的价格和更稳定的客源。品牌优势在构成强大进入壁垒的同时，也有利于形成产品差异，满足不同消费群体的需要。实践表明，第二个出现的品牌只能享有第一个品牌市场份额的75%。要想达到与第一个品牌相同的市场份额，平均需支出第一个品牌广告费用的3.5倍。

多品牌策略

洲际酒店集团刚进入中国时，推出的品牌只有假日品牌饭店，为了满足商务客人的需求，又陆续推出皇冠假日、洲际等品牌。万豪国际集团在中国市场的扩张就是运用了其强大的品牌优势，它进入中国市场首推的是万豪品牌，目前该集团已推出全品牌发展战略，既有高档的丽思·卡尔顿、万豪、万丽，又有中高档的万怡、新世界、华美达，共达11个品牌。即使是万豪的同一档次品牌，各品牌间的差异也体现了不同的风格，如万豪体现欧美古典式风格，万丽则追求智能化的商务现代派风格，不同的风格适应不同的消费需求。

（2）两极化策略。饭店市场中的超豪华品牌饭店与经济型饭店是国际饭店集团在我国重点发展的两大极端市场。过去相当长一段时间超豪华品牌饭店在中国是空白，20世纪90年代末期仅有北京圣·瑞吉斯国际俱乐部酒店以及上海丽思·卡尔顿、金茂君悦酒店三家。随着我国旅游业的发展以及国际性商务活动的增多，知名国际饭店集团对我国饭店市场表示出极大的信心，纷纷推出超豪华品牌饭店，在中国打造自己的旗舰店。例如，上海瑞吉红塔大酒店成为原喜达屋集团在中国开业的第二个圣·瑞吉斯品牌酒店；2001年年底开业的北京东方君悦酒店是凯悦集团在中国继上海金茂君悦酒店之后管理的第二家君悦品牌酒店；2002年开业的上海四季酒店是著名的四季酒店集团在中国的第一家饭店，万豪的丽思·卡尔顿酒店也在北京落户。最近几年，经济型饭店价格战的惨烈以及消费需求的升级，中端酒店的盈利空间显现出来，众多国内饭店集团纷纷与国外品牌合作联姻，积极抢占中端市场。

随着国内旅游的迅速发展，国内游客已经成为饭店业不可忽视的客源。对中国旅游者而言，多数对高档饭店消费不起，而大部分低档饭店的设施卫生、服务条件太差，又难以入住。现在缺乏的是中外顾客需要的、符合国际标准的经济型饭店。装修朴素、干净卫生、设施便利、价位适中的经济型饭店将成为国内游客所看重的饭店业类型。一些知名国际饭店集团一致达成共识，经济型饭店已成为继高档饭店之后的饭店业发展的又一新热点、新机会。较早进入中国经济型饭店市场的是美国天天酒店集团，该集团于20世纪90年代末期进入中国市场，并与中国建设银行联手推出了11家天天品牌饭店。洲际、雅高、万豪等集团的管理层都明确表示了在中国发展经济型饭店的意向，近期纷纷来华调研市场，或专门请咨询公司，了解中国未来饭店业发展趋势，希望在拓展豪华品牌饭店的同时，也将经济型饭店品牌打入中国市场。

（3）网络化策略。国际饭店集团开始进入中国市场时，往往先选择经济发达的中心城市或旅游资源丰富的城市立足；如香格里拉酒店集团在中国开业的饭店基本分布于北京、上海、哈尔滨、长春、大连、青岛、南京、武汉、北海、西安等城市，其中北京就有四家（香格里拉饭店、中国大饭店、国贸饭店、嘉里中心饭店）。如今，迅猛发展的国内旅游业推动着该集团向二线城市扩张。香格里拉酒店集团在颇具有市场潜力的二线城市也加快了发展进程，如中山、福州等。

拥有庞大的销售网络和强大的销售能力是国际饭店集团成功的一大关键。国际饭店的网络优势体现在其拥有完善的全球预订网络。1965年假日饭店系统建立了自己独立的电脑预订系统Holidex I，到70年代又发展了第二代预订系统Holidex II。Holidex电脑预订系统把遍布世界的假日饭店联系在一起，假日集团24%的客源通过网络成交，旅客在每一家假日饭店里，都可以随时预订任何一个地方的假日饭店，并可在几秒钟内得到确认。喜来登集团各成员饭店通过全球预订网销售的比例已达到20%～24%，喜达屋饭店集团网上客房预订额在1999年就达到1亿美元。

（4）本土化策略。使用和培养本土人才，促进与接管饭店之间的文化融合是提高国际饭店集团经营业绩的根本。由于较大的文化差异，外方管理人员与中国员工沟通难度较大，曾经出现中方员工不接受外方管理层管理的情况，外方管理层对中方员工的行为难以理解，致使接管后的饭店经营状况一直不佳。文化冲突主要表现在两大方面：一是中外双方管理层不相容，双方在决策方式、管理方式上存在着较大分歧，无法达成共识；二是中方员工与外方管理层由于中外价值观念的差异，致使双方在核心理念、思维模式、行为方式等方面都表现出很大程度上的不同，双方难以相互理解，无法沟通。针对这种情况，选拔和培养当地饭店管理人才，在集团统一的管理体制下，放手让中方管理人员运作，增进与当地文化的衔接与相容，被越来越多的国际饭店集团所采用。许多有过在国际饭店集团任职经历的人员成为国内饭店和外企争夺的对象，国际饭店集团管理的饭店成为我国饭店管理人才的"提高班"，在提高我国饭店人力资源整体素质方面功不可没。在市场开拓方面，某些较早进入中国市场的国际饭店集团在经过一段适应期后，逐步形成了本土化的经营战略，他们的目标也开始转向中低档饭店市场开发。

3. 国际饭店集团在我国的发展规律

国际饭店集团通过导入先进的管理观念与模式，提高了我国饭店经营管理水平，缩短了我国饭店业与国际水平的差距，使我国饭店业成为开放较早、市场化程度较高、最先与国际接轨的行业之一。我国饭店集团发展即将进入全新的整合重组阶段，只有借鉴国际饭店集团在我国的发展规律，取长补短，才能顺利完成改革，实现深度发展。

（1）集团扩张方式日趋多样化。从国际饭店集团的发展进程和现状来看，通过资本市场的并购获取部分财产权，通过非产权交易获取其他饭店的管理权、营销权和无形资产运作权是国际饭店集团在华扩张的主要手段。入世将加剧饭店业的资本运营。根据入世承诺，国外投资不仅可以控股、独资经营饭店，而且可以通过输出品牌和管理在中国形成母子公司体系的饭店管理网络。自我国加入WTO后，国外投资者大举进入我国市场，他们不一定全资兴建或购买饭店，而通过参股、购并等方式达到逐步占领我国市场的目的。另外，以品牌和规制为先导，对集团内的饭店进行高水平的管理，使其具有竞争力，资本经营与产品经营相辅相成。

（2）与国有饭店集团既联合又竞争。由于体制的阻力加上内资饭店缺乏实力，在饭店业的集团化组合上国际饭店集团更具有现实性。实力雄厚的国际饭店集团能够承担较高的组合成本，其机制能够承载大规模的集团运行，能够保证集团成员效益。另外，组合过程中国有饭店的心理障碍比较小，认可程度高。就现在的经营状况看，外资集团也具有优势。尤其是在高端市场。根据迈点研究院的统计，2017年高端酒店品牌的中国市场占有率，前两位的是最早进入中国市场的外资品牌皇冠假日和喜来登。

我国加入WTO后，国际饭店集团进入我国的步伐加快了，以此为契机，政府通过制定政策和条例，继续扩大开放度，借助市场的手段多方引进国际大型饭店集团，加剧行业竞争，激发行业活力，促进联合。在市场竞争和压力下，国有饭店受到的威胁与日俱增，由市场竞争引发的危机使饭店觉醒，被迫地接受集团化战略。例如，企业破产的危机迫使饭店联合；外资饭店的集团优势形成的威胁，迫使内资饭店团结起来；外资饭店对中国经济型饭店的兼并，引发内资饭店对经济型饭店的购买等。

（3）以先进的科学管理制胜，由输出管理到输出理念与文化。国际著名饭店集团都拥有一套成熟、合理、有效、系统的管理模式，规范成员饭店的行为。国际饭店集团的进入，带来管理经验的同时也带来了饭店最新的管理理念，树立了饭店文化建设的典范，带来我国饭店集团的深层思考。香格里拉酒店集团的管理模式浓缩于一句话，即"由体贴入微的员工提供的亚洲式接待"。香格里拉的八项指导原则为：我们将在所有关系中表现真诚与体贴；我们将在每次与顾客接触中尽可能为其提供更多的服务；我们将保持服务的一致性；我们确保我们的服务过程能使顾客感到友好，员工感到轻松；我们希望每一位高层管理人员都尽可能地与顾客接触；我们确保决策点就在与顾客接触的现场；我们将为我们的员工创造一个能使他们个人、事业目标均得以实现的环境；客人的满意是我们事业的动力。

（4）由点、线、面至网络的发展格局。目前，国际饭店集团在我国呈逐步网络化的发展格局，并已初步完成了从经济发达的沿海开放城市至中西部地区的拓展，实现了全方位发展的网络化布局，并正在逐步加大网络的密度，由一线城市向二线城市扩展。入世后，由于网络销售的便利、进口税收的降低，就更加利于国外饭店管理集团发挥其品牌、集中采购、网络销售等优势，市场竞争力更加强劲。

三、世界八大饭店集团

目前全球有较多的饭店集团，以下将简要介绍名列前茅的八大集团。

（一）万豪国际集团（Marriott International）

（1）集团简介。万豪国际集团目前是全球最大的酒店集团，创建于1927年，总部位于美国华盛顿。万豪业务遍及美国及其他120个国家和地区，管理超过6500家酒店，提供约116万间客房，还多次被世界著名商界杂志和媒体评为首选酒店业内最杰出的公司。2016年，万豪收购喜达屋，成为拥有30个酒店品牌的全球最大的酒店集团。

（2）旗下主要品牌。原万豪国际集团拥有的18个著名酒店品牌，分别是万豪酒店及度假村（Marriott Hotels & Resorts）、JW万豪酒店（JW Marriott）、万丽酒店及度假村（Renaissance Hotels & Resorts）、艾迪逊酒店（Edition Hotels）、奥特格拉夫精选酒店（Autograph Collection Hotels）、万怡酒店（Courtyard by Marriott）、季劳酒店（Gaylord Hotels）、万豪行政公寓（Marriott Executive Apartments）、万豪经济型酒店（Fairfield Inn & Suites by Marriott）、万豪居家酒店（Residence Inn by Marriott）、万豪会议中心酒店（Marriott Conference Centers）、万豪唐普雷斯套

房酒店（Towne Place Suites by Marriott）、万豪春丘套房酒店（Springhill Suites by Marriott）、万豪行政酒店（ExecuStay）、万豪国际度假俱乐部（Marriott Vacation Club）、丽思·卡尔顿酒店（The Ritz-Carlton Hotel Company）、万豪住宿大酒店（Grand Residences by Marriott）、宝格丽酒店及度假村（Bvlgari Hotels & Resorts）。其中，万豪酒店及度假村和JW万豪酒店是全服务酒店，丽思·卡尔顿酒店是豪华型酒店，万怡酒店是中档连锁酒店，万豪行政公寓是酒店式公寓，万豪唐普雷斯套房酒店是长住型酒店，宝格丽酒店及度假村是顶级奢华酒店，艾迪绅是最新的豪华精品酒店，而万豪国际度假俱乐部则是度假型酒店，形式多样。

喜达屋酒店及度假村国际集团原名为喜达屋住宿设施投资公司、喜达屋膳宿公司（Starwood Loding Trust/Starwood Loding Corp.），于1946年在美国成立。1998年，喜达屋完成了更名、对美国国际电话电报公司和威斯汀酒店的并购三件大事，这在其发展历程中具有相当大的影响。2016年，喜达屋被万豪国际集团收购。

原喜达屋旗下主要品牌：品牌包括圣·瑞吉斯（St. Regis）、豪华精选酒店及度假村（The Luxury Collection Hotels & Resorts）、威斯汀酒店及度假村（Westin Hotels & Resorts）、喜来登酒店（Sheraton）、福朋酒店（Four Points by Sheraton）、W酒店（W Hotels）、艾美酒店（Le Meridien）、雅乐轩酒店（Aloft）和源宿酒店（Element by Westin）。其中，圣·瑞吉斯酒店、艾美酒店属于高端的奢侈型消费酒店，福朋酒店为提供全方位服务的中档酒店，而W酒店和威斯汀酒店则更倾向于为商务人士提供住所。

（二）希尔顿酒店集团（Hilton）

（1）集团简介。希尔顿酒店集团旗下包括两个酒店管理集团，分别是希尔顿国际酒店集团（Hilton International，HI）和希尔顿酒店集团公司（Hilton Hotels Corporation，HHC）。

希尔顿酒店集团

希尔顿酒店集团总部设于英国，成立于1919年。希尔顿国际酒店集团（HI）拥有除北美洲外全球范围内"希尔顿"商标的使用权，美国境内的希尔顿酒店则由希尔顿酒店管理公司（HHC）拥有并管理。希尔顿国际酒店集团（HI）经营管理着全球90个国家近5000家酒店，有10多个不同层次的酒店品牌。希尔顿酒店集团在全球的发展以谨慎著称。

（2）旗下主要品牌。旗下主要酒店品牌分别是希尔顿酒店及度假村（Hilton Hotels & Resorts）、康莱德酒店及度假村（Conrad Hotels & Resorts）、逸林酒店（Double Tree by Hilton）、大使套房酒店（Embassy Suites Hotels）、家木套房酒店（Homewood Suites by Hilton）、希尔顿花园酒店（Hilton Garden Inn）、汉普顿旅馆（Hampton）、"家外之家"套房酒店（Home2 Suites by Hilton）以及华尔道夫酒店及度假村（Waldorf Astoria Hotels & Resorts）等品牌。希尔顿集团主要有四种类型的酒店品牌，华尔道夫酒店及度假村、康莱德酒店及度假村属于豪华品牌；希尔顿酒店及度假村、逸林酒店、大使套房酒店属于全服务品牌；家木套房酒店、希尔顿花园旅馆、汉普顿旅馆和希尔顿度假俱乐部属于特色服务品牌；希尔顿产权式度假村属于产权式度假村。

（三）洲际酒店集团（InterContinental Hotels Group，IHG）

（1）集团简介。洲际酒店集团于1946年成立，总部在英国。目前是全球最大的酒店管理集团之一，在全球100多个国家和地区经营和特许经营约5300家酒店，拥有超过67400间客房。洲际酒店集团的经营目标是让InterContinental这一品牌成为消费者和酒店所有者心目中的首选。

（2）旗下主要品牌。目前洲际酒店集团旗下拥有13个酒店品牌，除早期的洲际酒店及度假村（InterContinental Hotels & Resorts）、皇冠假日酒店及度假村（Crown Plaza Hotels & Resorts）、智选假日酒店（Holiday Inn Express）、Staybridge Suites酒店、蜡木酒店公寓（Candlewood Suite）、Hotel Indigo品牌酒店6个品牌之外，把之前的假日酒店及度假村（Holiday Inn Hotels & Resorts）调整为假日酒店（Holiday Inn）和假日度假酒店（Holiday Inn & Resorts）2个品牌，近年来又增加了首个为华人打造的华邑酒店及度假村（Hualuxe Hotels & Resorts）品牌，还有Kimpton酒店和餐厅、Even酒店、Avid酒店和Holiday Inn Club Vacations 4个品牌。其中既有洲际酒店及度假村、皇冠假日酒店及度假村这类高端豪华酒店品牌，也有假日酒店、智选假日酒店等中端舒适酒店，更不乏Staybridge Suites这样专为延长住宿酒店市场而创立的特色酒店。

（四）温德姆酒店集团（Wyndham Hotel Group）

（1）集团简介。温德姆酒店集团总部设在美国新泽西州的帕西帕尼，以前隶属于胜腾集团（Cendant Corporation）。2006年胜腾集团分离为四家独立集团，其中温德姆集团负责饭店和旅游业务，旗下包括三大部门：酒店集团（Wyndham Hotel Group）、度假交换和租赁（RCI）、度假网络（Wyndham Vacation Ownership）。温德姆酒店集团在全球80个国家和地区经营超过8400家酒店，拥有约72.8万间客房，是世界排名第一的转让特许经营饭店集团，在业界独树一帜。

（2）旗下主要品牌。温德姆酒店集团拥有的主要品牌包括速8（Super 8）、戴斯酒店（Days Inn）、豪生酒店及度假村（Howard Johnson）、爵怡温德姆酒店（TRYP by Wyndham）、全球华美达酒店（Ramada Worldwide）、麦客达酒店（Microtel Inn & Suites by Wyndham）、Baymont Inn & Suites、温德姆花园酒店（Wyndham Garden）、温德姆酒店及度假酒店（Wyndham Hotels & Resorts）、温德姆至尊酒店（Wyndham Grand）、夜酒店（Night Hotels）、赢门酒店（Wingate by Wyndham）、Travelodge酒店和骑士客栈（Knights Inn）等。这10多个品牌风格迥异、各具特色，如速8是全球最大的连锁汽车旅馆、赢门酒店是适合35～49岁男性商业旅行者的中高档商务酒店、Travelodge酒店和骑士客栈是迎合美国市场对家庭式需求发展起来的中低档经济型酒店等。

（五）法国雅高国际酒店集团（Accor）

（1）集团简介。总部设在巴黎的法国雅高国际酒店集团成立于1967年，是欧洲最大的酒店集团。从经济型酒店到豪华型酒店，雅高提供了全系列不同档次的酒店服务，满足不同层次顾客的需要。雅高酒店集团在全世界拥有4000多家酒店，约50万个房间和17万名员工，遍布90个国家和地区。雅高34%的营业额来自法国，34%的营业额来自欧洲其他国家。

（2）旗下主要品牌。法国雅高国际酒店集团旗下主要的酒店品牌分别是索菲特酒店（Sofitel）、铂尔曼酒店（Pullman）、M Gallery精品酒店、美爵酒店（Grand Mercure）、美居酒店（Mercure）、诺富特（Novotel）、Adagio公寓式酒店、宜必思酒店（Ibis）、佛缪勒第1号（Formule 1）、Ibis Budget、宜必思尚品（Ibis Styles）、Thalassa Sea & Spa等。在这些品牌中，既有豪华型的索菲特酒店，又有经济型的宜必思，还有Thalassa Sea & Spa这样的海洋会馆。

（六）精选国际酒店管理公司（Choice Hotels International）

（1）集团简介。精选国际酒店管理公司成立于1939年，总部位于美国的马里兰州，是世界排名第二的饭店特许经营公司。精选国际酒店管理公司是一个主要依靠品牌经营战略成长起来的饭店集团，在短时间内依靠品牌特许经营、多产品品牌组合、品牌营销等品牌经营策略实现了其在全球范围内市场规模的迅速扩大。

精选拥有众多的行业第一：率先提供价格适中的全套间酒店；1984年成为第一家在全系统范围内推行无烟房的酒店集团，所有酒店都设有无烟房间；率先提供专为身份特殊的旅行者设计的房间；率先提供网上实时订房；率先提供符合品牌标准的食物等。

（2）旗下主要品牌。精选国际酒店管理公司旗下的酒店品牌主要有Clarion Hotels、Econo Lodge、舒适客栈（Comfort Inn）、Sleep Inn、Rodeway Inn、品质客栈（Quality Inn）、Mainstay Suites、Suburban和Cambria Suites等。其中品质客栈、舒适客栈以及Clarion Hotels大多为三星级饭店，而Econo Lodge大多为二星级经济型饭店，而Mainstay Suites则是专门为长久入住者开发的品牌，多种产品也满足了各种社会阶层不同的需求。

（七）美国最佳西方国际集团（Best Western International）

（1）集团简介。美国最佳西方国际集团成立于1946年，在全球近100个国家和地区拥有成员酒店4200多家，总客房数超过33万间，是全球单一品牌下最大的酒店连锁集团，在美国、加拿大及欧洲具有广泛的影响。在全球每天有超过25万人下榻其旗下的酒店。

最佳西方国际集团的成员酒店均由不同业主独立拥有和自主管理。由于酒店行业的特殊性，酒店需要在经营活动中充分考虑地域文化和客源结构等诸多方面对经营管理的直接影响。而最佳西方可为酒店拥有者和管理者提供高质量和高价值的服务，让成员酒店享有独立运作和个性化管理的自主权，使得每一家成员酒店都能在反映当地的魅力和特色的同时，为客人提供全新的体验。

（2）旗下主要品牌。集团旗下主要品牌包括Best Western，集团中的中档品牌；Best Western Plus，中高档酒店，满足商务客人和休闲客人的需要；Best Western Premier，高档品牌，风格独特，为客人提供个性化服务。

（八）凯悦酒店集团（Hyatt Corporation）

（1）集团简介。美国凯悦酒店集团是世界知名的豪华酒店管理集团，旗下君悦及柏悦全部都是五星级饭店。首间酒店于1957年开业，在随后的发展过程中不断引入其他品牌，成就了如今位列世界前十大酒店管理集团的凯悦酒店集团。截至2017年年底，凯悦酒店集团在全球56个国家和地区拥有719个品牌产业，其中包括酒店度假村、住宅和度假型产业等。

凯悦酒店
集团

（2）旗下主要品牌。集团旗下酒店品牌包括君悦（Grand Hyatt）、凯悦（Hyatt Regency）、柏悦（Park Hyatt）、凯悦度假村（Hyatt Resorts）、凯悦假日俱乐部（Hyatt Vacation Club）以及后推出的安达仕酒店（Andaz）、Hyatt Place、Hyatt House等多个品牌。其中凯悦酒店是典型的商务酒店，而君悦和柏悦酒店则侧重于提供精品和豪华的服务，凯悦度假村则有着令人心旷神怡的风景，适合度假旅游的客人。

第二节 | 饭店集团的经营模式

一、直接拥有

饭店集团通过独资或者收购来拥有一家全资的子公司，从而达到扩大经营的战略目标。在大多数情况下，投资主体会直接控制子公司，这种投资方式的优点在于公司拥有全部产权和对子公司的控制权。饭店集团选择这一进入模式时主要考虑的是目的地市场环境的长期稳定性，对这一因素的评估需要对市场环境评估的丰富经验，并有能力识别在不断变化的环境中可能带来产权风险的潜在因素。全球范围内，早期的国际饭店集团多是通过购买不动产的方式达到扩张的目的，如希尔顿、原喜来登等。

二、控股经营

选择带资管理合同，饭店集团参股饭店，成为联合投资者。一些饭店集团在和饭店业主签订管理合同的同时购买饭店的部分股权。这种方式的优点在于将饭店集团和饭店捆绑到一起，防止饭店集团做出不利于业主的决策。同时，饭店集团可以在饭店的战略计划制定过程中起关键作用，减少战略决策失误而给业主和管理方带来损失的可能性。虽然目前进入中国市场的国外饭店集团大多只是单纯提供管理服务，不介入饭店的产权投资，但是也有一些饭店集团在提供饭店管理合同的同时通过参与股权投资的方式加强对被托管饭店的控制。

三、租赁合同

饭店集团从饭店所有者手中将饭店租赁过来，对饭店进行经营。饭店集团向饭店的所有者支付一定的租金即可取得经营权。但饭店集团在相当一个时期内要承担财务责任和对物业的控制。长期租赁在国际饭店业中通常被认为是全资拥有形式的变形。饭店集团通常利用这种方式在目标地的最佳地点选择饭店，租赁管理在大多数情况下要求做出长期的财务承诺，因此只有在仔细考虑选址、市场的长期营利能力以及当地稳定的市场环境之后才能做出选择。

四、管理合同

管理合同又称委托管理。它是非股权式安排的一种营运方式，指业主委托管理公司代理管理。饭店集团采用这种方式，可以用较少的资本投入及风险迅速扩张其规模，同时使在该领域没有管理经验和实力的业主分享该行业所带来的丰厚回报。管理合同广泛应用于饭店业，几乎所有饭店集团都无一例外地通过这种方式进行发展。

饭店管理公司一般可以分为两种形式：一种是隶属于饭店集团的饭店管理公司，另一种是独立饭店管理公司。饭店集团一般都拥有一家饭店管理公司，对下属的饭店进行管理。独立饭店管理公司则不属于任何一家饭店集团，主要为所有的独立饭店服务，在委托管理方面明确责、权、利的基础上，更容易发挥出技术专长和集约组合的影响力，更有助于追求和实现最优化的管理效益和经济效益。美国的里奇菲尔德饭店管理公司（Richfield Hotel Management Inc.）是世界上最大的独立饭店管理公司，管理着希尔顿、原喜来登、雷迪森等特许经营联号范围内的大量饭店。饭店管理合同的特点是通过输出管理，对属下饭店进行紧密的控制和直接的经营管理。饭店管理公司负有运营饭店并管理饭店业务的责任。

饭店业主与饭店管理公司通过签订合同来实现这一运作方式。采用管理合同进行运作的三个主要原则是：①饭店管理公司作为经营者有权不受业主干扰管理饭店；②业主支付所有的经营费用并承担可能的财务风险；③经营者的行为受到绝对的保护，除非具有欺诈或严重的失职行为。

管理合同保证饭店管理公司获得管理费，其余所得则由业主支付税收、保险、贷款等。业主将所有经营责任授权给经营者并不得干涉其日常业务运营。业主通常鼓励经营者获得收益贡献，提高经营者在管理饭店中的风险意识和营利意愿。

由于在管理合同市场，竞争越来越激烈，更多的饭店管理公司将收益贡献作为获得合同的重要筹码，或通过减少管理经费的方式获得。有些业主喜欢在自身企业有获得实力的部分去获得收益贡献并希望有更多的发言权。

饭店管理公司在采用管理合同进行经营时，既可以提供全面管理服务，也可以提供单项服务（技术服务协议）。管理合同服务通常包括下列内容：①可行性报告和市场分析；②提供在规划、设计、建筑和内部装潢方面的咨询和技术支持；③提供设备选择、布局和安装方面的建议；④合同、采办和建筑协作；⑤开业运行；⑥营销、广告、促销；⑦招聘和培训；⑧秘书、记录控制和汇报功能；⑨技术咨询；⑩采购；⑪中央和国际预订服务；⑫管理人员；⑬总部办公室督导和控制。

在管理费用方面，一般主要分为全面委托管理费用、系统使用费、技术服务费和开业管理费等四种。目前国内常见的是向被管理饭店收取一定比例的"基本管理费"和"奖励管理费"。

近几年来，饭店管理公司受到了饭店业主不断提高的对经营业绩要求的压力，业主要求尽快提高饭店的业绩，以期在激烈的市场竞争中立足，尽快收回投资并不再愿意和饭店管理公司签订长期管理合同。合同已从对管理公司有利转向有利于业主，造成这一转变的原因有三方面：①并购以及国际集团的大举进入使得管理合同市场竞争愈发激烈；②业主对该行业具有越来越多的知识，对合同更加了解；③业主方具有经验的人物在合同谈判中扮演越来越活跃的角色。这一结果导致饭店管理公司更多地分担经营风险；以及更多地参与共同决策。其他的趋势包括在合同中涉及业绩、更强调奖励费等。而对管理合同有利的且强有力的市场推动因素在于人们对品牌的认可和忠诚。

五、特许经营权的转让

国际特许经营协会对特许经营的定义为："特许经营是指拥有特许经营权人向受特许权人提供特许经营权利，以及在组织、经营和管理方面提供支持，并从受特许权人处获得相应回报的一种连续的关系。"通俗地说，特许经营指的是以特定方式将所拥有的具有知识产权性质的名称、注册商标、成熟定型技术、客源开发预订系统和物资供应系统等无形资产的使用权转让给受让者，从而获得经济效益。特许经营是以特许经营权的转让为核心的一种经营方式，是指利用饭店集团自身的专有技术与品牌和饭店业主的资本相结合来扩张经营规模的一种商业发展模式。饭店经营者需一次性向特许权拥有者支付特许经营权转让费或初始费，以及每月根据营业收入而浮动的特许经营服务费（包括公关广告费、网络预订费、员工培训费、顾问咨询费等）。饭店投资者可以成为某一个饭店联号的特许经营受许方，使用其品牌，但由自己经营管理饭店。一些饭店在长期的发展过程中积累了丰富的管理经验，对客服务已经达到了很高的水平，但是由于品牌的知名度较低，限制了饭店客源的进一步扩大。这时加入某一个饭店联号，受许使用其品牌，可以利用这个饭店联号的品牌在整个市场上的广泛影响力提高自己的销售能力。一般来说，这种饭店由于没有将管理权让渡给外部管理公司，投资者对饭店仍可以实施严格的控制，让渡出去的仅仅是饭店的营销权，所给付的也仅仅是与饭店客房数量比例关系固定的特许经营费用，该费用不会随饭店经营状况的变化而变化。对于管理水平很高的饭店来说，这种模式是迅速扩大自身影响的一种有效方式。但这种模式也可能导致管理层对质量失去控制，或者要承担特许权拥有者与经营者相互冲突的风险，这些冲突可能来自对势力范围、合同期限、质量保证、广告与酬金等的界定。特许经营模式与其他模式组合使用，在一定程度上可弥补这一缺陷。目前，世界著名饭店集团的很大一部分饭店都是以特许经营或与其结合的经营模式进入并拥有或收到旗下的。代表集团有精品国际、胜腾等。

表3-1列明了饭店集团不同的经营模式对饭店的控制、资本投入、财务风险、盈利能力等的影响。

表3-1　饭店集团模式比较

管理形式	对饭店的控制	对服务质量和品牌声誉的控制	资本投入	财务风险	扩张速度	盈利能力
直接拥有	高	高	高	高	慢	高
控股经营	高	高	高	高	慢	高
租赁合同	高	高	低	高	快	高
管理合同	资本比例而定	高	低	低	快	中
特许经营	低	低	低	低	快	低

上述五种主要经营模式常常混合在一起，形式不一，很难将一种模式与另一种模式清楚地区分开来。在世界不同地区，饭店集团选择的模式也有所不同，北美的饭店集团倾向于依据合约（管理合同或特许经营权的转让）扩展业务，亚洲的饭店集团则寻求权益投资，欧洲公司更喜欢带资管理。Chkitan分析了管理合同和特许经营的外部影响因素，认为饭店在缺乏优秀管理人才的情况下，应倾向于采用管理合同的方式，以避免因特许经营造成的管理不善而产生的企业形象受损；如果有可知的、信赖的合作伙伴提供必要的资金投资，则更可能采用管理合同；如果有良好的商业环境、较完备的知识产权保护法律，则更倾向于采用特许经营（尤其在发达国家）。

第三节 | 中国饭店集团的发展情况

一、中国饭店集团的发展历程

（一）第一阶段：认识阶段（1982—1987年）

1982年4月28日，北京建国饭店作为中国内地首家中外合资饭店正式开业，并由香港半岛酒店集团来管理，香港半岛集团因此成为进入中国内地的第一家国际饭店集团。这成为一般意义上的中国饭店集团化的开端。

1984年3月，以上海锦江饭店为骨干成立的上海锦江（集团）联营公司，这是我国第一家国际性的饭店管理公司。

成立于1987年1月的中国饭店联谊集团，是我国出现的第一个饭店联合体。此后还有1987年12月成立的华龙旅游饭店集团和友谊旅游饭店集团，1988年5月在北京成立的北京饭店集团。

（二）第二阶段：探索阶段（1988—1997年）

20世纪90年代中期以后，以行业性集团为主体向旅游业渗透而成立的饭店集团大量涌现。这其中比较有代表性的是山东鲁能集团于1996年6月成立的以经营饭店和旅行社业务为主的山东鲁能信谊有限公司。公司的核心层、管理层和合作层的主要饭店有贵都大酒店、贵友大酒店、海南三亚山海关大酒店、无锡太湖樱苑度假村（现更名为无锡鲁能大酒店）、泰安东尊山庄、青岛海情新苑等数十家旅游饭店。随后，成立于1997年的东方酒店管理公司（该公司是中国银行全资附属的非银行金融机构——中国东方信托投资公司的专业饭店管理公司）也是这一过程的产物。

（三）第三阶段：成长阶段（1998年至今）

进入20世纪90年代，国际饭店业发生了巨大变化——兼并和收购浪潮迭起。始于1991年成立的喜达屋资本公司于1998年收购了威斯汀饭店度假村国际集团，从而在当年的饭店和娱乐休闲业中处于领先地位。几乎在同一时期，雅高集团、洲际集团、精品国际酒店等世界饭店业巨头也通过兼并和收购的方式在全球范围内扩张。

2001年在海口召开的"首届中外酒店论坛"也将把中国饭店业的集团化发展问题列为主要议题之一，中国的超级饭店集团正在呼之欲出。此后的几年时间里，在政府和市场双导向作用下，中国饭店集团开始了"二次集团化"。这其中有代表性的是北京首旅集团和上海锦江国际。1998年年初，本着政企分开的原则，北京市政府将北京市旅游局下属旅游企业和部分政府直属的旅游饭店从政府中分离出去，组建成立了北京旅游集团有限责任公司。1999年，国家旅游局把所属的华龙集团的全部国有资产无偿移交给北京旅游集团有限责任公司。2004年，首旅集团、新燕莎集团、全聚德集团合并重组并保留原首都旅游集团的名号，成为中国最大的旅游企业集团之一，总资产达到220多亿元，并逐步经过业务整合形成若干个专业公司。2003年6月，锦江（集团）有限公司（之前已经合并了华亭集团）和上海新亚（集团）有限公司国有资产重组后，成立了新的锦江国际集团，注册资本20亿元，直接控股新锦江，并通过新亚集团间接控股锦江酒店。在此过程中，通过连锁运作、资本多元化发展的经济型饭店成为中国饭店集团化的新亮点。1998年成立的北京中江之旅、广东东方驿站是其中的典型代表。值得一提的是，组建于2002年6月的如家酒店连锁公司（其前身是建国客栈）是由首旅集团控股、两家境外投资基金参股的股份制经济型饭店公司，次年就被中国旅游饭店业协会评为"2002中国饭店业集团20强"，表现出强劲的发展势头。

二、中国饭店集团的发展现状

经过30多年的发展，中国饭店集团已经取得了显著的成就。在2016年美国 *Hotels* 杂志统计公布的全球酒店集团排名中，前15强的名单中中国本土的饭店集团占据5席。其中排名最高的是锦江酒店集团，名列第五位；首旅和如家合并后，升至第八位；华住排名升至第九位。令人可喜的是，前100强排名中我国共有16家饭店集团在榜，反映出中国饭店集团化进程取得实质性的进展。

表3-2是按各酒店集团房间数（截至2016年12月31日）排序的全球前30大酒店集团。

表3-2　全球前30酒店集团

排名	酒店名称	总部所在地	房间数/酒店数
1	万豪国际集团	美国	1164668/5952
2	希尔顿酒店集团	美国	796440/4875
3	洲际酒店集团	英国	767135/5174
4	温德姆酒店集团	美国	697607/8035
5	上海锦江国际酒店集团	中国	602350/5977
6	雅高国际酒店集团	法国	583161/4144
7	精选国际酒店管理公司	美国	516122/6514
8	北京首旅如家酒店集团	中国	373560/3402
9	华住酒店集团	中国	331347/3269
10	贝斯特韦斯特国际酒店集团	美国	293059/3677
11	海航酒店集团	中国	228948/1385
12	凯悦酒店集团	美国	177118/657
13	格林豪泰酒店管理集团	中国	173053/2100
14	G6 Hospitality	美国	125017/1395
15	马格努森酒店集团	美国	103306/1274
16	美利亚酒店集团	西班牙	96355/376

排名	酒店名称	总部所在地	房间数/酒店数
17	韦斯特蒙特酒店集团	美国	91564/787
18	La Quinta Inns & Suites	美国	87283/888
19	州逸酒店和度假村集团	美国	76247/425
20	维也纳酒店集团	中国	73534/464
21	红狮酒店	美国	72657/1137
22	尚美生活集团	中国	72408/1313
23	东呈国际集团	中国	70865/795
24	Aimbridge Hospitality	美国	70000/500
25	惠特贝瑞	英国	69645/752
26	Extended Stay Hotels	美国	69000/629
27	开元酒店集团	中国	60014/232
28	NH Hotel Group	西班牙	58472/379
29	APA Group	日本	56734/361
30	东横INN	日本	50510/255

第三章 饭店集团

三、中国饭店集团的发展模式

从其产生的背景和推动力量来看，中国饭店集团化的发展模式有以下几种。

（一）饭店联合体

典型的是1987年成立的三家饭店联合体及1988年成立的北京饭店集团。前者包括中国饭店联谊集团、华龙旅游饭店集团和友谊旅游饭店集团。这类集团没有形成紧密的以资产为纽带的联结，仅仅通过某种生产、销售方面的协议进行联结，不具有很强的稳定性和实力。事实证明也是如此。但是我们应当看到这类饭店联合体的产生是企业为了增强竞争力而自愿结合的，反映了饭店要求集团化的内在动力，也是饭店对感受到客源竞争的压力而做出的必然反应。但是从这些联合体的组织方式和运作方式来看，还算不上真正意义上的饭店集团。

（二）区域性饭店集团

在回顾饭店集团发展历程的时候，我们发现饭店集团的发展早于旅游集团的发展，但在20世纪90年代中期之后，旅游集团的发展又推动了饭店集团的发展。

中国的区域性饭店集团分为两种：20世纪80年代中期的政府导向型

中国的区域性饭店集团

饭店集团和20世纪90年代中后期市场和政府双导向型饭店集团。

第一种，政府导向型饭店集团。如1984年到1985年，上海相继成立华亭、锦江、新亚、东湖四家以饭店、服务业为主业的企业集团。这一时期成立的饭店集团同后来的通过国有资产划拨形成的集团有所不同，在这些饭店集团成立的时候，还处于计划经济时期，还没有条件开展资本运作及跨地区的经营，发展普遍较慢。

第二种，市场和政府双导向型饭店集团。例如，1998年年初组建的北京旅游集团有限责任公司（首都旅游集团的前身），以及随后于2004年由首旅集团、新燕莎集团、全聚德集团合并重组成新的首都旅游集团，其饭店板块是首旅建国饭店管理公司。2003年6月，锦江（集团）有限公司（之前已经合并了华亭集团）和上海新亚（集团）有限公司国有资产重组后成立的锦江国际集团，其饭店板块是锦江国际酒店发展有限公司（对内称"酒店事业部"）、锦江国际酒店发展股份有限公司、锦江国际酒店管理公司、锦江之星旅馆投资公司。这类集团旗下的饭店集团是在市场和政府双导向的作用下成立的，表现出强烈的资本扩张的色彩。

以市场为导向，在政府行政力量的推动下，强化饭店集团的资本联结纽带，是第二种饭店集团的特征。在我国饭店集团发展的初级阶段（与国际比较成熟的饭店集团相比），政府的主导作用对促进我国饭店集团的发展有着重大意义。综观国际饭店集团的发展历史，我们应当看到以资本为纽带对于饭店集团发展的重要作用。在国际饭店业竞争国内化的冲击和国际饭店集团的示范作用下，政府推动是实现这一过程的现实途径。但是也应当清楚地认识到，随着市场化的深入和集团化的发展，政府应当从具体的市场交易过程中退出。否则，饭店集团就无法通过产权的多元化实现生产要素的优化，不能真正作为独立自主的企业集团进行经营管理。

（三）行业系统向旅游业渗透而成立的饭店集团

在特定的历史条件下，一些行业系统的大型国有企业，如铁路、电力、民航、电信、石油等垄断企业，出于非市场的原因，纷纷投资兴办饭店。随着中国政治经济体制的改革，这些行业系统的非主业企业面临着自谋出路的市场选择。从现实的情况看，这些行业系统的饭店往往通过组建饭店集团、管理公司或行业协会来寻求在市场上的话语权，如1996年6月成立的以经营饭店和旅行社业务为主的山东鲁能信谊有限公司、1997年成立的东方酒店管理公司。1997年12月成立的中国铁道旅游饭店协会和1998年11月由民航系统76家饭店成立的中国民航协会饭店委员会，也是其中的典型代表。

这些行业性企业资金雄厚，进入饭店业的规模大，往往以大集团的形式出现，而且大多以资产为纽带联结。但是，由于缺乏从事饭店业的经验，部分集团的发展没有很好地适应市场发展的需要，有些甚至在经营中出现了偏差。随着市场化的深入，这些饭店集团表现出在"主辅分离"和"产业重组"的战略框架中集团化发展的趋势。

四、中国饭店集团的发展特点

（一）国有饭店集团是中国饭店集团的主导

由于历史的原因，国有饭店在中国饭店业中一直占有主导地位。国有饭店集团的发展在一定程度上代表着中国饭店集团的发展。中国饭店集团是随着市场化的深入而一步步发展起来的，而国有饭店集团（不包括改制后仍由国家控股的饭店集团）则在这一过程中表现出市场需求和行政推动相结合的特点。在市场化之前，国有饭店的服务对象和内部管理都是非市场化的，随着改革的深入和市场化程度的进一步加深，原先定位于政府接待的国有饭店面临向市场转型的境地。在这一过程中，国际饭店集团的兼并和并购行为无疑给国有饭店集团的发展提供了示范作用。从这个意义上说，国有饭店集团的成立，其结果是市场化的，但过程则是政府推动的产物。无论是20世纪80年代中期成立的锦江、新亚、华亭、东湖四大饭店集团，还是90年代成立的山东鲁能信谊有限公司，或是21世纪初成立的锦江国际酒店管理公司（上海锦江国际集团的二级集团），在集团成立的过程中都有着政府推动的"烙印"。值得一提的是，上海锦江国际集团的成立是在原有的锦江集团和新亚集团的基础上重组而成的，如果早期四家饭店集团（锦江、新亚、华亭、东湖）的成立很难体现这是市场需求的结果，那么2003年6月锦江国际的成立则充分体现了这一点。

在国有饭店成立的过程中，我们已经看到行政推动所起到的巨大作用，但这个问题也应当引起我们的思考：如何评价政府在国有饭店集团中的作用。由于计划经济向市场经济体制转轨过程中的体制断裂，我们的单体饭店企业还无法突破既有体制通过市场竞争形成规模经济（饭店集团）。在面对国际饭店集团的大举进军，以及客源市场争夺激烈的现状的时候，政府推动成为一种现实的途径。因而我们应当肯定集团成立初期政府推动所起到的积极意义，但是随着这些集团逐步走向市场，开始市场化运作，此时政府的角色就应当发生转变了。

（二）饭店集团的成长初期表现出区域导向性

与国际饭店集团成熟的集团化管理和市场运作相比，中国饭店集团整体上还处于初级发展阶段。无论是1984年前后在上海成立锦江、新亚、华亭、东湖四大饭店集团，还是20世纪90年代中期以及随后成立的北京首都旅游集团、天津旅游集团、陕西旅游集团、浙江开元集团、上海锦江国际集团，以及2005年年初成立的广东岭南国际集团，中国饭店集团在成长的初期表现出明显的区域导向性。

在了解国际饭店集团的发展历程时，会发现其成立之初也是在局部布局的，这是符合事物发展规律的。中国饭店从一开始就具有区域导向性，与国际饭店集团发展不同的是，由于具体国情的不同，我们的饭店集团一直没有健康发展。随着改革的深入，特别是1998年之后，地方政府国有资产管理的有关部门为适应旅游的发展和集团化发展的需要，纷纷组建旅游集团（当然也包括饭店集团）。因此，饭店集团成立初始，不可能超出特定地域的范围，具体表现为以省、自治区和直辖市为基本单位。但随着竞争的加剧和饭店集团的发展，跨地区发展必然成为中国饭店集团成长的途径，这也是符合饭店集团发展规律的。

（三）参与国际竞争，国际化冲动强烈

中国饭店集团的发展离不开国际饭店集团的介入，中国饭店集团的国际化冲动过多地表现为与国际饭店集团的合作过程。因此正如前文所提到的，香港半岛集团于1982年管理建国饭店成为一般意义上中国饭店集团发展的开始。从20世纪80年代初到90年代初期，国际饭店集团纷纷通过投资管理或管理合同的方式进入中国，这从一个侧面反映了中国饭店业发展的不成熟。进入20世纪90年代中期以后，随着中国饭店管理人才的成长和市场化运作经验的积累，中国饭店集团开始谋求与国际饭店集团的合作和公平竞争。1999年，北京首都旅游集团有限公司和雅高集团共同签署合作意向书，相互转让部分饭店的股份，并共同投资兴办旅行社。2001年12月，法国雅高集团与北京首都旅游集团签订协议，成立一家合资饭店管理公司，雅高麾下的"美居"品牌进入中国三星级饭店市场。2002年1月，雅高与我国最大的饭店集团——上海锦江集团合作成立针对中国国内饭店市场的销售和分销合资公司，该公司下设3个分别位于上海、广州和北京的销售及分销中心，全面负责锦江集团麾下15家饭店的销售，实现顾客分享。这标志着中国饭店集团的国际化冲动已十分强烈。

另外，20世纪90年代中期以后，部分饭店集团开始走出国门，积极参与海外竞争。1996年8月，大连丽景大酒店在美国西海岸买下了美国洛杉矶托伦斯广场饭店的所有权，并交由泰达饭店管理服务公司全权管理。至此，泰达饭店管理服务公司拥有了自己在境外的第一家全资饭店。随着中国出境旅游的进一步发展，到海外布局、参与目的地国家的竞争成为中国饭店集团国际化冲动的主流。

（四）经济型饭店异军突起

谈到中国饭店集团发展的历史不能忽视的是经济型饭店在中国的发展。从中国第一家经济型饭店——锦江之星乐园店1997年在上海成立，经济型饭店连锁集团成为本土饭店集团发展的亮点。值得一提的是，组建于2002年6月的如家酒店连锁公司（由首旅集团控股、两家境外投资基金参股的股份制经济型饭店公司），成立第二年就被中国旅游饭店业协会评为"2002中国饭店业集团20强"。进入2004年，中国国内经济型饭店的发展进入一个新的阶段。这主要表现在两个方面：一是国外品牌大举进军，二是国内品牌加快布局。前者表现为法国雅高集团的"宜必思"（Ibis），美国"速8"（Super 8）以及英国洲际饭店集团旗下快捷假日纷纷进入中国市场。后者则表现为国内一些大型饭店集团在继续巩固原有品牌的基础上，进行全国布局。上海锦江饭店集团旗下经济型饭店品牌"锦江之星"自创立以来已发展到1300家，其中境外4家，其余酒店分布在全国31个省（区、市）约340个城市。锦江之星以品牌输出等方式先后亮相菲律宾、法国，成为国内最早走向海外的经济型饭店品牌。2016年，为回馈多年支持锦江之星品牌的加盟商及客户，也为了让锦江之星品牌走向更广阔的发展空间，集团重新梳理整合旗下产品，推出"锦江之星·品

尚"、锦江之星标准版、"锦江之星·风尚",形成锦江之星品牌系列。而由北京首都旅游国际饭店集团和携程旅行服务公司合力打造的"如家快捷"品牌,从成立以来共发展到2400家。2017年7月,"如家"品牌以251560间客房、2385家开业门店的强大优势荣登 Hotels 2016年世界酒店品牌50强榜首(截至2017年年底)。

经济型饭店之所以能在短短的时间里得到迅猛发展,其原因可以归结为两点:一是市场定位准确。当前,国内旅游需求日益增长,民营企业尤其是中小型企业的商务往来频繁,而国际旅游者中自助旅游者的比例也在不断上升,对经济型饭店的需求不断增加。而从我国现有饭店结构来看,豪华的高星级饭店和较低档次的社会旅馆数量大,价格与档次适中者少。二是采用市场化运作方式。锦江之星于1997年创立第一家锦江乐园店,经营管理形式从自营发展到委托管理、租赁、收购和特许加盟等。2003年锦江国际集团重组以来,锦江之星从当时的15家发展到400家,连锁店从长三角拓展到全国,遍布上海、北京、天津、重庆、江苏等地。锦江之星先后对硬件进行了三次创新,形成14套连锁管理模式的标准文本,建成了质量管理、管理服务操作和运营支持保障三大系统,建立了自己的预订系统、网站、会员俱乐部和大客户系统。

(五)民营企业稳步发展

民营资本投资旅游,其凭借灵活的机制获得了良好的收益。浙江开元旅业集团起步于1988年的一家县政府招待所。开元拥有总资产260多亿元,员工27000多名,在营下属企业超过200家,集团入列"中国民营企业服务业100强""中国民营企业500强""中国旅游集团20强"等。在30多年的创业与发展过程中,开元确立了"营造中国品质、创造快乐生活"的企业使命。目前,开元位居全球酒店集团30强(27位),入列中国饭店集团60强,旗下拥有管理和签约的酒店近300家,分布于中国24个省(区、市)、德国法兰克福市及荷兰埃因霍温市,客房总数逾6万间。 2013年,开元酒店REIT(开元产业信托)在香港成功上市,成为全球第一个中国的酒店REIT;同年,开元旅业集团成功收购了德国法兰克福的金郁金香饭店,使开元酒店品牌走出了国门,走上了国际化的道路。2014年12月,开元再度迈出国门,成功收购法国波尔多璧萝酒庄。2015年3月,开元旗下浙江开元物业管理股份有限公司在京"新三板"挂牌上市,成为国内首批上市的物业公司。2015年8月,开元旅业集团"开元"字号正式被国家工商行政管理总局商标局、商标评审委员会认定为"中国驰名商标"。2016年6月,法兰克福开元名都大酒店正式开业;7月,开元宣布以2.15亿元收购荷兰埃因霍温假日酒店。2018年年底,总投资11.7亿元的杭州湘湖开元森泊度假乐园开业。

浙江开元
旅业集团

五、中国饭店集团的发展趋势

我国饭店集团目前面临着机遇和挑战,未来发展有着无限可能。新型商业模式逐渐被引入、积极拓展新兴业态领域、国际品牌本土化、本土品牌国际化、资本运营时代来临、从相互竞争走向同盟共赢、高新技术得到更广泛的应用、倡导和创造共享价值等新趋势，将有望成为饭店集团未来发展的走向。

（一）新型商业模式逐渐被引入

随着资本、品牌和管理要素的日益分离，饭店企业发展的商业模式将不断创新，我国饭店集团的商业模式也必将走向多元化。

目前饭店企业的运作模式较为单一，国际上一些成熟商业模式未来将被广泛引入。例如，以管理要素为核心形成的第三方（独立）饭店管理公司发展模式，这类饭店集团以锦江国际收购的美国洲际集团和美国的华人企业林氏集团旗下饭店集团为代表；以资本要素为核心形成的饭店投资和资本运作公司模式，这以美国Host饭店集团、Sunstone饭店投资公司等采取的饭店房地产投资信托基金（REITs）模式为代表；以品牌要素为核心形成的品牌运营公司模式，这以温德姆和万豪国际等品牌输出为主的饭店集团为代表；以出售品牌区域特许经营权而形成的发展模式，这以Calson饭店集团、速8等经济型饭店为代表；以饭店产权和使用权进行时间分割，并以跨区域网络化布局为特征形成的分时度假模式，这以美国RCI等为代表，且部分国际饭店集团也普遍采用该模式。

随着社会对这些新模式认知度的逐步提高，国内市场对其接受度、满意度的日益提升，它们必将为我国饭店业逐渐引入、应用，也必将为我国饭店业的发展提供创新的动力。

（二）新兴饭店业态将得到积极拓展

对比国际和本土饭店集团的品牌谱便会发现，本土饭店集团普遍缺乏顶级奢华饭店、精品饭店、度假饭店、中档饭店、酒店式公寓等品牌类型。主题饭店、机场饭店、高铁饭店、汽车旅馆、廉价饭店对于本土饭店集团而言，同样具有很大的成长空间。这些业态领域在未来将越来越受到重视，并因此而得到积极发展。

目前，国内契合市场需求的中档饭店品牌数量并不多，但中档饭店在发达国家发展已经比较成熟，并且大多已经实现连锁化和品牌化，大型国际饭店集团旗下都有自己的中档饭店品牌。我国本土饭店集团也已开始意识到中档饭店市场巨大的发展潜力，星程联盟、锦江商悦、维也纳酒店、桔子酒店等已率先在全国实施战略布局。其他新兴饭店业态，本土少数饭店集团也已开始介入，例如，开元旅业介入度假村开发、华天开发酒店式公寓、维也纳酒店主攻中档精品饭店市场、华侨城打造主题饭店群等。

奢华饭店作为一个细分市场也有着现实的需求，适度开发奢华品牌也有利于提升饭店集团的形象。中国人均收入虽然较低，但由于人口基数庞大，年收入千万以上的高收入家庭已接近百万，奢侈品消费量已位居世界前列。奢华饭店对政界、商界名流及影视明星而言，刚性需求强烈。但目前我国的奢华饭店基本都由国际品牌管理，随着我国本土饭店集团的逐渐强大，部分集团必将进入这一领域。

（三）国际品牌本土化

"国际化思考，本土化行动"是国际品牌在中国的发展战略。

国际品牌的本土化要做的首先是品牌归位。刚开始阶段，少数国际品牌进入中国后，为迅速开拓业务，未能遵循其品牌定位和基本标准，出现了人为大幅拔高品牌标准的现象。例如，国外的经济型品牌在国内却按照豪华五星级标准建造。当然也存在降低标准的个别情况，如雅高集团旗下的索菲特。但目前这些品牌大多在逐渐回归其基本定位。

其次是品牌改造。随着进入地域和客源结构的变化，国际品牌饭店集团对其饭店品牌要素会做适当的改造，以提供符合国内消费者需求的产品和服务。更多的国际品牌还会考虑如何处理好品牌标准与星级饭店标准之间的关系。从一些国际品牌所管理饭店的外立面设计和内部装修风格融入当地文化以及餐饮等服务项目的本土化改造，已能看到这一变化趋势。

再次是创建新品牌。鉴于我国市场潜力巨大、需求多样，国际品牌饭店集团将会为中国消费者量身打造新的品牌。如洲际已计划推出具有东方文化特色的品牌。此外，洲际将旗下的假日快捷品牌更名为智选假日也是考虑到中国消费者的思维习惯。

最后，国际品牌的本土化还体现在管理层的本土化上。国际品牌饭店集团都加快在中国市场的扩张速度，但自身培养的人才显然供不应求，且他们也不太熟悉国内消费者的习惯和经营环境，因此，必然会大量启用本土高层管理人员。此外，随着政策环境的改善和优化，未来可能会有更多的国际饭店管理公司的亚洲总部迁移至上海、北京等城市，或在这些城市设立分公司，以更接近成员饭店。这样的方式使管理更为高效，也更为贴近消费者，方便了解消费者需求。

（四）本土品牌国际化

我国本土饭店集团的国际化包含集团品牌国际化和旗下饭店品牌国际化。

饭店品牌国际化，一方面指品牌标准国际化，即按照国际通行的标准和模式来设计品牌的各个要素，并进行宣传推广和执行，保证饭店产品和服务品质的一致性、可复制性；另一方面指国内饭店品牌形成一定影响力后，通过输出管理、投资新建或并购等方式走出国门，让国际社会认知、熟悉并广泛接受，最终成为一个国际知名的品牌。锦江国际收购美国洲际的目的之一，就是借助洲际平台把锦江品牌输出到国际上。这是饭店品牌国际化最经典的案例之一。可以说，本土饭店集团发展经过了一个从最初模仿国际品牌到自主创新、再到超越的过程，未来几年，将会有更多的本土饭店集团到境外发展，并逐渐得到国际社会的认可。

本土品牌
国际化

（五）资本运营时代来临

资本运营对饭店集团的发展起着至关重要的作用，可以起到优化资本配置、激活存量资本、提升企业竞争实力、实现资本扩张及发展壮大饭店集团的作用。几大经济型饭店集团在境外上市以及本土饭店集团在境内外的几起大型并购实例表明，我国本土饭店集团的资本运营时代已经开启。

在继续运用银行贷款、发企业债、上市融资、寻求风险基金投资等多元化融资手段的同时，国内外饭店并购机会大量存在，并购重组将成为饭店集团资本运作的主要手段。一方面，国内饭店资产并购机会大量存在。国内房地产紧缩政策导致地产公司纷纷进入旅游地产避险，于是短短几年建造了一大批高端豪华饭店，但其中很多饭店只是其他项目的附属物，并不是或不能满足市场需求，再加上历史遗留的大规模国有饭店资产需要剥离重组或改制，使未来若干年饭店业充满了并购机会。另一方面，随着本土饭店集团实力日益增强，部分资金实力雄厚的企业将寻求进入饭店的投资机会。再加上中国公民出境旅游如火如荼，以及国家从政策上鼓励国内企业"走出去"，在欧美等国家尚未走出金融危机阴影、不动产和饭店资产大幅贬值的背景下，存在着大量的境外饭店资产并购机会。此外，境外很多风险基金以及房地产信托基金对中国饭店业的并购机会也是虎视眈眈，它们已开始并将继续在国内搜寻并购目标。随着政策的完善，国内饭店房地产投资信托基金也将会获得长远发展。

（六）从相互竞争到同盟共赢

目前我们更多看到的是集团之间、集团与单体饭店之间以及单体饭店之间的竞争，未来这三对竞争关系将会出现不同程度的合作，以达到双赢甚至多赢的目的。

一是集团之间的合作。这一类的合作关系不涉及合作方的核心价值，不影响其作为企业的独立经营与战略决策，多数也没有资本性的合作关系，并不形成新的饭店集团。这类合作将更多体现在品牌开发、管理、营销和销售等方面。二是集团与单体饭店之间的合作。部分饭店集团已开始通过发挥集团优势，与单体饭店合作达成共赢。例如万豪、喜达屋等国际饭店集团正尝试性地与美国境内一些单体饭店达成合作，主要合作方式为：连锁饭店品牌向单体饭店敞开它们的会员预订系统的大门，与此同时向加盟进来的单体饭店索取一定的平台费，但加盟进来的单体饭店不需要像它们所加盟的那些大品牌旗下的新饭店那样进行标准化改造，依然可以丝毫不改地保留自身的独立经营和风格。7天连锁酒店集团所组建的星月联盟就兼具这方面的合作特征。三是单体饭店之间的合作。国内大量单体饭店势单力薄，面临巨大竞争压力，有着强烈的合作需求。携程组建的星程联盟为大量散落在各地的中档饭店搭建了一个合作平台。一些区域性饭店联合体以及商务饭店等专业细分市场饭店联合体也应运而生。未来，饭店联合体的区域范围会更广，参与成员将会更加多样，合作程度更为紧密，合作内容更为深入。

（七）高新技术得到更广泛应用

云计算、物联网、移动互联网、新能源、新材料等高新技术，在饭店企业和饭店集团得到广泛应用，主要体现在以下四个方面：一是新的信息技术和各类系统管理软件得到大量应用，以提升饭店集团运营效率；二是新技术和新设备用于饭店服务，提高客人的方便程度和舒适度；三是各种智能技术和设施的使用部分替代劳动力，既缓解劳动力紧缺，又能提高饭店服务效率；四是新材料、新能源技术的大量应用，有助于饭店的节能减排。目前政府对饭店应用办公自动化、智能化、网络化、节能环保等高新技术持鼓励态度，且对低碳饭店的发展给予一定的倾斜与扶持。

（八）倡导和创造共享价值

企业竞争力与社会环境息息相关，为社会创造共享价值既是企业应尽的义务，也是企业的核心活动，可有效提升企业品牌形象和竞争力。饭店集团未来将从关注企业社会责任向为社会创造共享价值过渡。未来饭店集团创造共享价值将在以下方面得到体现：一是关注和促进社区发展，为社区提供更多工作岗位，与社区发展融为一体；二是关注绿色环保，积极实施节能减排，这既是我国星级饭店标准的要求，也是企业社会责任的体现；三是关注消费者的消费需求和消费体验，重视饭店供应商的利益，保障员工权益并提供发展空间，积极参与各类社会公益活动。

■ 知识拓展

不赚钱的跨国五星酒店，合作者为何仍趋之若鹜

2017年12月29日中午，位于上海市静安区华山路250号，一幢大楼的大理石墙面上，"上海希尔顿酒店"几个金属大字已被摘掉，取而代之的是"静安昆仑大酒店"。这曾经是中国第一家全外资国际品牌的五星级酒店，已经经历了30个春秋。曾经，住在这里一晚要花掉一个普通人20个月的收入。2018年1月1日，它正式宣布撤牌，未来由锦江集团麾下的昆仑饭店挂牌经营。

同一天，北京金融街洲际酒店作为北京的第一家洲际酒店，也在开业12年后宣布撤牌。2017年3月，上海虹桥喜来登酒店撤牌，变为上海虹桥锦江大酒店。

2018年1月3日，希尔顿太原酒店因项目烂尾以5.53亿元的价格在网上拍卖，近2万人围观却无一人竞价，最终流拍。近年来，包括山西太原、贵州贵阳、安徽安庆、浙江诸暨、浙江富阳、湖北宜昌、广西桂林等地筹建的希尔顿酒店均出现了停工甚至烂尾的情况。

屡现摘牌、烂尾楼，外资退、中资入，曾经在中国风光无限的跨国五星级酒店怎么了？

向二、三、四线城市扩张

进入2016年，希尔顿的每间房可销售收入（即RevPAR，等于客房总收入/客房总数量，通常通过此数据来衡量酒店经营业绩）在亚太地区增长9.3%，高于其他地区，这主要是通过对中国的投资和市场占有率的提高来实现的。向中国更多、更深入的城市扩张，可以看作是以希尔顿为代表的老牌跨国五星级酒店的发展战略。根据迈点研究院报告，2017年前三季度，中国高端酒店数量同比上年增长了34.3%，西北、华东地区表现抢眼。

山西太原这类"烂尾楼"的出现，或是五星级酒店向二、三、四线城市大扩张进程中的产物。实际上，出现烂尾楼对这些酒店管理集团的影响并不大。在国内，

长期以来，跨国五星级酒店实行"委托管理"模式，即业主方拥有酒店资产，聘请管理公司来挂牌并管理，管理公司按照一定比例从营业收入和利润中抽取管理费，并按照一定的年限签约固定下来。希尔顿、喜来登、洲际等人们所熟知的这些品牌，就是管理方，类似于"管家"的角色，而背后的出资人往往是中国企业，其中又以地产企业为主。一位酒店业内人士透露，五星级饭店的业主中，大部分是国有企业。以山西太原的"烂尾楼"为例，其开发商是山西晋豪国际大酒店有限公司，这家公司在2017年12月分别被太原市中级人民法院和吕梁市中级人民法院判定"失信"。"这种'烂尾楼'是业主方资金链的问题，很常见的。"在一家跨国酒店集团工作近10年的林科对南方周末记者说，"资金链断了就烂尾了，这对酒店品牌方没有任何影响，因为品牌方负责提供技术支持和管理服务，在酒店落成前自己没花一分钱。"对于以管理费为生的跨国品牌来说，无论酒店盈亏，它们都是赚钱的，只是生意好多赚、生意不好少赚的差别。

那么，开在二、三、四线城市，动辄一夜住宿费上千元的五星级酒店，真的赚钱吗？

"不赚钱，在景区或者小城市的五星级酒店至少超过一半都是亏本的。"张意对南方周末记者说。他是一家位于浙江景区的跨国五星级酒店总经理。

他的酒店前期投入10亿元，房费全年平均1400元一晚。但去年全年收入也只有8000万元，净利润1000万元。"投入10个亿，每年赚1000万，要100年才回本，这还不算折旧，所以这个账是算不过来的。"他说。在他酒店的整个营收中，客房利润要补贴很多支出，比如餐饮。而跨国五星级酒店做餐饮很难盈利，因为平时很少有人愿意驱车30公里去酒店吃个饭。但餐饮、健身、购物这些配套都是五星级酒店必须要有的。张意说，做五星级酒店是"重资产"，"在我们景区附近的酒店，前两年能保本都已经很不错了，基本上都是亏损的。"

政府和开发商的算盘

既然是亏本生意，为什么那么多开发商还对五星级酒店趋之若鹜？

多位酒店业的采访对象对南方周末记者说，地方五星级酒店的投资大部分是政府从产业定位或旅游接待方面考虑要做，希望国企或民营企业去投资。同时，政府也会给企业相应的配套，比如100亩地，酒店占30亩，还有70亩可以开发。地价也能通过各种方式便宜一点，比如他的酒店投入10亿元，土地方面就有政府"半买半送"的性质。"只有这样'搭配出售'的方式，企业才会感兴趣做，不然单独投资五星级酒店，除非特别好的地段，否则企业的账是算不过来的。"他说。拿了地，在引进什么饭店方面，政府往往是有要求的，比如规定必须引进国际品牌的五星级酒店，甚至只能选择规定的几个品牌。在南方周末记者的采访中，多位采访对象证实了这样的要求，也有人在几年前看到过好几份这样明文要求的政府文件。

"说白了，引进大牌酒店是地方性配套能力的体现，做大牌五星级酒店比较好看。"张意说。

对于企业来说，也有好处。虽然饭店大概率会亏本，但是"醉翁之意不在酒"。张意介绍，首先，企业低成本拿到了地块，有对土地升值的预期；其次，做酒店是一种融资手段，比如酒店投资10亿元，可以去银行做抵押融资，拿到8亿元或者6亿元，是一笔值钱的固定资产。更重要的是，开发一家五星级酒店，对周边的地价、房价有"溢价效应"。

华美顾问集团首席知识官、高级经济师赵焕焱对南方周末记者解释，比如地方很偏，先建一个酒店把这块地带起来，再请一个国际大品牌，整个地块都升值了。所以建酒店，已经从地皮、楼盘销售上盈利了，"在投入初期已经可以收获了，所以开发商造酒店不是为了酒店盈利"。所以说，在二、三、四线城市建造跨国五星级酒店，即便酒店本身不盈利，对于开发商来说，还是有利可图的。

"摘牌"另有原因

与"烂尾楼"不同，五星级酒店"摘牌"事件确实与酒店品牌本身有关，而且它是市场变化的一种信号。从事酒店咨询业多年的赵焕焱说，摘牌的原因各有不同。比如北京金融街洲际酒店是主动除牌，因为洲际要求改善一些硬件，但开发商做不到，就离开了；而上海静安希尔顿，是因为合同到期，虽然可以续约，但开发商如果觉得国外品牌不太实惠了，就可能考虑由国内品牌接手，正如接手静安希尔顿的静安昆仑大酒店。

南方周末记者分别联系了希尔顿和洲际酒店，两方均没有正面回应。锦江国际（集团）有限公司接受了采访，其证实，这家酒店的业主方是锦江集团，接下来接手的管理公司也是锦江集团旗下的锦江首选酒店管理公司，而昆仑的品牌定位是锦江集团的五大自主高端五星级酒店之一。也就是说，替代静安希尔顿的静安昆仑大酒店，将是锦江集团自己开发、管理、培养品牌的五星级酒店。

锦江集团是上海市国资委全资控股的公司，在上海最近的一轮国际品牌的"摘牌"中，都有它的身影，喜来登变成了上海虹桥锦江大酒店、希尔顿变成了静安昆仑大酒店，接下来将揭幕上海中心酒店、上海岩花园，系列本土高端酒店品牌呼之欲出。回顾静安希尔顿，它是1988年由锦江提供土地、港企出资建设、引进希尔顿品牌管理的中外合作企业。锦江集团证实，"希尔顿撤牌的原因是30年的合同到期了"。管理公司变换之后，酒店的大部分员工和相当多的高管将继续留任。这番更迭，是国内高端酒店管理方外资退、中资入的一个缩影。

根据迈点研究院的统计，2017年高端酒店品牌的中国市场占有率，前两位分别是最早进入中国市场的外资品牌皇冠假日和喜来登，第三、四位分别是本土酒店业代表锦江和金陵。总体来看，对比早期国际大牌备受推崇的阶段，目前国内和国际品牌已接近平分秋色。

早期，外资大牌酒店的优势在于受外国人认可、客户忠诚度高。但是目前，五星级酒店入住的客户中外国人比例下降，互联网订房的出现使人们习惯于选择地段好、性价比高的酒店，不一定忠诚于某个品牌。品牌吸引力有所下降的同时，业主们会关注到成本，外资酒店的管理合同往往比较强势，而管理费用也较内资更高。赵焕焱说，原来这些名牌酒店管理公司合同一般都要求25年以上，签20年、30年，甚至70年的都有。

开元旅业集团有限公司创始人陈妙林也对南方周末记者说，外资酒店和国内开发商签的管理合同普遍比较苛刻，比如要求报销高管一年两次回家探亲的商务舱机票、高管家属有住客房的权利，甚至他们孩子在国内上学的费用有的都由酒店业主负责。开元旅业旗下控股五星级酒店44家，委托管理12家，未来已经签订管理合同的还有130多家。与外资酒店一签几十年的合同不同，他们往往是三五年一签。陈妙林说，从前，国外品牌的酒店房价比国内酒店要高一倍左右，现在只高1/3，在三、四线城市，基本上只高15%。中外品牌对于业主来说，更重要的差异在于管理费。陈妙林介绍："外资品牌管理费的收费标准非常高，比如国内管理公司的收费标准是营业收入的3%～4%，外资大品牌大概是7%～8%。也就是说，你有1亿元的营业收入，外资管理方的费用是700万～800万元，国内管理方是300万～400万元，差了一倍多。"他打了个比方，投资5亿元的酒店，每年有一两千万元的利润已经不错了，如果管理费要收1000万元，那业主就没什么赚头了。

不过，对于7%～8%的外资酒店管理费用，张意说"没这么高"。赵焕焱也给南方周末记者算了一笔账，外资酒店的管理费用高的时候确实能达到8%，现在是5%左右。他举了个例子，上海徐汇区有一个华亭宾馆，1986—1996年是由喜来登管理的，这10年收取的管理费占到盈利总额的8.3%。这是高端酒店管理的"黄金时代"，酒店营收100亿元，大概有8亿元要给管理公司拿去。"但现在，跨国管理公司收取的管理费用下降了30%～40%。"赵焕焱说，管理费用一般分为两部分，一个是基于营业收入的"基本管理费"，一个是基于毛利润的"奖励管理费"。现在中国高端酒店供给多了，每家酒店的利润比原来薄，所以跨国品牌的管理费，特别是"奖励管理费"就下降了。

林科介绍，当合同到期，开发商一般会有几个选择：不做酒店了，把项目整理成地产包出售；继续做酒店，但是之前的品牌不愿意降价，就找新的品牌过来，旧品牌摘牌；或者很多开发商愿意自己做酒店，比如绿地、万达、世贸都有自己的酒店品牌公司，这样可以控制成本，也可以提升自己的品牌。

外资酒店在华30年

跨国五星级酒店在中国30年，曾经是一种骄傲与荣耀，是身份的标志。

在中国，五星级酒店数量大幅上升的分水岭是2003年，赵焕焱说，2003年，全国五星级酒店不到200家，2004年就变成了242家。而后，2006年是上海酒店业的"黄金年代"。因为上海建设全球金融中心、陆家嘴崛起，五星级酒店的每间房可销售收入为1200元，超过了新加坡。北京酒店业的"黄金年代"则是2008年的奥运年份。行业的转折在2013年。据国家旅游局披露，2010—2012年，五星级酒店的年利润在54亿～60亿元，而2014年的年利润仅有5.68亿元，比前两年瞬间少了一个"零"。但是2015、2016年又有了回升，2016年年利润45.35亿元。另外一个值得注意的年份是2013年，五星级酒店的年利润就已经下滑了，不到30亿元。但是同时，五星级酒店的数量增加却是五年来最快的，达到了18%。林科认为，就是在这个时期，五星级酒店开始在二、三线城市"铺量"。

这两年来，还有一个重要的变化是五星级的评选，它也曾是国内一个时代的标志。

林科曾经在旅游局工作、参加过星级的评定。他介绍，五星级有个评分体系，里面有很多必选项和加分项，比如你必须有几个中西餐厅，甚至理发店、礼品店等，你要评五星，这些都要有。但是业主们发现，这些项目很多是不赚钱的。同时，评上五星之后，酒店会面临很多政府部门的监管，比如每年都要星级复审，这就要每年接待旅游局的评定人员，同时工商质检部门也要核查照顾。"并不是评上就没事了，而是评上以后更麻烦了。"他说。在客户方面，早先人们都认五星，觉得五星就是最好的，但现在品牌意识强了，人们认牌子，五星倒是可有可无的。

对于传统的"委托管理"模式，如今也出现了变化。

林科介绍，国内出现了"特许经营"，就是外资品牌只挂牌、不管理。比如希尔顿只是挂牌，管理公司是第三方，且很可能是国内品牌。他观察到，在美国很多高端酒店都是这样的特许经营模式，对于品牌方来说更简单、推进更快，之前在中国市场不这样做，是因为对国内管理能力的不信任，现在把这些东西放给国内品牌做，是对服务水平的一个认可。同时，他认为，个别老项目的撤牌并不能表示外资品牌在中国发展不好了，其实这些年外资品牌在中国的业务是上升的，有很好的品牌效应，中国市场越成熟、品牌的价值就越大。

目前，中国的中端品牌崛起迅速，比如七天、汉庭、如家这些经济型酒店背后的华住集团、铂涛集团、锦江集团在中端品牌上发展迅速，但是在高端酒店领域，还是国际品牌比较有竞争力。

资料来源：张玥，毛可馨.不赚钱，合作者为何仍趋之若鹜？跨国五星级酒店的中国生意[N].南方周末，2018-01-11.

■ 闯关测试

华住酒店集团

华住酒店集团，是国内第一家多品牌酒店集团，全球酒店20强。自2005年创立以来，华住于短短数年间已经在全国各省（区、市）完成布局，并重点在长三角、环渤海湾、珠三角和中西部发达城市形成了密布的酒店网络。2010年3月26日，"华住酒店集团"的前身"汉庭酒店集团"在纳斯达克成功上市。

华住以"成为世界住宿业领先品牌集团"为愿景，在创始人季琦的带领下，在中国超过200个城市里已经拥有2100多家酒店和30000多名员工，旗下拥有6个酒店品牌，包括商旅品牌——禧玥酒店、全季酒店、星程酒店、汉庭酒店、海友酒店，以及度假品牌——漫心度假酒店，在全国为宾客提供从高端到平价、从商务差旅到休闲度假的住宿体验。

1. 禧玥酒店

禧玥酒店为华住酒店集团旗下的全新高档酒店品牌，立足于中国一、二线城市核心区域，优越的地理位置给客人的出行提供了便捷。酒店以时尚的设计理念、多元化的服务特色，打造酒店生活的新方式——繁忙差旅中一段度假式的住宿体验。

2. 全季酒店

全季酒店是华住旗下针对中档酒店市场的有限服务酒店，以简约而富有品质的设计风格，深受客户喜爱的酒店设施，恰到好处的优质服务，致力于为智慧、练达的精英型商旅客人提供优质地段的选择。全季酒店选址在中国一、二线城市的商业中心，让客人无须支付五星级酒店的价格，即可享受五星级酒店的地段优势。

3. 星程酒店

星程酒店是华住旗下的非标准中档连锁酒店。星程立足中国重要商旅城市中心，选择3～4星级优质的单体酒店，注入现代管理、顾客服务及品牌经营理念，打造"舒适的睡眠，畅爽的淋浴，营养丰富的早餐，无忧的上网体验"四项品质特征，同时又具备极佳的性价比，从而区隔高档酒店与经济型酒店市场，打造中档连锁酒店名牌，让您感受多姿星程，舒心体验。

4. 汉庭酒店

汉庭是华住酒店集团旗下第一个品牌。"汉"取自《诗经》中的"维天有汉"，原指银河、宇宙，也有着对汉唐盛世的骄傲。"庭"就是庭院，给人安静美好的联想。汉庭的标志源于东汉青铜器"马踏飞燕"，呈现了自由驰骋于地平线上的非凡旅程景象。即便在陌生的城市，一转身总能看到汉庭，客人就会觉得安心。

5. 海友酒店

海友酒店是华住酒店集团旗下的经济型平价酒店品牌，从产品设计到附加服务，海友酒店去除多余、矫饰和不必要的负担，致力于为客人提供"实惠、干净"的住宿体验。一切从"Hi"开始，酒店全情投入，与客人真诚沟通、分享快乐，为客人带来轻松愉快、舒适便捷的入住感受。目前，海友酒店已遍布中国内地一、二线城市及香港地区的核心位置，时刻满足客人在悠闲假期或商务旅途中的基本住宿需求。

6. 漫心度假酒店

在个人旅游日益繁荣的今天，度假式旅游正在成为新时尚。不再满足于走马观花，越来越多中高端游客选择找个好酒店，在风景优美处好好享受几日。漫心度假酒店，就是应此需求而生。漫心的立意，是要在中国和亚洲的最美丽的地方，创造一个个自在的度假空间，让客人慢慢地、浪漫地享受好时光。漫心还将首创迎候式入住服务。客人可以自在地在酒店的客厅里品着茶，或者花园里散着步，或者直接进入自己的房间，而手持iPad的酒店服务人员，已经将入住手续办理好了。高科技的运用，就是想让客人从进门的那一刻起，就享受美好时光，同时，向烦琐说再见。而房间里，又装备了现代化酒店的舒适床铺、浴室，甚至无线网络。服务人员的微笑，和细微处的体贴，都仿佛自然流淌的泉水，于无声处滋养每个人的好心情。这就是漫心意欲创造的，让客人们彻底放松的美好时光和自在空间。

资料来源：根据华住酒店集团官网有关资料整理。

思考题

1. 请根据华住酒店集团6个品牌的不同特点分析其适合什么样的经营模式，再结合实际进行对比。

2. "华住"，中华住宿的简称，总裁季琦的愿望是成为代言中华住宿业的世界级酒店集团，你觉得华住是否已实现？有哪些成功经验？

测试题

第四章 饭店等级划分与评定

饭店等级划
分与评定

引言

　　饭店等级评定是各国常用的行业管理方法，饭店等级的高低反映了饭店设施齐备情况和服务水准的高低。我国从1988年开始推行饭店星级制度，已经历了五个版本。很好地把握星级评定的标准，有助于星级饭店以标准化建设为抓手，推动饭店品质提升，推进旅游饭店业转型升级和持续健康发展。

教学目标

知识目标：

▶ 了解中国饭店的星级评定发展史。

▶ 了解各国饭店星级评定的基本概况。

▶ 熟悉我国旅游饭店星级评定方法。

核心概念：

▶ 星级饭店

第一节 ｜ 饭店等级评定

一、等级评定的意义与目的

（一）保护客人利益，克服信息不对称

　　对饭店进行分级，使顾客在预订或使用之前对饭店有一定的了解，以便根据自己的要求、经济条件进行选择。饭店等级标志本身也是对饭店设施与服务质量的一种鉴定与保证。

（二）便于行业管理与监督

　　国家机构或其他行业组织，把颁布与实施饭店分级制度作为行业管理与规范行业的一种手段。利用分级可对定级的饭店进行监督，使之正常运转，把公众与饭店业的利益结合在一起。同时不断扩大星级评定的范围和规模，例如2010年版《旅游饭店星级的划分与评定》标准中就力图把经济型饭店纳入标准中来，进一步规范低端市场的运作。

（三）有利于促进饭店业的发展

饭店等级评定有利于同行之间的平等、公平竞争。促进产品质量的改善，维护饭店业的信誉。对以接待海外旅游者与其他来访者为主的国际性饭店来说，也便于境外消费者进行国际比较。

（四）有利于增强员工的责任感、荣誉感和自豪感

通过分级定级动员饭店全体员工积极参与，促使员工认识到"摘星不易、保星更难"，要在各自的工作岗位上兢兢业业、扎实工作，为保持已获得的等级和争取更高等级而努力。

（五）增强饭店业与相关行业的联系

其他行业对饭店分级的参与或了解，增强了饭店业与相关行业的联系，得以相互促进，共同发展。

（六）有利于投资决策

投资者能够了解各级别饭店的基本建筑、设施、设备和服务项目的要求，以及相应的饭店服务价格等问题，这样有利于理性投资。

二、饭店等级评定模式

实行饭店等级评定可以克服信息不对称带来的问题，帮助消费者做出正确的选择，降低交易成本，促进饭店业的公平竞争，是世界各国普遍采用的行业管理办法。其形式多种多样，从评定主体、核心标准入手，可以划分为以下四种模式。

（一）以发展为导向：以政府部门为评定主体的模式

日本、希腊、印度、埃及等是典型的由政府部门，特别是政府主管饭店业的职能部门，如国家旅游主管部门来进行饭店等级评定的国家。在该模式下，各种资讯和数据的获得准确、充分而又全面，时间、人力和财力的投入十分节省，评级工作的效率极高，且具有很强的权威性。

在具体操作上，该模式具有以下特点：第一，评级工作本身是政府干预饭店业发展的一项措施，其微观绩效必须服从于政府的宏观发展规划。第二，其基础是一整套由"项目—基本指标—修正指标"组成的多维指标模型，它是评级工作的核心环节。第三，其基本方法是对项目内容进行精确赋值，最终以数量等级的形式来反映饭店等级。第四，科技含量高，通过政府行政力动员国内外的行业专家，在充分调研和论证的基础上制定和修正指标体系；不断引入新型检测工具，不断扩大评审专家的选拔范围，多角度掌握信息。

以政府部门为主体的饭店等级评定模式，是政府干预理论在饭店行业管理中的

体现，对饭店业具有实实在在的指导和促进作用。然而，由于受到政府发展规划的强烈影响，其评定标准会随政府目标的变动而出现较为频繁的变化，评定结果有时会和公众或业界的感受存在一定的差距。

（二）以能力为中心：以行业协会为评定主体的模式

瑞士、奥地利、荷兰、比利时、卢森堡、中国等是典型的由行业协会即饭店协会或旅游业协会来进行饭店等级评定的国家。这是一种以企业能力为中心的内部评价模式。由于评审人员也是行业协会的成员，他们对评定对象了解深刻，对相关信息掌握充分，在评定过程中，高度重视饭店的企业声誉、竞争优势和经营绩效，鼓励饭店因地制宜，发挥特色。因而，其评定结果往往特别能体现饭店在区域内的比较优势。

在具体操作上，该模式具有以下特点：第一，在目标上，以全行业的整体利益作为最高标准，将饭店创造业绩的愿望和自觉实现好、维护好、发展好全行业的根本利益结合起来。第二，在制度上，建立开放式的"同行评议—督导检查—考绩定级"模式，做到声誉、优势、绩效、诚信的"四位一体"和软、硬件相互"嵌入"的整体评价。第三，在方法上，重视对饭店的长期营运进行整体性的定性评价，不重视突击性的访查。第四，在方式上，等级评定工作具有很强的引导功能，评定过程和评定结果对饭店具有很强的训导、培训和激励作用。

以行业协会为主体的饭店等级评定，满足了制度经济学公共选择理论关于信息透明的要求。然而，由于行业协会内部可能存在着保守、惰性与路径依赖，有时会对经营方式创新的饭店产生歧视甚至排挤。

（三）以满意为原则：以消费者组织为评定主体的模式

部分市场经济发达、消费者组织完备的国家中还存在着以消费者组织为评定主体的饭店等级评定模式。这种模式往往和以政府或行业协会为主体的模式并存，作为一种补充、比较或竞争存在。比如，美国既有饭店协会的评级体系，又有美孚汽车协会和美国汽车协会的评级体系，英国和荷兰既有国家旅游局的评级体系，又有英国皇家汽车俱乐部、荷兰皇家旅游俱乐部与皇家汽车俱乐部的评级体系。

消费者组织进行饭店等级评定的主要目的，是为自己的会员提供消费指导，其评级标准高度遵循"顾客满意原则"。在具体操作上，大量采用民意测验、问卷调查等方法，把顾客的"切身感受"当作核心指标。由于消费者组织倾向于在会员内部进行调查，问卷设计中也隐含着特定消费者群落在情感与价值上的偏好，其评级结果具有很强的倾向性。由于这种倾向性可以大大方便饭店向特定消费者群落进行推销，因此，大量汽车旅馆和中小型特色饭店钟情于这类评级体系。

这种模式，满足了市场学关于顾客导向和市场细分的理论要求，追求在差异化市场上的有效性。然而，由于评级组织和具体消费者的专业性不足，其评级结果常常显得不够完整和全面。

（四）以公信力为基础：以中介组织为评定主体的模式

在英美国家，一些商业杂志和饭店专业杂志每年都会制作饭店排行榜，主持饭店排行榜的一般是专业性很强、社会公信度很高的权威媒体。制作榜单的目的，是为其核心读者群提供服务产品。在具体操作时，往往把评价权交给外聘的评审员，评价的指标体系公开，评价过程透明，评价结果向社会公布，是一种典型的外部评价模式。

目前，最有国际影响力的是美国《公共机构投资人》（Institutional Investor）杂志每年评出的50家"世界最佳饭店"。该杂志社每年从世界各地挑选100位著名的银行界人士为评委，这些人每年在世界各著名饭店停留的时间不少于80天。另一个具有国际影响力的榜单是由英国《公务旅行》（Executive Travel）杂志评出的。该杂志不仅评选世界最佳饭店，欧洲、北美和世界其他各地最佳饭店，还评选最佳经济型饭店、最佳会议饭店、最佳机场饭店、最佳饭店集团以及"年度饭店奖"。由于公信度很高，刊登榜单的当期杂志往往销量大增，各上榜饭店也会大量采购用作促销工具。

以中介组织为主体的饭店等级评定，提供了利益相关者之外的另一种视野，其强烈的效率意识促进了饭店评价技术与评价理论的快速发展。由于中介组织只关注极少数最优秀的饭店，加之获得重要数据资料的能力有限，评级结果往往只反映服务质量，不反映经营质量。

用一个标准去衡量地点不同、服务对象不同、功能不同的饭店难免偏颇。这或许是饭店业高度发达的德国至今尚未制定出一个统一的评级标准，也未进行普遍的饭店等级评定的原因之一。然而，饭店生产与消费同一性的特点，又使得管理者、经营者和消费者都迫切需要某种具有可比性的标准，所以，大多数国家又建立了饭店评级体系。从对上述评定模式的分析来看，任何一种模式都有利又有弊。

三、世界饭店等级划分

饭店分级制度在世界上已经广泛使用，在欧洲普遍被采用。不同的国家和地区采用的分级制度各不相同，用以表示级别的标志与名称也不一样。有的国家为五等划分，有的为七等划分，有的用星级表示，有的则用字母或数字表示。目前常见的方法有如下几种。

（一）星级制

星级制是指把饭店根据一定标准分成的等级用星号"★"表示出来，以区别其等级的制度。比较流行的是五星级级别，星级越高，表示饭店的档次等级越高。这种星级制在世界上，尤其在欧洲采用最为广泛。我国也采用这种方法进行饭店星级的评定。

（二）字母表示法

字母表示法是指将饭店等级用英文字母表示的方法，即A、B、C、D、E五级，A为最高级，E为最低级。有的虽也是五级，却用A、B、C、D四个字母表示，最高级用A1或特别豪华级来表示。

（三）数字表示法

数字表示法是指用数字表示饭店等级的方法，一般最高级用豪华表示，继豪华之后由高到低依次为1、2、3、4，数字越大，档次越低。

（四）钻石表示法

钻石表示法是指用钻石的颗数来表示饭店等级的方法，从一颗到五颗（或七颗）不等，颗数越多表示星级越高。部分国家饭店等级名称及评定机构如表4-1所示。

表4-1 部分国家饭店星级评定机构

序号	国家	饭店等级名称（由高到低）	评定机构
1	中国	白金五星、五星、四星、三星、二星、一星（经济型饭店）	中国旅游饭店协会
2	美国	五星、四星、三星、二星、一星	美孚汽车协会
		五钻石、四钻石、三钻石、二钻石、一钻石	美国汽车协会
		超豪华、豪华、一般豪华、超一级、一级、一般一级、豪华旅游级、旅游级、一般旅游级、二级	美国饭店协会
3	英国	五星、四星、三星、二星、一星	皇家汽车俱乐部
		五皇冠、四皇冠、三皇冠、二皇冠、一皇冠	英国旅游局
4	法国	五星、四星、三星、二星、一星、〇星	政府与饭店协会
5	意大利	豪华、第一、第二、第三、第四	政府与饭店协会
6	西班牙	豪华、1A、2B、2、3	政府
7	日本	豪华、A、B、C、D	政府
8	澳大利亚	五星、四星半、四星、三星半、三星、二星半、二星、一星半、一星	全国饭店与旅游者协会
9	挪威	旅游、城镇、乡村、山区	饭店业协会
10	斯里兰卡	一星、二星、三星、四星、五星	政府
11	菲律宾	豪华、一级、标准级、经济级	政府
12	加蓬	豪华、舒适、现代化	饭店业协会
13	葡萄牙	旅游、商业	饭店业协会

四、我国饭店等级划分

（一）我国旅游饭店星级评定的发展概况

随着全社会经济发展水平和对外开放程度的提高，旅游饭店业所面临的外部环境和市场结构发生了较大变化，其自身按不同客源类型和消费层次所做的市场定位和分工也益趋细化。

为促进旅游饭店业的管理和服务更加规范化和专业化，使之既符合本国实际又与国际发展趋势保持一致，我国饭店星级评定标准不时进行修订，从1993年以后基本上形成了5～6年修订一次的惯例。

我国旅游饭店的星级评定共经历了五个发展阶段。

1. 1988年第一版标准

我国从1988年开始推行饭店星级制度。20世纪80年代以来，随着"对外开放，对内搞活"方针政策的贯彻实施，旅游业包括饭店业有了较快的发展。为了促进旅游业尽快与国际接轨，适应大力发展国际旅游业的需要，国家旅游局在世界旅游组织专家的指导和协助下，于1988年8月22日颁布了《中华人民共和国评定旅游涉外饭店星级的规定和标准》，该标准于1988年9月1日开始执行。该标准主要包括旅游涉外饭店星级评定的规定和旅游涉外饭店星级标准两大部分内容。此阶段还只是行业标准。

2. 1993年第二版标准

1992年以后，中国饭店业进入了一轮饭店建设的高峰期，为了更好地引导饭店业的发展，有必要对星级标准进行修改，以进一步规范饭店的建设和管理。1993年9月1日，国家技术监督局正式发布了编号为GB/T 14308—1993《旅游涉外饭店星级的划分与评定》的国家标准，于1993年10月1日起执行。从此第二版星评标准开始施行。该标准对指导与规范旅游饭店的建设与经营管理，促进中国旅游饭店业与国际接轨，发挥了巨大的作用。

3. 1997年第三版标准

随着中国旅游业及饭店业的发展，GB/T 14308—1993标准开始显得与现实不相适应。各地饭店在长期经营中已逐渐形成了各自不同的客源对象和消费层次，同时社会上可替代的服务项目不断出现，这就要求饭店应当根据自身客源需求和功能类别，更加自主地选择设置服务项目。所以，国家旅游局于1997年10月16日首次对GB/T 14308—1993标准进行修订，此次修订的总体思路是：一、二星级饭店的标准基本保持不变，三、四、五星级饭店在总体档次、客人便利程度和舒适程度不降低的前提下，扩大饭店对自身设备和服务项目的选择空间，饭店可根据自己的客源市场和其他客观条件，在一个相对大的选择范围内自行决定投资哪些设施设备、设立哪些服务项目。

4. 2003年第四版标准

2002年以后，国家旅游局再次组织修订星级标准。这次修订的指导思想是：通过修订使中国的饭店星级制度更加贴近饭店业实际，促进星级饭店管理和服务更加规范化和专业化，使之既符合中国实际又与国际发展趋势保持一致。修订重点是强调饭店管理的专业性、饭店氛围的整体性和饭店产品的舒适性，推动饭店品质提升。2003年6月2日正式颁布新标准，从2003年12月1日起实施，2004年7月1日起全面推广，并对星级饭店进行全面复核、更换星级标牌。

5. 2010年第五版标准

2003—2010年，饭店业经过多年的发展后，业态和各种内涵、服务、管理等都有了很大的变化，新的形势要求对中国饭店的星级评定进行修改。以下进行详述。

（二）2010年版饭店星级标准的修订背景

旅游饭店市场需求不断变化，行业多元化发展及转型升级的进一步深入，对星级标准提出了修订要求。

1. 作为旅游产业的核心要素，旅游饭店业需要转型升级，提升产业素质

旅游饭店业是我国旅游产业的核心要素。2009年的统计数据显示：星级饭店占全国旅游企业总数的28%、总固定资产的53%，创造了营业总收入的40%，吸纳了旅游就业岗位的61%，贡献了72%的营业税。旅游饭店业的素质提升关乎旅游产业整体竞争力，关乎旅游行业整体满意度。

2009年年底，《国务院关于加快发展旅游业的意见》（国发〔2009〕41号）正式发布，标志着包括旅游饭店业在内的旅游业开始进入了国家战略体系。全国人大财经委已启动《旅游法》的立法工作，饭店业的相关内容将纳入立法范畴，我国旅游饭店业即将迎来新的一轮黄金发展期。为实现"把旅游业培育为国民经济战略性支柱产业和人民群众更加满意的现代服务业"的战略目标，旅游饭店业必须以标准化建设为抓手，推进转型升级，星级标准的修订工作则是其中非常重要的环节。

2. 产业规模不断壮大，业态发展日益多元

"十一五"期间，星级饭店数量稳步增长，年均增长率为5.5%；星级饭店客房数量年均增长率为6.3%。截至2010年年底，全国共有13991家星级饭店，其中五星级饭店595家，四星级饭店2219家，三星级饭店6268家，二星级饭店4612家，一星级饭店297家。此外，中国还拥有超过30万家，包括商务型饭店、乡村饭店、接待中心、公寓饭店、社会旅馆等在内的服务于旅游市场的其他住宿设施。

随着我国旅游市场的多元化发展，旅游饭店也呈现出多种业态并存发展的趋势。城市商务型饭店继续保持良好的发展势头。随着会展经济的蓬勃发展，专业的会议型饭店开始在大中城市快速发展；随着居民消费结构的升级和国民休闲计划的提出，度假型饭店逐渐增多，青年旅馆、乡村饭店、汽车旅馆等饭店新业态不断出现。庞大的产业规模和多种业态，要求星级标准具有更强的适应性和引领性。

3. 星级饭店质量呈现一定的地区差异性，影响社会及消费者对饭店星级的认知

星级标准是全国统一的国家标准，但由于标准执行机构广泛，个别条款操作性不够强等因素，导致标准在执行过程中存在不一致的情况，同一星级的饭店在不同

区域、不同城市之间，其设施设备与服务质量有较大差距。这既影响了消费者对星级饭店的认知度，也降低了星级标准的严肃性，并影响了星级标准的美誉度。这种差距如果不采取措施加以缩小，对星级标准的进一步推广以及星级饭店的发展都将是严峻的挑战。因此，增强星级标准的操作性和一致性，势在必行。

4. 星级饭店总体结构不合理，中低星级饭店面临重新定位

我国旅游星级饭店的数量增长很快，但是不同星级饭店的发展不平衡，即高星级饭店增长快，低星级饭店增长慢。大多数中低星级饭店缺乏投入，陷入低质量、低价格的恶性循环，最后导致在消费者当中的认知度持续下降，市场表现欠佳，全国统计结果显示已连续多年处于亏损状态。中低星级饭店作为大众旅游住宿市场的主体，其数量和质量关乎我国旅游饭店业的整体素质。

中低星级饭店持续健康有序地发展，也是适应我国旅游大众化发展的必然要求。因此，有必要调整星级标准，引导中低星级饭店根据市场需求重新定位，走差异化发展道路，提高核心产品竞争力。

5. 建设"环境友好型、资源节约型社会"对旅游饭店节能减排、绿色环保工作提出更高要求

《国务院关于加快发展旅游业的意见》明确提出：五年内将星级饭店用水用电量降低20%。饭店业是一个与环境密切相关的行业，不少星级饭店作为大型公共建筑，是各地能源消耗的重点领域之一。据测算，全国1.4万家星级饭店全年用电174亿度，相当于浙江新安江水电站（中型水电站）9年的发电量；全年用水9.2亿吨，相当于国内42个小城市（20万人口）一年的综合生活用水量。五星级饭店每平方米建筑面积综合能耗平均值为60.87千克标准煤。2003年版星级标准对绿色环保方面有一定的要求，但距离国务院节能减排的总体目标尚有差距。星级标准修订响应了时代要求，重点体现了可持续发展的理念，将节能减排、绿色环保的要求落到相关条款。

6. 各类突发事件的增多对星级饭店应急管理提出更高要求

没有安全就没有旅游，星级饭店是旅游者和本地居民密集流动的公众场所，突发事件的发生将对宾客的人身财产、健康等构成重大威胁。随着国际国内形势的变化，人为的或自然的突发事件有逐渐增多的趋势，旅游饭店在正常提供服务的情况下，如何加强应急管理，应对突发事件成为全行业需要共同面对的重大课题。这也对星级饭店提出了新的要求。

从以上背景可以看出我国旅游饭店业在即将进入新一轮黄金发展期的同时，也将进入各种新旧矛盾的凸显期。因此修订星级标准，推动饭店品质提升工作，丰富与完善"星级饭店"这一国家品牌的内涵，确保星级饭店持续健康发展，势在必行。

（三）2010年版星级标准的六个导向

2010年版星级标准根据旅游业发展实际及饭店业发展趋势，在继承2003年版标准提出的"三性"，即"管理专业性，氛围整体性，产品舒适性"原则的基础上，

突出了六个"强调"导向。

1. 强调必备项目

必备项目对饭店硬件设施和服务项目提出的要求，是各星级饭店所必须达到的基础条件，也是判断饭店各星级的根本依据。必备项目可以形容为各星级饭店的"DNA"。生物学上，DNA携带着一个种群的根本特征，在复制过程中绝不允许出错。同理，相应星级的各个必备项目在评星时必须逐项达到，缺一不可。

为克服2003年版标准过于强调"硬件"打分，忽视必备项目重要性的倾向，新标准突出强调必备项目的严肃性和不可缺失性，标准将必备项目制作成检查表的形式，逐项打"√"，检查全部达标后，再进入后续评分程序。任意一条必备项目在星级评定中均具有"一条否决"的效力。

2. 强调核心产品

星级标准是旅游住宿设施的评价标准，评价的中心和重点均应是住宿设施。按照饭店提供服务产品种类的多少，2010年版标准在前言中明确将一、二、三星级饭店定位为有限服务（limited service）饭店，强调住宿核心产品，适当减少配套设施要求。同时，继续坚持四、五星级各项饭店产品的完整性，强调饭店全面价值的实现，评定星级时注重饭店"硬件"与"软件"的全面评价，保证高星级饭店产品的高品质。

同时，2010年版标准将客房作为饭店的核心产品，而舒适度又是客房的核心。在硬件表的分值设置上，客房部分有191分，占总分（600分）的31.8%。客房舒适度的分值为35分，占舒适度总分值的71.4%，而2003年版标准中客房舒适度仅占舒适度总分值的38.5%。客房舒适度涵盖了布草规格、床垫枕头、温度湿度、隔音遮光、照明效果、方便使用、和谐匹配、音画良好等8个方面，全面保证了宾客在客房内的触觉、听觉、视觉等多种感官的舒适度要求。

3. 强调绿色环保

节能减排是国家战略，星级饭店责无旁贷。2010年版星级标准强调节能减排、绿色环保和可持续发展，主要体现在以下三个方面：一是在必备项目中原则提出"一至五星级饭店均要求制定与本星级相适应的节能减排方案并付诸实施"。二是在硬件表中增设一节"节能措施与环境管理"，包括建筑节能设计、新能源的设计与运用、采用环保设备和用品、采用节能产品、采取节能及环境保护的有效措施、设置中水处理系统、设置污水处理设施、设置垃圾房等项目，并赋予较高分值，为14分。在客房必备品中取消了对牙膏、牙刷、拖鞋、沐浴液等"六小件"的硬性要求，各星级饭店可根据客源实际，灵活选择是否在客房放置"六小件"。三是在软件表中要求"饭店建立能源管理与考核制度，并有档案可查"。

4. 强调应急管理

为增强星级饭店突发事件应急处置能力，2010年版标准突出强化了饭店应急管理方面的要求。

在必备项目中对一至五星级饭店均要求制定火灾等6类突发事件处置的应急预案，三星级（含）以上饭店还要求有年度实施计划，并定期演练。在运营质量评价中也有相关要求。评定检查时，检查员将详细翻阅各类预案文本和定期演练报告及影像等原始记录。

"食品安全"是2010年版标准新增的一项内容。四星级的必备项目中要求：应有食品留样送检机制。五星级的必备项目中要求：应有食品化验室或留样送检机制。硬件表里也设置了相应的分值。

5. 强调软件可量

2010年版标准吸取行业标准《星级饭店访查规范》中对饭店服务产品进行程序化、流程化要求的理念，对"软件"评价做了较大调整，并将服务质量、清洁卫生、维护保养等内容统一到运营质量评价表中，增强了"软件"评价的客观性和可操作性。

2010年版标准的软件表将前厅、客房、餐饮等主要的饭店服务项目分为若干道流程，进而将每道流程中又细分为若干个动作。按项目—流程—动作来设计评价过程，将检查人员的注意力集中到服务人员的具体动作上，而不是最终服务效果的评价上，从而比较直观，便于操作，减少了主观性。同时，饭店企业可以直接对照检查表，建立、完善饭店日常服务质量检查体系，这样也更有利于对标准的理解和实施。

6. 强调特色经营

为适应旅游饭店行业多业态发展的趋势，2010年版标准在保证饭店基本条件达标的基础上，着力引导星级饭店特色化、差异化经营。

比如，在设施设备评分表中将分属商务会议和休闲度假这两类饭店的主要硬件设施进行了集中"打包"，引导企业集中选项、突出经营定位。商务会议类设施包括行政楼层、大宴会厅或多功能厅、会议厅、展览厅、商务中心等；休闲度假类设施包括温泉浴场、海滨浴场、滑雪场、高尔夫球场、风味餐厅、游泳池、各类休闲运动设施等。并对在商务会议、度假特色类别中集中选项，得分率超过70%的饭店，给予一定的分值优惠。

对于少数极具特色，但配套设施未达到星级标准要求的精品饭店，为鼓励其发挥市场引领作用，新标准设置"例外条款"，规定："对于以住宿为主营业务，建筑与装修风格独特，拥有独特客户群体，管理和服务特色鲜明，且业内知名度较高饭店的星级评定，可参照五星级的要求。"特别需要说明的是，新标准实施后，这一例外条款的掌握是极其严格的。只有极少数的饭店由其直接向全国星评委申评五星级。具体的评价标准和检查办法由全国星评委另行制定。

■ 知识拓展

《旅游饭店星级的划分与评定》

（GB/T 14308—2010）（节选）

1. 范围

本标准规定了旅游饭店星级的划分条件、服务质量和运营规范要求。

本标准适用于正式营业的各种旅游饭店。

2. 规范性引用文件

下列文件对于本文件的应用是必不可少的。凡是注日期的引用文件，仅注日期的版本适用于本文件，凡是不注日期的引用文件，其最新版本（包括所有的修改单）适用于本文件。

GB/T 16766　旅游业基础术语

GB/T 10001.1　标志用公共信息图形符号 第1部分：通用符号

GB/T 10001.2　标志用公共信息图形符号 第2部分：旅游设施与服务符号

GB/T 10001.4　标志用公共信息图形符号 第4部分：运动健身符号

GB/T 10001.9　标志用公共信息图形符号 第9部分：无障碍设施符号

GB/T 15566.8　公共信息导向系统 设置原则与要求 第8部分：宾馆和饭店

3. 术语和定义

下列术语和定义适用于本标准。

3.1　旅游饭店（tourist hotel），以间（套）夜为单位出租客房，以住宿服务为主，并提供商务、会议、休闲、度假等相应服务的住宿设施，按不同习惯可能也被称为宾馆、酒店、旅馆、旅社、宾舍、度假村、俱乐部、大厦、中心等。

4. 星级划分及标志

4.1　用星的数量和颜色表示旅游饭店的星级。旅游饭店星级分为五个级别，即一星级、二星级、三星级、四星级、五星级（含白金五星级）。最低为一星级，最高为五星级。星级越高，表示饭店的等级越高。（为方便行文，"星级旅游饭店"简称为"星级饭店"。）

4.2　星级标志由长城与五角星图案构成，用一颗五角星表示一星级，两颗五角星表示二星级，三颗五角星表示三星级，四颗五角星表示四星级，五颗五角星表示五星级，五颗白金五角星表示白金五星级。

5. 总则

5.1　星级饭店的建筑、附属设施设备、服务项目和运行管理应符合国家现行的安全、消防、卫生、环境保护、劳动合同等有关法律、法规和标准的规定与要求。

5.2　各星级划分的基本条件见附录A，各星级饭店应逐项达标。

5.3　星级饭店设备设施的位置、结构、数量、面积、功能、材质、设计、装饰等评价标准见附录B。

5.4　星级饭店的服务质量、清洁卫生、维护保养等评价标准见附录C。

5.5　一星级、二星级、三星级饭店是有限服务饭店，评定星级时应对饭店住宿产品进行重点评价；四星级和五星级（含白金五星级）饭店是完全服务饭店，评定星级时应对饭店产品进行全面评价。

5.6　倡导绿色设计、清洁生产、节能减排、绿色消费的理念。

5.7　星级饭店应增强突发事件应急处置能力，突发事件处置的应急预案应作为各星级饭店的必备条件。评定星级后，如饭店营运中发生重大安全责任事故，所属星级将被立即取消，相应星级标识不能继续使用。

5.8　评定星级时不应因为某一区域所有权或经营权的分离，或因为建筑物的分隔而区别对待，饭店内所有区域应达到同一星级的质量标准和管理要求。

5.9　饭店开业一年后可申请评定星级，经相应星级评定机构评定后，星级标识使用有效期为三年。三年期满后应进行重新评定。

6. 各星级划分条件

6.1　必备条件

6.1.1　必备项目检查表规定了各星级应具备的硬件设施和服务项目。评定检查时，逐项打"√"确认达标后，再进入后续打分程序。

6.1.2　一星级必备项目见表A.1；二星级必备项目见表A.2；三星级必备项目见表A.3；四星级必备项目见表A.4；五星级必备项目见表A.5。

6.2　设施设备

6.2.1　设施设备的要求见附录B。总分600分。

6.2.2　一星级、二星级饭店不作要求，三星级、四星级、五星级饭店规定最低得分线：三星级220分，四星级320分，五星级420分。

6.3　饭店运营质量

6.3.1　饭店运营质量的要求见附录C。总分600分。

6.3.2　饭店运营质量的评价内容分为总体要求、前厅、客房、餐饮、其他、公共及后台区域等6个大项。评分时按"优""良""中""差"打分并计算得分率。公式为：得分率＝该项实际得分该项标准总分×100%。

6.3.3　一星级、二星级饭店不作要求。三星级、四星级、五星级饭店规定最低得分率：三星级70%，四星级80%，五星级85%。

6.3.4　如饭店不具备表C.1中带"★"的项目，统计得分率时应在分母中去掉该项分值。

7. 服务质量总体要求

7.1　服务基本原则

7.1.1　对宾客礼貌、热情、亲切、友好，一视同仁。

7.1.2　密切关注并尽量满足宾客的需求，高效率地完成对客服务。

7.1.3　遵守国家法律法规，保护宾客的合法权益。

7.1.4　尊重宾客的信仰与风俗习惯，不损害民族尊严。

7.2　服务基本要求

7.2.1　员工仪容仪表应达到：

a）遵守饭店的仪容仪表规范，端庄、大方、整洁；

b）着工装、佩工牌上岗；

c）服务过程中表情自然、亲切、热情适度，提倡微笑服务。

7.2.2　员工言行举止应达到：

a）语言文明、简洁、清晰，符合礼仪规范；

b）站、坐、行姿符合各岗位的规范与要求，主动服务，有职业风范；

c）以协调适宜的自然语言和身体语言对客服务，使宾客感到尊重舒适；

d）对宾客提出的问题应予耐心解释，不推诿和应付。

7.2.3 员工业务能力与技能应达到掌握相应的业务知识和服务技能，并能熟练运用。

8. 管理要求

8.1 应有员工手册。

8.2 应有饭店组织机构图和部门组织机构图。

8.3 应有完善的规章制度、服务标准、管理规范和操作程序。一项完整的饭店管理规范包括规范的名称、目的、管理职责、项目运作规程（具体包括执行层级、管理对象、方式与频率、管理工作内容）、管理分工、管理程序与考核指标等项目。各项管理规范应适时更新，并保留更新记录。

8.4 应有完善的部门化运作规范。包括管理人员岗位工作说明书、管理人员工作关系表、管理人员工作项目核检表、专门的质量管理文件、工作用表和质量管理记录等内容。

8.5 应有服务和专业技术人员岗位工作说明书，对服务和专业技术人员的岗位要求、任职条件、班次、接受指令与协调渠道、主要工作职责等内容进行书面说明。

8.6 应有服务项目、程序与标准说明书，对每一个服务项目完成的目标、为完成该目标所需要经过的程序，以及各个程序的质量标准进行说明。

8.7 对国家和地方主管部门和强制性标准所要求的特定岗位的技术工作如锅炉、强弱电、消防、食品加工与制作等，应有相应的工作技术标准的书面说明，相应岗位的从业人员应知晓并熟练操作。

8.8 应有其他可以证明饭店质量管理水平的证书或文件。

9. 安全管理要求

9.1 星级饭店应取得消防等方面的安全许可，确保消防设施的完好和有效运行。

9.2 水、电、气、油、压力容器、管线等设施设备应安全有效运行。

9.3 应严格执行安全管理防控制度，确保安全监控设备的有效运行及人员的责任到位。

9.4 应注重食品加工流程的卫生管理，保证食品安全。

9.5 应制订和完善地震、火灾、食品卫生、公共卫生、治安事件、设施设备突发故障等各项突发事件应急预案。

10. 其他

对于以住宿为主营业务，建筑与装修风格独特，拥有独特客户群体，管理和服务特色鲜明，且业内知名度较高旅游饭店的星级评定，可参照五星级的要求。

注：本部分所涉及的"附录"与"表"，请参阅相关资料。

第二节 我国星级饭店

一、我国旅游饭店星级评定的程序

（一）星级评定的组织机构和责任

文化和旅游部设全国旅游星级饭店评定委员会（简称全国星评委），全国星评委是负责全国星评工作的最高机构。

1. 职能

全国星评委的主要职能包括：统筹负责全国旅游饭店星评工作；聘任与管理国家级星评员；组织五星级饭店的评定和复核工作；授权并监管地方旅游饭店星级评定机构开展工作。

2. 组成人员

全国星评委由中国旅游协会领导、中国旅游饭店业协会领导、原国家旅游局监督管理司领导、政策法规司领导、监察局领导、中国旅游协会和中国旅游饭店业协会秘书处相关负责人及各省（区、市）旅游星级饭店评定委员会主任组成。

3. 办事机构

全国星评委下设办公室，作为全国星评委的办事机构，设在中国旅游饭店业协会秘书处。

4. 饭店星级评定职责和权限

（1）执行饭店星级评定工作的实施办法。

（2）授权和督导地方旅游饭店星级评定机构的星级评定和复核工作。

（3）对地方旅游饭店星级评定机构违反规定所评定和复核的结果拥有否决权。

（4）实施或组织实施对五星级饭店的星级评定和复核工作。

（5）统一制作和核发星级饭店的证书、标志牌。

（6）按照饭店星评员章程要求聘任国家级星评员，监管其工作。

（7）负责国家级星评员的培训工作。

5. 省级旅游星级饭店评定委员会（简称省级星评委）

各省（区、市）旅游行政管理部门设省级星评委报全国星评委备案后，根据全国星评委的授权开展星评和复核工作。

（1）组成人员。省级星评委的组建，根据本地实际情况确定，由地方旅游行业管理部门负责人和旅游饭店协会负责人等组成。

（2）办事机构。省级星评委下设办公室为办事机构，可设在当地旅游行政管理部门行业管理处或旅游饭店协会。

（3）评定职责和权限。省级星评委依照全国星评委的授权开展以下工作：贯彻执行并保证质量完成全国星评委部署的各项工作任务；负责并督导本省内各级旅游饭店星级评定机构的工作；对本省副省级城市、地级市（地区、州、盟）及下一级星级评定机构违反规定所评定的结果拥有否决权；实施或组织实施本省四星级饭店的星级评定和复核工作；向全国星评委推荐五星级饭店并严格把关；按照饭店星评员章程要求聘任省级星评员；负责副省级城市、地级市（地区、州、盟）星评员的培训工作。

6. 副省级城市、地级市（地区、州、盟）旅游星级饭店评定委员会（简称地区星评委）

副省级城市、地级市（地区、州、盟）旅游行政管理部门设地区星评委，在省级星评委的指导下，参照省级星评委的模式组建。

（1）组成人员。地区星评委可由地方旅游行业管理部门负责人和旅游饭店协会负责人等组成。

（2）办事机构。地区星评委的办事机构可设在当地旅游行政管理部门行业管理处（科）或旅游饭店协会。

（3）评定职责和权限。地区星评委依照省级星评委的授权开展以下工作：贯彻执行并保证质量完成全国星评委和省级星评委布置的各项工作任务；负责本地区星级评定机构的工作；按照饭店星评员章程要求聘任地市级星评员；实施或组织实施本地区三星级及以下饭店的星级评定和复核工作；向省级星评委推荐四、五星级饭店。

（二）星级评定的标准和基本要求

饭店星级评定依据《旅游饭店星级的划分与评定》（GB/T 14308—2010）进行，具体要求如下：

（1）《旅游饭店星级的划分与评定》附录A："必备项目检查表"。该表规定了各星级必须具备的硬件设施和服务项目。要求相应星级饭店的每个项目都必须达标，缺一不可。

（2）《旅游饭店星级的划分与评定》附录B："设施设备评分表"（硬件表，共600分）。该表主要是对饭店硬件设施的档次进行评价打分。三、四、五星级饭店规定最低得分线：三星级220分、四星级320分、五星级420分，一、二星级不作要求。

（3）《旅游饭店星级的划分与评定》附录C："饭店运营质量评价表"（软件表，共600分）。该表主要是评价饭店的"软件"，包括对饭店各项服务的基本流程、设施维护保养和清洁卫生方面的评价。三、四、五星级饭店规定最低得分率：三星级70%、四星级80%、五星级85%，一、二星级不作要求。

申请星级评定的饭店，如达不到《旅游饭店星级的划分与评定》（GB/T 14308—2010）第十二条要求及最低分数或得分率，则不能取得所申请的星级。星级饭店强调整体性，评定星级时不能因为某一区域所有权或经营权的分离，或因为建筑物的分隔而区别对待。饭店内所有区域应达到同一星级的质量标准和管理要求。否则，星评委对饭店所申请星级不予批准。

饭店取得星级后，因改造发生建筑规格、设施设备和服务项目的变化，关闭或取消原有设施设备、服务功能或项目，导致达不到原星级标准的，必须向相应级别星评委申报，接受复核或重新评定。否则，相应级别星评委应收回该饭店的星级证书和标志牌。

（三）星级评定程序和执行

五星级饭店按照以下程序进行评定。

1. 申请

申请评定五星级的饭店应在对照《旅游饭店星级的划分与评定》（GB/T 14308—2010）充分准备的基础上，按属地原则向地区星评委和省级星评委逐级递交星级申请材料。申请材料包括：饭店星级申请报告、自查打分表、消防验收合格证（复印件）、卫生许可证（复印件）、工商营业执照（复印件）、饭店装修设计说明等。

2. 推荐

省级星评委收到饭店申请材料后，应严格按照《旅游饭店星级的划分与评定》（GB/T 14308—2010）的要求，于一个月内对申报饭店进行星评工作指导。对符合申报要求的饭店，以省级星评委名义向全国星评委递交推荐报告。

3. 审查与公示

全国星评委在接到省级星评委推荐报告和饭店星级申请材料后，应在一个月内完成审定申请资格、核实申请报告等工作，并对通过资格审查的饭店，在中国旅游网和中国旅游饭店业协会网站上同时公示。对未通过资格审查的饭店，全国星评委应下发正式文件通知省级星评委。

4. 宾客满意度调查

对通过五星级资格审查的饭店，全国星评委可根据工作需要安排宾客满意度调查，并形成专业调查报告，作为星评工作的参考意见。

5. 国家级星评员检查

全国星评委发出《星级评定检查通知书》，委派2～3名国家级星评员，以明察或暗访的形式对申请五星级的饭店进行评定检查。评定检查工作应在36～48小时内完成。检查未予通过的饭店，应根据全国星评委反馈的有关意见进行整改。全国星评委待接到饭店整改完成并申请重新检查的报告后，于一个月内再次安排评定检查。

6. 审核检查

检查结束后一个月内，全国星评委应根据检查结果对申请五星级的饭店进行审核。审核的主要内容及材料有：国家级星评员检查报告（须有国家级星评员签名）、星级评定检查反馈会原始记录材料（须有国家级星评员及饭店负责人签名）、依据《旅游饭店星级的划分与评定》（GB/T 14308—2010）的打分情况（打分总表须有国家级星评员签名）等。

7. 批复

对于经审核认定达到标准的饭店，全国星评委应做出批准其为五星级旅游饭店的批复，并授予五星级证书和标志牌。对于经审核认定达不到标准的饭店，全国星评委应做出不批准其为五星级饭店的批复。批复结果在中国旅游网和中国旅游饭店业协会网站上同时公示，公示内容包括饭店名称、全国星评委受理时间、国家级星评员评定检查时间、国家级星评员姓名、批复时间。

8. 申诉

申请星级评定的饭店对星评过程及其结果如有异议，可直接向文化和旅游部申诉。文化和旅游部根据调查结果予以答复，并保留最终裁定权。

9. 抽查

文化和旅游部根据《国家级星评监督员管理规则》，派出国家级星评监督员随机抽查星级评定情况，对星评工作进行监督。一旦发现星评过程中存在不符合程序的现象或检查结果不符合标准要求的情况，文化和旅游部可对星级评定结果予以否决，并对执行该任务的国家级星评员进行处理。

一星级到四星级饭店的评定程序，各级星评委应严格按照相应职责和权限，参照五星级饭店评定程序执行。一、二、三星级饭店的评定检查工作应在24小时内完成，四星级饭店的评定检查工作应在36小时内完成。全国星评委保留对一星级到四星级饭店评定结果的否决权。

对于以住宿为主营业务，建筑与装修风格独特，拥有独特客户群体，管理和服务特色鲜明，且业内知名度较高旅游饭店的星级评定，可按照《旅游饭店星级的划分及评定》（GB/T 14308—2010）第十六条要求的程序申请评定五星级饭店。

白金五星级饭店的评定标准和检查办法另行制定。

（四）星级复核及处理制度

星级复核是星级评定工作的重要组成部分，其目的是督促已取得星级的饭店持续达标，其组织和责任划分完全依照星级评定的责任分工。星级复核分为年度复核和三年期满的评定性复核。

年度复核工作由饭店对照星级标准自查自纠，并将自查结果报告相应级别星评委，相应级别星评委根据自查结果进行抽查。评定性复核工作由各级星评委委派星评员以明察或暗访的方式进行。各级星评委应于本地区复核工作结束后进行认真总结，并逐级上报复核结果。

全国星评委委派2～3名国家级星评员同行，以明查或暗访的方式对饭店进行评定性复核检查。全国星评委可根据工作需要，对满三年期的五星级饭店进行宾客满意度调查，并形成专业调查报告，作为评定性复核的参考意见。

对复核结果达不到相应标准的星级饭店，相应级别星评委根据情节轻重给予限期整改、取消星级的处理，并公布处理结果。对于取消星级的饭店，应将其星级证书和星级标志牌收回。

对星级饭店的复核结果进行处理的具体依据：

（1）凡被复核饭店出现以下情况，相应级别星评委应做出"限期整改"的处理意见：

五星级："必备项目检查表"达标，但"设施设备评分表"得分低于420分但高于380分，或"饭店运营质量评价表"得分率低于85%但高于75%。

四星级："必备项目检查表"达标，但"设施设备评分表"得分低于320分但高于280分，或"饭店运营质量评价表"得分率低于80%但高于70%。

三星级："必备项目检查表"达标，但"设施设备评分表"得分低于220分但高于180分，或"饭店运营质量评价表"得分率低于70%但高于60%。

（2）凡被复核饭店出现以下任何一种情况，相应级别星评委应做出"取消星级"的处理意见：

五星级：①"必备项目检查表"不达标；②"必备项目检查表"达标，但"设施设备评分表"得分低于380分；③"必备项目检查表"达标，但"饭店运营质量评价表"得分率低于75%；④发生重大事故，或遭遇重大投诉事件并被查实，造成恶劣影响；⑤停止饭店经营业务或停业装修改造一年以上。

四星级：①"必备项目检查表"不达标；②"必备项目检查表"达标，但"设施设备评分表"得分低于280分；③"必备项目检查表"达标，但"饭店运营质量评价表"得分率低于70%；④发生重大事故，或遭遇重大投诉事件并被查实，造成恶劣影响；⑤停止饭店经营业务或停业装修改造一年以上。

三星级：①"必备项目检查表"不达标；②"必备项目检查表"达标，但"设施设备评分表"得分低于180分；③"必备项目检查表"达标，但"饭店运营质量评价表"得分率低于60%；④发生重大事故，或遭遇重大投诉事件并被查实，造成恶劣影响；⑤停止饭店经营业务或停业装修改造一年以上。

二星级：①"必备项目检查表"不达标；②发生重大事故，或遭遇重大投诉事件并被查实，造成恶劣影响；③停止饭店经营业务或停业装修改造一年以上。

一星级：①"必备项目检查表"不达标；②发生重大事故，或遭遇重大投诉事件并被查实，造成恶劣影响；③停止饭店经营业务或停业装修改造一年以上。

（3）整改期限原则上不能超过一年。被取消星级的饭店，自取消星级之日起一年后，方可重新申请星级评定。

（4）各级星评委对星级饭店做出处理的责任划分依照星级评定的责任分工执行。全国星评委保留对各星级饭店复核结果的最终处理权。

（5）接受评定性复核的星级饭店，如其正在进行大规模装修改造，或者其他适当原因而致使暂停营业，可以在评定性复核当年提出延期申请。经查属实后，相应级别星评委可以酌情批准其延期一次。延期复核的最长时限不应超过一年，如延期超过一年，须重新申请星级评定。

二、我国星级饭店现状

根据文化和旅游部公布的《2017年度全国星级饭店统计公报》，截至2017年年底，全国共有10645家星级饭店，星级饭店统计管理系统中有9566家企业的经营数据通过了省级旅游主管部门的审核，数据汇总情况如表4-2至表4-6所示。

表4-2　2017年度全国星级饭店规模结构情况（按星级分）

指标	单位	五星级	四星级	三星级	二星级	一星级	合计
饭店数量	家	816	2412	4614	1660	64	9566
客房数	万间/套	28.64	50.37	55.27	12.48	0.30	147.06
床位数	万张	43.78	81.99	100.66	23.58	0.54	250.55

表4-3　2017年度全国星级饭店登记注册类型情况（按星级分）　　单位：家

登记注册类型	五星级	四星级	三星级	二星级	一星级	合计	所占比例（%）
国有	144	588	1086	404	15	2237	23.38
集体	8	41	164	83	4	300	3.14
港澳台投资	79	71	44	3	0	197	2.06
外商投资	72	58	39	9	0	178	1.86
其他	513	1654	3281	1161	45	6654	69.56

表4-4　2017年度全国星级饭店基本指标统计（按星级分）

指标	单位	五星级	四星级	三星级	二星级	一星级	合计
营业收入总额	亿元	812.71	714.91	476.43	78.55	1.13	2083.93
客房占营业收入比重	%	47.01	44.19	43.79	44.46	33.92	45.20
餐饮占营业收入比重	%	40.01	39.65	42.49	36.54	45.69	40.32
固定资产原值	亿元	2027.76	1929.45	1018.94	183.41	1.54	5161.10
利润总额	亿元	65.57	3.20	1.85	1.78	0.07	72.47
实缴税金	亿元	33.58	27.93	30.83	4.20	0.34	96.88
从业人员年均数	万人	29.72	41.77	34.64	6.16	0.12	112.41
大专以上学历人数	万人	8.43	9.41	6.10	0.80	0.02	24.76

表4-5　2017年度全国星级饭店主要指标统计（按星级分）

指标	单位	五星级	四星级	三星级	二星级	一星级	合计
全员劳动生产率	千元/人	273.47	171.13	137.54	127.91	94.17	185.30
人均实现利润	千元/人	22.06	0.77	0.53	2.89	4.21	6.45
人均利税	千元/人	11.03	6.69	8.90	6.82	19.10	8.61
人均占用固定资产原值	千元/人	682.33	461.87	294.17	297.91	87.36	458.91

指标	单位	五星级	四星级	三星级	二星级	一星级	合计
百元固定资产创营业收入	元	40.08	37.05	46.76	42.94	73.40	40.38
平均房价	元	612.35	328.06	220.36	171.17	102.39	343.43
平均出租率	%	61.43	56.63	51.30	47.08	52.62	54.80
每间可供出租客房收入	元/间夜	376.14	185.77	113.05	80.59	43.09	188.20
每间客房平摊营业收入	千元/间	283.75	141.94	86.20	63.11	37.22	141.71

表4-6　2017年度全国星级饭店主要指标排名前十名

地区	平均房价（元/间夜）	地区	平均出租率（%）	地区	每间可供出租客房收入（元/间夜）	地区	每间客房平摊营业收入（千元/间）	地区	全员劳动生产率（千元/人）	地区	人均实现利润（千元/人）
上海	721.88	上海	68.98	上海	497.97	上海	362.53	上海	418.96	上海	65.89
北京	587.44	海南	63.19	北京	311.18	江苏	207.24	北京	307.30	广东	21.51
海南	465.09	湖南	62.13	海南	293.87	浙江	189.68	海南	220.23	北京	18.12
广东	398.20	江苏	59.79	广东	231.47	广东	181.58	江苏	219.35	海南	16.76
天津	379.31	贵州	58.58	江苏	212.07	海南	177.66	浙江	213.06	贵州	9.65
浙江	360.33	福建	58.44	天津	208.84	福建	164.27	广东	202.37	浙江	9.17
江苏	354.70	广东	58.13	浙江	208.03	北京	163.75	天津	187.17	湖南	9.08
福建	353.53	兵团	58.09	福建	206.59	天津	151.71	福建	177.42	江苏	7.11
重庆	332.94	四川	57.89	四川	181.29	山东	139.78	重庆	165.48	福建	6.95
四川	313.15	湖北	57.80	重庆	181.07	重庆	134.78	陕西	158.83	江西	3.66

三、我国星级饭店发展思路

（一）星级饭店总体规模、经营现实

中国星级饭店的数量在2009年以前呈现持续增长的趋势。2007年的金融危机减缓了星级饭店的增速，2008年北京奥运会的拉动效应使得星级饭店在数量上大幅增加。虽然2010年上海举办了世博会，但是过去十

小故事：令人惊喜的酒店伴手礼

年内，星级饭店首次出现负增长。与此同时，2010年新版饭店星级标准出台，打破了以往我国的星级饭店终身制，使得全国部分星级饭店从榜单上被删除或者被"摘星"，从而导致全国星级饭店的数量出现了大幅下降的趋势。据统计，2013年国内新开业的饭店（三星级以上标准）数为188家，共有客房45366间（套）。从星级标准看，五星级饭店数量占据主导地位，在2013年全国开业饭店中约占3/4。但是2013年星级饭店行业的实际增长并不理想。2013年第一季度新开业五星级饭店48家，营业收入却下降了48.28亿元，导致营业收入的增长速度达到了历史最低点的-23.69%。2013年全国五星级饭店呈现持续低迷现象，经营状况与2012年同期相比下降趋势较为严重，2013年星级饭店行业出现超20亿元的亏损；2014年为下行周期的谷底，当年亏损扩大至59亿元；2015年盈利能力有所回升，但仍亏损14亿元；2016年星级饭店行业实现利润4.71亿元，实现扭亏为盈。从账面上看，星级饭店盈利能力在2014年降至低谷后，逐年恢复，似乎已经进入一个温和的复苏通道。但是，2016年的盈利是在营改增减税70.52亿元的背景下得到的，4.71亿元的盈利之于70.52亿元的减税仍然相去甚远，与2011年61.43亿元的盈利相比也不在一个数量级上，因此，行业的企稳回升仍需要持续的结构调整、创新发展、提质增效。

（二）中低星级饭店发展思路

2010年起，全国星级饭店数量增速放缓，其中高星级饭店增长放缓，一、二星级饭店明显减少，与2009年年底各星级饭店数量比较，五星级饭店增加了95家，四星级增加了235家，三星级增加了451家，二星级减少了763家，一星级减少了138家。低星级饭店在经营中由于品牌影响力不强、服务标准化程度不足、网络营销渠道不便等原因，在竞争中处于劣势，其客户群又与经济型饭店高度一致，经济型饭店迅速扩张也严重冲击了传统低星级饭店。面对不断升级的激烈竞争，处于夹缝中的中低星级饭店的生存环境势必更为艰难，饭店发展两头热中间冷的局面也将会进一步扩大。面对这种生存危机，中低星级饭店更应该认清形势，把握契机，发挥自身优势，实现技术与管理上的创新，为中低星级饭店重新崛起创造条件。中低星级饭店在经营管理发展过程中可采取的措施有：

1.提供个性化服务，培养忠诚客户

产品的同质化是目前低星级饭店的致命缺陷，经济型饭店也同样面临差异化经营与服务的挑战，2007年已出现出租率下滑的趋势，同时2007年经济型饭店物业成本相比上年上升40%。但出租率下降并不意味着中低档需求衰减，旅游业的迅速发展使游客人数还有很大的增长空间。另外100～300元价位的住宿需求占到总需求的74%以上，这一价位恰好是低星级饭店的定价区间。因此采取差异化与多样化经营可有效增加低星级饭店的竞争力。

忠诚客户的培养也成为低星级饭店寻求出路的重要手段，相关研究显示，顾客回头率每上升5%，利润相应可提高5%～12.5%。而且经常惠顾的顾客对价格敏感度较低，消费力更强，同时增加忠诚顾客还可节约饭店营销费用，接待一个新客人与老客人的成本比为6：1，忠诚顾客平均还会向10个人进行有利的口头宣传。

2. 树立品牌意识，提升核心竞争力

饭店为客人提供服务产品，要研究饭店的核心竞争力，客户对饭店的忠诚度就成为关键。只有在质量和品牌上多下功夫，保持产品与服务的质量，让品牌在客户群中耳熟能详，饭店才能获得长期的发展。在国际饭店市场，无论是高档还是经济型饭店，都是由一些知名饭店品牌主导市场，并凭借其遍布各地的营业网络来获取超额利润。因此未来饭店行业通过规模化、网络化来降低成本、提升竞争力将是大势所趋。

3. 建立饭店联盟，提高盈利能力

饭店发展应当从管理创新转变到战略创新，具体表现就是市场上一系列联盟的产生。从长远发展来说，单体饭店、中小饭店要全面发展，就需要联合起来，大幅提升服务意识和服务质量，增强综合管理能力，实现硬件差异化基础上的软件标准化，让客人在所有加盟饭店都享受到相同的优质服务，加强客人的归属感和认同感，形成独具特色的市场竞争力和品牌形象的口碑传播，做出低星级饭店的特色。

4. 细化目标客源，填补市场空白

经济型饭店的成功秘诀在于"有所为有所不为"，如锦江之星旅馆管理公司已开始对经济型饭店市场进行细分经营，在定位家庭型住客的"锦江之星"品牌外，还将发展定位商务客源的"锦江白玉兰"和定位旅游客源的"新锦江商旅"两大新经济型饭店连锁品牌。经济型饭店行业逐渐从粗犷走向精细，必将进一步给低星级饭店带来生存压力。在不久的将来，中国中低端饭店市场必将有一次"大洗牌"。因此低星级饭店一定要认清自己的优势，主攻某一细分市场，以实现饭店的特色化经营。

（三）高星级饭店发展思路

高星级饭店一般是指四星、五星级饭店。从2006年开始评比白金五星等级，目前共有北京中国大饭店、上海波特曼丽嘉酒店、广州花园酒店3家饭店获得此殊荣。原国家旅游局监督管理司历年发布的全国正式挂牌的星级饭店统计数据显示，2010年我国共有星级饭店11781家，2014年则只剩11180家，五年间星级饭店数量减少了601家。五星级饭店数量由2015年的870家降至2018年的816家，这与饭店业面临的环境分不开，一方面部分饭店为了获取更多客源，申请主动降星；另一方面，消费者风向标不断变化，星评标准所占的比重逐渐减少。

我国高星级饭店的提升途径有：

1. 特色化经营

在高星级饭店市场总体供过于求的形势下，培育特色饭店的时机日渐成熟。一方面，消费者有了更多的选择，需求开始出现多样化，随着顾客消费经历日益丰富、消费能力日渐增强，他们不想再忍受"千店一面"的雷同感，市场需要有特色、提供高度个人关注的高星级饭店的出现；另一方面，饭店企业为了应对市场竞争日趋激烈的现状，开始摒弃价格竞争，转而采取差异化竞争战略，运用企业流程再造的方法，结合设计师理念、重新设计产品和服务流程，这样脱离传统批量生产理念的特色饭店就应运而生了。未来高星级饭店的特色化可能集中在以下几个概念上。

（1）自然概念。以自然资源为特色的饭店通常依附于著名的风景旅游目的地，拥有优美清静的环境与较为独特的自然资源，如热带海滨、温泉、雪山等。此类饭店的设计和运营特别注意保护当地的自然生态环境，建筑形态上完全融入自然环境，而不拘泥于"大堂不设空调且四面通风是否影响客人舒适度"此类话题。服务流程设计使得客人充分享受自然，如沙滩餐厅、露天SPA等创意。

（2）文化概念。以文化为特色的饭店通常比邻著名的人文旅游目的地，如历史遗迹、人文景点、主题公园等。此类饭店的设计和运营适当地还原和再现历史积淀和当地的民风民俗，增强住店客人对饭店营造文化氛围的认同感，进而提高客人的忠诚度。

（3）低碳概念。"低碳"是建设资源节约型、环境友好型社会对饭店行业提出的必然要求，也是可持续发展理念在饭店行业的具体实践。低碳饭店是将低碳消耗贯穿于整个生产过程，且以低能耗、低污染、低排放为主要生产方式和消费模式运营的饭店。此类饭店项目的投资运营不光要在建筑材料、设备设施、管理方式上注意节能减排，还要在消费方式上引导消费者树立低碳意识，如推行与顾客忠诚计划相类似的"碳积分"计划（宾客节约下来的一次性用品、布草洗涤量等可以换购其他饭店产品等），以"低碳"为卖点，树立饭店企业的低碳形象。

2. 加强集团化进程，提升品牌价值

饭店业集团化可以有效提高资源的利用率，推广管理知识、运作标准，拓展市场营销网络，提升品牌认可度，并有利于在服务质量、管理水平、战略方针等方面达到国际水平。

3. 饭店营销网络化

营销网络化指饭店企业在开展营销活动时，要综合利用"关系网络"和"互联网络"，通过"人工网络"和"电子网络"的互补，全方位构建饭店企业的营销网络。"关系网络"营销区别于原先的营销方式，较好考虑了我国国情。传统营销活动突出的是顾客和饭店双方交易行为的金钱色彩而忽略了双方之间的感情色彩，而关系营销注重巩固饭店和宾客的关系，以建立长期的交易关系为营销目标。

4. 发展物流促进饭店业多渠道合作

饭店物流的产生源于现代人的生活需要，随着国际生活与工作的融合度加强，中外旅游消费需求的规模不断地扩大和延伸，饭店物流的运营质量如何就成了饭店能否真正发展的重要环节。饭店业需要的物流应是能帮助饭店最终减少吊滞物料及仓库面积，降低库存资金及库存周期，从而降低供应链成本。

5. 狠抓人力资源开发与管理，完善人才储备、使用与激励机制

饭店管理层应做好人力资源规划、人员配备、考核与报酬设计、培训与发展，并建立与维持有效的工作关系。为尽快与国际接轨，高星级饭店还可以通过引进外籍员工，担任相应职能管理工作，以带动本土高星级饭店员工和管理人员尽快熟悉国际饭店经营管理规则。

探访中国首家亚特兰蒂斯酒店

8.6万尾海洋生物自在游弋的水族馆、位于海底世界可与鱼群同眠的水底套房、20万平方米的水世界……位于海南三亚海棠湾的中国首家亚特兰蒂斯酒店2018年春节期间开始对外营业，掀开了神秘面纱。

三亚亚特兰蒂斯酒店占地54万平方米，投资逾百亿元，由复星集团和柯兹纳国际酒店管理集团联手打造，是一座集度假酒店、娱乐、餐饮、购物、演艺、特色海洋文化体验等丰富业态于一体的旅游度假综合体。

这座海洋主题的度假胜地以惊险刺激的水世界冒险乐园、神秘奇幻的水族馆、互动性极强的海豚湾等，构筑起了一个充满创想与乐趣的世界。

在三亚亚特兰蒂斯度假酒店中，最为神秘的一隅，当属"失落的空间"水族馆。

亚特兰蒂斯的神话源自古希腊哲学家柏拉图的著作，至今已流传千年之久。而"失落的空间"水族馆重新诠释了亚特兰蒂斯的神话，为人们重塑了一个神秘的亚特兰蒂斯帝国。

漫步"失落的空间"水族馆，沿着交错的迷宫隧道和主题鲜明的走廊边走边看，仿佛走进了失落的乌托邦文明。在这个神奇的海底世界，池水在灯光的映射下呈现出奇幻多变的颜色，8.6万尾海洋生物自在游弋，包括鲨鱼、鳐鱼、水母、倒吊鱼等在内的逾280种淡水和海水生物让游客目不暇接。

除了饱览海底亚特兰蒂斯王国遗迹和各类异域海洋生物，游客还可以参加水族馆的潜水体验项目，与数万尾海洋生物近距离接触。

此外，"失落的空间"水族馆还寓教于乐，设有极富教育性意义的海洋生物展示池和大使环礁湖，游客在欣赏壮丽水下世界的同时，可以学习海洋生物与海洋环境的相关知识。大使环礁湖含有13500吨海水，相当于5个标准游泳池，这使"失落的空间"成为世界上极具代表性的水族馆之一。

"太美太震撼了！"来自海口的游客在参观完水族馆后说："这真是一段奇妙的海底世界之旅。"

据了解，三亚亚特兰蒂斯酒店拥有1314间全海景客房，其中最大套房达1061平方米，而最让人惊叹的是酒店的5间水底套房。透过卧室和浴室的落地窗，客人可欣赏到水族馆大使环礁湖的壮丽景致，更能与奇趣曼妙的海洋生物共居共眠。

"我们的目标是为游客提供超凡的度假体验，游客不出酒店就能享受到各种各样的娱乐休闲项目。"三亚亚特兰蒂斯酒店董事总经理海科说，三亚亚特兰蒂斯酒店将推动三亚乃至海南旅游度假模式全新升级，促进海南旅游国际化发展。

资料来源：周慧敏.探访中国首家亚特兰蒂斯酒店[EB/OL].(2018-02-18)[2019-07-15].http://m.xinhuanet.com/hq/2018-02/18/c_1122426947.htm.

高星级酒店集中"退星"，背后有怎样的原因？

2016年9月，全国旅游星级饭店评定委员会发布公告，取消武汉光明万丽酒店五星级旅游饭店资格，原因是该酒店没有参与五星复核。从2015年至今，武汉已有3家五星级酒店退星，之前武汉白玫瑰酒店、华美达天禄酒店已退出五星级饭店的评选。

我们在位于武昌汪家墩的光明万丽酒店看到，大厅豪华气派，办理入住的客人不多，标间挂牌价均在千元以上，只是大堂里五星级酒店的标识暂时还未撤下。酒店不少员工已知退星的事情，一工作人员对记者说，其实只要服务档次不变，是不是五星并不重要。

谈及为何选择退五星，光明万丽酒店相关负责人说，光明万丽在武汉已有9年，客户群体基本锁定，他们多数也不在乎是否五星，而酒店感到五星级旅游饭店资格复核手续比较烦琐，不愿意花费大量精力参与，所以决定退出。该负责人预测，退出五星对于酒店的客流和生意并不会带来影响。

目前，武汉五星级酒店已不足10家，至少还有17家酒店达到五星级标准但没有参与评星，有的酒店装修豪华档次甚至超过一般五星级标准。一方面多家酒店退星，还有万达瑞华、嘉华等高档酒店表示不参评五星；另一方面汉口泛海喜来登酒店刚刚评为五星级旅游饭店。在激烈的市场竞争中，武汉高星级酒店开始差异化竞争，在特色经营和创新上想办法，在高星级酒店日益增多、效益下滑的困境中突围。

武汉旅游局相关负责人分析，高星酒店退星后自主性会更大些。比如有的五星级酒店受大环境影响亏损增加，退后可以纳入政府采购名单。此外酒店可以减少游泳池、健身房等硬件设施的维护保养费用，也可面向大众消费，自主调节房价。有的酒店开始办月子中心，还有的开始卖素菜自助餐和卤菜，抢占大众消费市场。

资料来源：戴辉.武汉高星酒店"退星"为哪般[N].楚天金报，2016-09-01.

思考题

1. 我国星级饭店的划分与评定有何目的？
2. 是否所有的饭店都要加入星级饭店的评定？要考虑哪些因素？

测试题

绿色饭店

第五章 绿色饭店

引言

目前，随着节约型社会建设的进一步深入，倡导绿色消费、保护生态和合理使用资源的绿色饭店成了未来饭店业发展的一大趋势。与传统饭店相比，绿色饭店提倡减量化、再使用、再循环、替代性的生产与消费原则，在某种意义上来说节约了饭店的运营成本和提升了饭店的社会形象，并在生产经营过程中加强对环境的保护和资源的合理利用。

教学目标

知识目标：

▶ 掌握绿色饭店的概念、特点及发展背景。

▶ 掌握发展绿色饭店的必然性。

▶ 了解绿色饭店的建设思路。

核心概念：

▶ 绿色饭店

第一节 绿色饭店概述

一、绿色饭店的含义

"绿色饭店"，迄今为止这个概念还没有一个明确的解释。因为，随着社会经济的发展、饭店行业经营管理的不断创新、环保技术的持续进步以及消费者消费行为的不断变化，"绿色饭店"的概念也在不断地发展。绿色饭店在国际上被称为green hotel，这是一种约定俗成的说法，也称为"生态效益型饭店"（eco-efficient hotel）或"环境友好型饭店"（environmental-friendly hotel）。这些提法反映了绿色饭店的某些基本特征，是事物不同层面的体现。绿色是一种比喻说法，是用来指导饭店在环境管理方面的发展方向。2002 年 4 月，中国饭店协会在北京举办的"中国绿色饭店发展论坛"上，许多专家、学者发表了各自的见解，对"绿色饭店"的概念做了颇有见地的、具体的解释，并达成一致意见：绿色饭店是指运用安全、健康、环保理念，坚持绿色管理，倡导绿色消费、保护生态和合理使用资源的饭店。绿色饭店的核心是在为顾客提供符合安全、健康、环保要求的绿色客房和绿色餐饮的基础上，在生产运营过程中加强对环境的保护和资源的合理使用。

绿色饭店的"绿色"，其含义有三层：

第一，提供的服务本身是绿色的。即要为顾客提供舒适、安全、符合人体健康要求的绿色客房和绿色餐饮等。

第二，服务过程中使用的物品是绿色的。要求用于服务的所有物品是安全、环保的。

第三，经营管理过程中注重生态保护和资源的合理利用。

总之，要在确保服务品质的前提下，做到尽量节省能源，降低物质消耗，减少污染物和废弃物的排放。

二、绿色饭店的特征

（1）建设。饭店的建设经过科学的论证、合理的规划设计，充分利用自然资源，减少人为的影响和破坏，将周围环境质量损失降到最低点。

（2）营运。减少对能源的使用，采用自动化控制技术，提高设备的运作效率，减少对外界环境的排放，做好节约用水、能源管理、减少排污以及垃圾分类等工作。

（3）物资。一次性用品按顾客意思更换，减少洗涤次数。不使用一次性发泡塑料餐具、一次性木质筷子等。

（4）服务与产品。首要条件是符合安全卫生标准，同时，开发各种环保型产品、绿色产品满足人们的需要。例如饭店开设绿色客房、无烟餐厅、提供绿色食品、开展保健服务项目等。饭店还需要通过室内外的环境绿化为客人创造一个良好的自然空间。

（5）社会意识。饭店积极参与社会环保活动。

三、绿色饭店的由来

人类社会已经在经济增长与环境保护相背离的道路上走过了数百年。一方面，经济飞速增长，生活不断改善；另一方面，资源极大消耗，环境遭受严重破坏。人类认识到不能再以牺牲环境和挥霍资源的代价去获取经济的一时增长，让经济、生态、社会共同实现可持续发展已成为有识之士的愿望，而绿色浪潮正是此种愿望的生动体现。

目前我国正处于经济高速增长时期，人们的环保意识却依然薄弱和欠缺，环境污染和生态破坏依然严重，"线性"的经济发展依然大量存在。在十六届五中全会制定的"十一五"规划中提出了"环境友好型社会"的概念，强调了把节约资源作为基本国策，发展循环经济，保护生态环境，加快建设资源节约型、环境友好型社会。这就告诉我们，循环经济是今后我国经济发展的基本模式，绿色理念将越来越成为各行各业的基本经营理念。

（一）外在压力因素：全球环境恶化

从产业革命开始到第二次世界大战之后20年的时期内，生产力得到了飞速的发展。然而，伴随着城市化、产业化发展的进程，能源和各种资源的消耗成倍增长，城市污染与工业污染同时爆发。人们向自然环境无节制地索取了大量的有限资源，同时向环境排放过多的有害物质，超过生态环境所能承受的限度，导致各国都出现不同程度的资源短缺和环境污染问题，并引起了一系列的环境灾难，如震惊世界的"八大公害"事件。这种对人类自身的惩罚，通过量变到质变的转换，终于引起人们对自然、生态、环境和资源的高度关注。20世纪80年代中期，欧洲发起了一系列追求人与自然和谐相处的"绿色行动"，并向社会生活和经济领域的各个方面渗透，如绿色食品、绿色服装、绿色住宅、绿色汽车等，绿色饭店就是在这样的"绿色浪潮"下产生的。

（二）强制引导因素：国际社会与各国政府的努力

国际社会为促进环保事业的发展付出了极大的努力，并取得了显著的成效。1992年，联合国环境与发展大会在里约热内卢确定了实现可持续发展的《21世纪议程》。1995年1月，世界贸易组织正式成立后，召开了许多环保方面的国际会议，签订了许多环保方面的国际公约与协定，在一定程度上为绿色运动的发展铺平了道路。可以看出，环境行为不仅受到国内力量的制约，也受到了国际力量的制约。绿色饭店就是适应国内外形势而全面发展的。

（三）物质保障因素：经济和技术进步

企业实施绿色行动，不论是开发绿色产品，实行清洁生产，还是节能节源，整治污染，都需要两个必不可少的条件：资金和技术。二战后，世界经济的持续发展和科技进步为绿色浪潮运动的开展提供了必要的资金与技术。一些国际著名饭店集团如内陆饭店集团、香格里拉集团等凭借自身雄厚的实力设立专门的绿色基金和技术顾问用于改善企业的绿色表现，实施绿色战略。绿色科技在国外得到了高速发展，其研发费用每年递增10%以上。产品领域涉及能源利用、污染防治、废物回收、产品开发、材料更新等各个方面，客观上为绿色饭店的发展提供了必要的物质技术保障。

（四）内在动力因素：绿色市场需求

首先，随着人们生活水平的普遍提高，消费者物质需求得到了满足之后，便产生了提高生活综合质量的需求，其消费目标不再只是生存，而是健康、安全、舒适地和谐发展。同时，信息化的竞争、契约化的人际关系、高速度的生活节奏，以及环境污染和生存危机等因素激发了消费者怀旧的情绪与返璞归真的愿望和要求。其次，消费者还从社会道德和社会责任感的角度出发，自觉或不自觉地承担起保护生存环境的责任。而一旦消费者需求演化成现实的需求，就形成了巨大的市场动力，构成了一种能带来巨大利益的潜在市场，于是，广大投资者和生产者一方面为了自身的长远发展和利益，不得不重视企业战略中的环境与资源因素；另一方面，为了能早日进入这个市场以获得先期利益和竞争优势，又不得不去开发这个市场。于是，生态旅游、绿色饭店应运而生。

四、绿色饭店的发展历程

（一）国外绿色饭店发展

20世纪80年代中后期，欧洲的一些饭店开始意识到饭店对环境保护的作用，随之逐渐开展有关环境管理方面的工作，并初步建立符合自身情况的环境管理标准，取得了显著的成效。如1987—1989年，欧洲国家特别以德国、北欧为主，率先提出"绿色酒店"的概念，并将其作为一个课题进行研究，通过开展绿色活动，有效地减少能源成本达27%。丹

亚洲十大
绿色饭店

麦饭店在确保服务质量不降低的情况下，同样采取相应措施开展绿色活动，每年节约近25%的电能和热能消耗，并且随着管理的进一步完善，能源消耗还进一步下降。雅高集团则专门制定了《雅高酒店管理环保指南》，将该指南传达至其经营管理的各家饭店，并据此开展全面的环境管理工作。

1991年，"威尔士王子商业领导论坛"创建了"国际旅馆环境倡议"机构，该机构是由世界11个著名饭店管理集团组成的一个委员会，由查尔斯王子任主席。1993年，英国查尔斯王子倡议召开了旅馆环境保护国际会议，通过了由世界11个著名的饭店管理集团签署的倡议。目的是指导饭店业实施环保计划，改善生态环境，加强国际合作，促进政府、社区、行业及从业人员对饭店的可持续发展达成共识，并付诸实践。随后，来自十大国际饭店连锁组织的资深人士共同倡议并成立了国际饭店环境管理协会（international hotels environment initiative，IHEI）。由此，饭店业的环境管理不再是一家饭店、一个集团的行为，而是全球饭店行业的行为。创建绿色饭店不仅是企业效益和形象的需要，更是全球旅游业可持续发展的需要。

1992年，联合国环境与发展大会发表了《里约热内卢宣言》，各国根据这一宣言纷纷制定自己的环境管理标准，从而引发了世界性的"绿色生产"和"绿色产品"的热潮。

1995年，世界经济合作发展组织定义"绿色生产"为一种一体化的预防性环境战略不断运用于工艺和产品，以期减少对人体和环境的风险的综合措施，它也被称为"低废和无废技术、废物最少化和废物削减"。可以看出，当时并没有包括旅游景点、饭店、教育等服务业，但第三产业对环境的影响及第三产业的环境管理在国际上已经较早受到重视，如联合国环境规划署提供了可供旅馆利用的非正式材料"旅馆行动软件包"，指导旅馆业的环境管理。

1995年，加拿大全国酒店协会授权加拿大泰勒乔斯环境服务公司制定了世界上第一部饭店业的"绿色"分级评定标准，当时已有近200家饭店2000多种饭店用品通过绿色饭店专用品标志认定。在美国运通公司设立的专项基金资助下，这项评定

标准已经推广到全美国，越来越多的北美饭店和汽车旅馆加入了申请队伍。

（二）我国绿色饭店发展

20世纪90年代中期，"绿色饭店"的理念传入我国，北京、上海、广州等一些大城市的外资、合资饭店和一些由国外管理集团管理的饭店开始实施"绿色行动"。这一阶段的行动大部分局限于降低物资消耗和减少固体废弃物上。

1999年，"中国生态旅游年"正式拉开序幕，保护环境、改善环境成为当年中国旅游行业的主旋律。为更好地配合这一主旋律，浙江省旅游局、浙江省计划以及浙江省经济委员会、浙江省环境保护局共同发起在浙江省范围内倡导创建"绿色酒店"的活动，这是国内首次在全省行业内开展的创建"绿色酒店"活动。这一"绿色"活动的倡导得到了非常广泛的响应，全省范围内共有100多家饭店提出了申请。经过一年多的努力，于2000年6月，浙江省评出了第一批"绿色酒店"。此后，地区性的、以环保为主要内容的绿色饭店标准也在深圳、广西、四川、河北、山东等一些省市出台。

2003年2月20日，国家经济贸易委员会颁布了《绿色饭店等级评定规定》国家行业标准，并于2003年3月1日起正式实施，在国内饭店行业中展开了广泛推广。这一规定用安全、健康、环保三项指标对饭店进行分级与评价，符合相应标准的星级饭店将被授予绿叶标志，自此以后"绿叶"与"金星"一样，成为入住客人第一时间确定所要入住的饭店服务水平的重要依据。

2006年3月，国家旅游局正式发布并实施《绿色旅游饭店》新标准；2006年10月，由中国旅游酒店业协会和《酒店现代化》杂志社共同发起的"创建绿色旅游饭店万里行"活动拉开序幕。这次活动有数千家饭店参与，这样的规模引起了社会各界的广泛关注并取得了良好的社会效益。此活动共历时一个半月，总行程近万里，途经22座城市，最终圆满结束。

2006年，"十一五"（2006—2010年）规划纲要中提到了为建设资源节约型、环境友好型社会，落实节约资源和保护环境基本国策，需建设低投入、高产出，低消耗、少排放，能循环、可持续的国民经济体系。国务院在《关于做好建设节约型社会近期重点工作的通知》中也明确谈到，在宾馆酒店业要积极开展"争创绿色饭店"活动。

自国家行业标准发布以来，中国饭店协会相继制定了一系列实施细则，从安全、健康、环保三个主要领域为企业提供了具有实际操作性的框架性指导意见，并不断根据实践进行补充和完善。各省（区、市）积极推进绿色旅游饭店创建活动，大量饭店加入到创建绿色饭店的行列中来。

2015年，在新的旅游经济背景下，国家旅游局修订了2006年版行业标准，形成《绿色旅游饭店》（LB/T 007—2015），引领绿色饭店树立起正确的环境资源保护理念，科学节能降耗、减排。

第二节 │ 绿色饭店评定标准

一、我国绿色饭店标准修订背景

（一）中国旅游饭店业发展的新要求

我国旅游业经过30多年的发展，已经达到了相当的规模，在新的形势下，旅游业面临着转型升级。国务院2015年发布的《关于促进旅游业改革发展的若干意见》明确提出了旅游业深化改革，转变发展方式的要求，提出："推动旅游开发向集约型转变，更加注重资源能源节约和生态环境保护，更加注重文化传承创新，实现可持续发展；推动旅游服务向优质服务转变，实现标准化和个性化服务的有机统一。"研究表明，旅游业中对生态环境影响最大的部分是饭店的运营，因此，实现旅游业向集约型转变，节约资源、能源和生态环境保护的一个重要环节是饭店业的"绿色化"发展。只有在全国范围内，充分、有效地实施"绿色饭店"创建工程，才能实现饭店业可持续发展的目标。

（二）绿色饭店工作进入新阶段

《绿色旅游饭店》标准自2006年颁布实施以来，得到了业界广泛的响应，很多饭店对照标准，在饭店内部实施各项改进措施。该标准中的部分条款得到业界的广泛认同，成为旅游饭店星级评定标准中的内容。同时，该标准的实施逐渐改变了行业发展中的一些传统观念，成为饭店业转型发展的重要推动力。

当前，随着公众环保意识的增强，国家对环境保护的高度关注，饭店的"创绿"工程已经不仅仅局限于能源管理、减少消耗品使用、客房的棉织品洗涤等方面，绿色旅游饭店创建需要进入新的发展阶段，饭店的"绿色"需要深化。深化饭店"创绿"工作体现在两方面：一是饭店"绿色化"的内涵深化发展，二是"绿色旅游饭店"标准适宜性的提升。

（三）原标准存在的主要问题

2006年颁布实施的《绿色旅游饭店》（LB/T 007—2006），为我国饭店业的节能减排和环境保护活动起到了重要的指导作用，在各省市旅游局、星级评定委员会和协会的推动下，已经指导评定了数千家金叶级、银叶级绿色旅游饭店，在饭店业享有良好的声誉。但随着时代的发展和科技的进步，也能够发现原标准存在的一些问题和不足。这些问题表现为以下几个方面。

（1）部分内容已经成为饭店业界的共识，成为一种基本的管理规范，已经不需要在标准中做出特别的要求。

（2）我国的环境质量现状和公众对环境的要求已发生了较大的变化，标准中的部分条款不能很好地反映现状。

（3）环境保护、节能减排技术在饭店得到了广泛的应用，标准已经无法反映饭店新技术应用的情况，部分条款需要有相应的调整。

（4）部分条款内容上有重复，需要予以调整。

（5）部分条款在执行上或检查上可操作性不强，影响标准的执行，需要予以调整。

二、绿色饭店的标准和基本要求

绿色饭店评定依据《绿色旅游饭店》（GB/T 007—2015）进行，具体要求如下。

（一）绿色旅游饭店的划分与参评资格

绿色旅游饭店分为金叶级和银叶级两个等级。金叶级达到附录B评定细则240分，银叶级达到附录B评定细则180分。附录B中每一大项均需达到60%的分值以上。全国范围内，正式开业一年以上，并满足附录A要求的旅游饭店具有参加评定的资格。

（二）评定机构和权限

全国旅游星级饭店评定机构统筹负责绿色旅游饭店的组织、领导、评定工作，制定评定工作的实施办法和评定细则，授权、督导省级以下旅游星级饭店评定机构开展绿色旅游饭店的评定工作，保有对各级旅游星级饭店评定机构所评绿色旅游饭店的否决权，并接受文化和旅游部监督。

省、自治区、直辖市旅游星级饭店评定机构按照全国旅游星级饭店评定机构的授权和督导，组织本地区绿色旅游饭店的评定与复核工作，保有对本地区下级旅游星级饭店评定机构所评绿色旅游饭店的否决权。同时，负责将本地区所评绿色旅游饭店的批复和评定检查资料上报全国旅游星级饭店评定机构备案。评定机构应吸收有关专业技术部门代表参加，并接受各省、自治区、直辖市旅游行政管理部门监督。

其他城市或行政区域旅游星级饭店评定机构按照全国旅游星级饭店评定机构的授权和所在地区省级旅游星级饭店评定机构的督导，实施本地区绿色旅游饭店的推荐、评定和复核工作。同时，负责将本地区绿色旅游饭店的推荐或评定检查资料上报省级旅游星级饭店评定机构。评定机构应吸收有关专业技术部门代表参加，并接受各城市或行政区域旅游行政管理部门监督。

（三）评定程序

饭店向所在城市或行政区域旅游星级饭店评定机构提交评定申请报告及有关表单。

饭店所在城市或行政区域旅游星级饭店评定机构，向省级旅游星级饭店评定机构推荐申报饭店，或根据授权对申报饭店进行评定，并将有关评定检查情况上报省级旅游星级饭店评定机构备案。

省级旅游星级饭店评定机构对申报饭店进行评定。评定后，达到标准要求的予以通过并公告，同时，上报全国旅游星级饭店评定机构备案，并由全国旅游星级饭店评定机构颁发证书及绿色旅游饭店标志牌。未达到标准要求的，不予通过。

（四）标志管理

绿色旅游饭店标志实行自愿申请，强制管理制度。经评定的绿色旅游饭店授予相应的标志，并颁发证书。

绿色旅游饭店标志牌由全国旅游星级饭店评定机构统一制作、核发，任何单位或个人未经授权或许可，不得擅自使用。

经评定的绿色旅游饭店，由省级旅游星级饭店评定机构每三年进行一次复核。复核结果上报全国旅游星级饭店评定机构备案。

标志的有效期为五年（自颁发证书之日起计算）。到期必须重新申请、评定。

企业在使用标志期间，一经发现与标准不符或给消费者带来直接的、间接的利益损害的行为即予以取消标志的使用权，并且在有关媒体予以公告。

凡标志使用有效期满而不继续申请的，不得继续使用标志。

知识拓展

绿色旅游饭店必备要求及其他各项要求

节选自《绿色旅游饭店》（LB/T 007—2015）

4. 基本要求

4.1 环境管理要求

4.1.1 饭店在运营管理中应遵守环保、节能、卫生、防疫、规划等方面的法律法规和其他要求，承诺污染预防并持续改进饭店的环境绩效。

4.1.2 饭店应构建有实施绿色旅游饭店的创建与管理的组织体系，开展培训并创造能使员工充分参与创建与管理绿色旅游饭店的内部环境。

4.1.3 饭店应制定绿色旅游饭店的环境方针和目标指标，建立并实施有关环保、节能、污染预防以及倡导绿色消费、绿色采购等方面的规章制度和管理要求。

4.1.4 饭店应因地制宜、形式多样地开展绿色旅游饭店的宣传、推广活动，鼓励饭店消费者、供应商参与绿色旅游饭店的实施工作。

4.2 环境质量要求

4.2.1 饭店锅炉大气污染物排放应符合《锅炉大气污染物排放标准》。

4.2.2 饭店厨房排烟应符合《饮食业油烟排放标准》。

4.2.3 饭店污水排放应符合《污水综合排放标准》。

4.2.4 饭店垃圾分类及管理应符合《城市生活垃圾分类及其评价标准》。

4.2.5 饭店噪声排放应符合《声环境质量标准》。

4.2.6 新建、改建饭店或饭店实施局部的改造装修工程后，室内的空气质量应符合《民用建筑工程室内环境污染控制规范》，运营中的饭店，室内空气质量应符合《室内空气质量标准》。

4.2.7 饭店能源计量系统应符合《用能单位能源计量器具配备和管理通则》的要求。

4.2.8 饭店在一年内未出现重大环境污染事故，无环境方面的投诉。

5. 设计要求

5.1 环境设计

5.1.1 饭店建设应有环境影响评价，符合土地利用规划的要求。

5.1.2 饭店选址和设计能保留和利用地形、地貌、植被和水系，保护生态系统和文化景观。

5.1.3 饭店内外有良好的绿化设计。

5.2 绿色建筑设计

5.2.1 饭店对建筑材料和结构体系进行选择和评估，有对建筑的体量、体形、平面布局、外围护结构进行节能设计，减少建筑能耗。

5.2.2 饭店积极采用太阳能、风能、生物质能和地热等再生能源。

5.2.3 饭店因地制宜，积极利用周边企业余热、废热；采用冷热电联供、集中供热等能源利用方式。

5.2.4 饭店充分考虑建筑的热、声、光环境以及室内空气质量，综合设计、配置设备，创造舒适、健康的室内环境。饭店室内温度、照度水平符合《宾馆、饭店合理用电》的规定、噪声水平符合《民用建筑隔声设计规范》。

5.2.5 饭店采取节水设备、中水回用、收集雨雪水等设计，降低水资源的消耗。坐便器符合《坐便器用水效率限定值及用水效率等级》标准。

6. 能源管理要求

6.1 基础管理

6.1.1 饭店应建立耗能设备分类与计量仪表台账。

6.1.2 饭店应建立能源统计、分析工作制度，定期编制能源使用的分析、改进报告。

6.1.3 饭店应建立能源管理制度和设备操作规范。

6.1.4 饭店应建立能源使用的培训制度。

6.2 使用管理

6.2.1 饭店所有设备应得到正确的使用和良好的维护，保持设备运行正常、能耗正常。

6.2.2 饭店的各项操作规程应得到持续的改进，以减少操作中能源的浪费。

6.2.3 饭店应及时更新陈旧、低效、高能耗设备，采用合同能源管理模式开展节能技术改造。

6.2.4 优化饭店能源结构，降低单位综合能耗水平和饭店的综合能耗费用。

6.2.5 饭店应不断提高能源使用管理的技术手段，实现能源使用管理的系统化、智能化。

7. 水资源使用管理要求

7.1 水资源使用管理

7.1.1 各部门和各大型用水设备建立用水标准，节约用水。

7.1.2 改进操作过程，建立用水规范，杜绝水资源浪费。

7.1.3 采用各种水资源再利用措施或技术。

7.1.4 有提高客人节水意识的宣传告示。

7.2 原材料消耗管理

7.2.1 减少各类纸张的使用量，积极采用各种纸张使用的替代措施或减量措施。

7.2.2 办公用品按需使用，提高办公智能化的水平。

7.2.3 餐饮食品原材料按需分类分质有效利用，减少浪费。

7.2.4 工程零配件、装修材料等按需使用，充分利用。

7.2.5 洗涤剂、清洁剂的使用应设立使用标准，配置量具或相应设备，严格按标准剂量使用。

7.3 客用物品消耗管理

7.3.1 客房用棉织品在满足客人要求的前提下，减少更换和洗涤的次数，实施一客一换。

7.3.2 减少客房内一次性消耗品的使用。

7.3.3 积极采用生态、环保型材料制作的客房物品。

7.4 资源回收利用

7.4.1 各种废弃的物品应建立分类回收制度，实施分类回收。

7.4.2 饭店采用各种措施，实现废弃物品的再利用。无法实现再利用的废弃物品，饭店应妥善保存，交由合法组织回收处理。

8. 污染预防与控制

8.1 大气污染物排放控制

8.1.1 饭店不使用以破坏臭氧层物质为工质的各类消防、制冷设备。

8.1.2 改进能源结构，对锅炉排烟进行处理，减少形成酸雨的硫氧化物、氮氧化物的排放，减少二氧化碳等温室气体的排放。

8.1.3 安装厨房油烟净化设备，减少油烟排放。

8.2 水污染物排放控制

8.2.1 厨房设置隔油池，定期清理，运行正常。

8.2.2 各类污水处理设备完善并运行正常。

8.2.3 未进入城市污水管网的污水排放必须通过专门的污水处理达到一级排放标准排放。

8.3 垃圾房的设置和管理

8.3.1 饭店设置专门的垃圾房临时存放垃圾；垃圾房应为封闭式空间，并有垃圾污水排放及处理设施。

8.3.2 垃圾桶分类、标识清楚，符合《生活垃圾分类标志》（GB/T 19095）的要求。

8.3.3 饭店建立有垃圾分类、储存、运输管理制度并严格执行。

8.4 有毒有害废弃物管理

8.4.1 饭店建立有毒有害废弃物清单和回收程序，并有妥善的存放措施。

8.4.2 有毒有害废弃物由合法的专业组织回收处理。

8.5 厨余废弃物管理

8.5.1 厨房废油专门收集，交由合法机构回收处理，不能直接排放。

8.5.2 厨余垃圾和餐厅剩余的食品垃圾交由专门机构回收处理，或自行无污染处理。

8.6 植物养护剂和虫害防治药品管理

8.6.1 饭店植物养护剂和虫害防治药品有专人管理，记录清楚。

8.6.2 植物养护过程应在室外或专门的场所进行，养护过程完成后才能放置室内。

8.6.3 虫害防治药品的投放和使用符合使用规范并对客人有专门的告示。

9. 产品与服务提供

9.1 安全食品

9.1.1 提供安全、无污染食品，如绿色食品、无公害食品、有机食品等。应建立食品检验制度。

9.1.2 食品原材料加工场所符合卫生要求，应当有相应的消毒、更衣、盥洗、采光、照明、通风防腐、防尘、防蝇、防鼠、洗涤、污水排放、存放垃圾和废弃物的设施。

9.1.3 食品存放、加工设备设置合理，防止食品交叉污染或受到其他物品污染。

9.1.4 各类餐具、饮具必须洗净、消毒，并保持清洁。

9.1.5 过期食品及时处理。

9.2 绿色客房

9.2.1 室内空气质量优良，无烟味、无异味以及装修材料污染。客房新风系统、卫生间排风系统有效，客房新风量达到每小时30～50立方米。

9.2.2 良好的隔噪处理，室内噪声低于35分贝。室内设备无噪声排放，提供无噪声冰箱、恭桶，空调出风口的减噪处理等。

9.2.3 提供利于改善室内环境的植物。

9.2.4 提供优质饮用水；提供优质、恒温、压力适宜的盥洗用水。

9.2.5 提供优质照明。

9.2.6 室内设备运行，如中央空调、照明等实现智能化控制，并方便客人使用。

9.2.7 客房采用建筑遮阳技术和自然通风。

9.2.8 与客人有效沟通，有室内环境质量信息，棉织品更换、物品减量使用方面的告示。提供环保读物，提升客人环保理念。

9.2.9　客房楼层设置专门的吸烟区。

9.2.10　客房楼层电梯有新风系统。

9.3　绿色餐厅

9.3.1　餐厅设施定期清洁、消毒，符合《公共场所卫生管理条例》的要求。

9.3.2　餐厅空气质量优良，无烟味、无异味，通风良好。

9.3.3　餐厅明档配备良好的排油烟装置。

9.3.4　不加工、销售野生保护动物。

9.3.5　餐厅装饰用植物无污染。

9.4　服务提供

9.4.1　严格操作规范，确保食品质量和服务人员个人卫生符合标准。

9.4.2　提供适量点餐服务，按需配置食品分量，减少浪费。

9.4.3　餐厅提供打包、存酒等服务。

9.4.4　餐厅不提供一次性餐具。

9.4.5　饭店设置自助服务区，如公共洗衣机、熨烫服务区、自动贩卖机、电脑等。

10. 安全与员工健康管理

10.1　安全管理

10.1.1　识别饭店安全隐患，建立饭店火灾、人员伤亡、电梯困人、泳池溺水、设备伤害等突发事件的紧急处理预案，定期进行演练，确保紧急状态下，预案的有效实施。

10.1.2　饭店特种设备应由专人管理，操作人员应受到专门的培训。特种设备应按照规范操作。

10.1.3　客用设施定期维护检查，确保安全。识别客用设施中存在的安全隐患，及时排除纠正。

10.1.4　饭店公共区域的作业施工，应给予设置围护，并有明显的告示；作业时有专人管理。

10.1.5　饭店监控设施完善、有效。

10.2　员工健康管理

10.2.1　做好员工工作防护，对接触各类化学品、各类有毒有害污染物的员工，要建立完善的防护措施。

10.2.2　为员工提供环境良好的休息、用餐场所。

10.2.3　设立员工心理辅导站，提高员工的心理健康。

11. 社会责任

11.1　绿色理念宣传

11.1.1　通过各种措施和渠道向顾客宣传绿色理念，提高顾客的环保意识。

11.1.2　定期发布绿色饭店创建成效，与顾客分享。

11.1.3　采取奖励、优惠等措施引导顾客加入饭店绿色行动计划。

11.2　供应商管理

11.2.1 饭店选择合格供应商提供产品和服务，拒绝使用损害环境的供应商提供的产品。

11.2.2 饭店优先选择提供环保型产品的供应商。

11.2.3 饭店积极与供应商协商，在产品包装、物流、仓储等环节降低消耗、减少环境污染。

11.3 社区服务

11.3.1 参与社区的各种公益活动，协调饭店与社区的关系，减少饭店运行对社区居民的影响。

11.3.2 帮助社区居民改善生存环境和质量。

11.3.3 对社区开放公共活动设施。

11.3.4 开展社区环境保护宣传，提升公众环保意识。

11.4 环境绩效改善

11.4.1 饭店应按照《能源管理体系 要求》（GB/T 23331）建立能源管理体系，单位综合能耗水平逐年下降或达到《旅游饭店节能减排指引》（LB/T 018）中的先进指标。

11.4.2 饭店应按照《质量管理体系 要求》（GB/T 19001）建立质量管理体系，按照《环境管理体系 要求》（GB/T 24001）建立环境管理体系。

11.4.3 饭店主营业务收入与用水量和消耗品使用量的比例逐年下降或与上年持平。

第三节 绿色饭店的创建

一、创建绿色饭店的必要性

一直以来，饭店的管理者非常重视为旅客提供舒适的居住环境和客房，注重饭店的经济效益，这本无可厚非，但是饭店在很大程度上疏于对能源消耗问题的管理，导致饭店在经营过程中能源消耗大、利用率低。与此同时，消费者的消费观念及消费意识逐渐理性，越来越注意环境保护问题，饭店单纯依靠高档次、奢华来吸引消费者的做法已难以奏效。所以，我国的饭店要寻求新的发展契机，与世界水平同步，参与国际竞争，就要重视环境保护，积极创建绿色饭店。

创建绿色饭店的实践意义主要体现在以下几个方面。

（一）可持续发展的需要

旅游业是全球最大的第三产业之一，它强力地推动着全球经济的发展，同时也推动了饭店业的发展。但是很多饭店的管理者为了眼前的经济利益忽视了饭店对环境造成的伤害，如资源浪费、环境破坏等。饭店是一个高消费的地方，不仅要耗费大量的物资、能源，而且要产生大量的垃圾、排放大量的污染物。如饭店的空调设备要排放大量的浊气，厨房要排放大量的油烟，洗涤要产生大量的污水。据有关部门统计，一家四星级饭店的一间客房，一次性用品的年费用约1万元。由此可见，饭店的能耗、污染、浪费程度是不可轻视的。饭店绿色化可以有效地减少资源浪费，降低对环境的破坏程度，更好地体现可持续发展的理念和需要。

（二）能吸引更多的客源，增加市场份额，实现跨国经营的竞争战略目标

随着人们环境保护意识的日益增强，绿色消费深入人心，绿色产品越来越受世人青睐。通过绿色运营，饭店将向社会提供有益于人体健康与保护环境的产品和服务，这符合新的消费趋势，有利于饭店扩大市场份额。各国为保护环境并不单单衡量企业的经济效益，开始关注企业对环境的污染度，设置了很多的绿色贸易壁垒。饭店绿色化，可以使饭店轻松地通过这些绿色法案和壁垒，在条件允许的情况下，实现跨国经营。

（三）树立企业形象，获得公众好感，营造与当地社会融洽的氛围，增加核心竞争力

在全球生态环境严重恶化的情况下创建绿色饭店，不仅能够降低自身运营成本，同时还能减少对自然和社会的侵害，从而使饭店赢得消费者的尊敬与信赖，提升饭店的知名度和公众形象，提高企业的无形资产和品牌效益，使饭店拥有良好的口碑，吸引更多客人入住。如香港香格里拉酒店实施绿色管理，各类媒体争相报道，树立了很好的形象。浙江世贸君澜大酒店在寸土寸金的市区投入200万元建设了15200平方米的世贸广场大草坪，虽然每年还要投入20万元维护费用，但此举为美化城市环境做出了贡献，得到了社会各界的充分肯定，取得了良好的社会效益和环境效益。

（四）具有明显的环境效益和环保教育意义

饭店运行绿色化，既节约了能源，又减少了"三废"的排放量。不仅如此，通过绿化改善了环境，使周围自然环境得到改观，还能起到吸引客人来入住的作用。如位于三亚亚龙湾的凯莱酒店，用几年的不懈努力，将数万平方米的荒凉海滩改造成一座具有一定规模的热带植物园——南国风情园，园内铺垫了30厘米厚的营养土，种植了优质的草皮，各种热带奇树名花一年四季争奇斗艳，给昔日的盐碱沙滩披上了绿装，吸引了大批的客人前往入住。此外，一些饭店还通过捐款、组织员工外出植树造林来改善环境，也取得良好的环境效益。对饭店而言，通过绿色管理，提倡全体员工参与，可提高员工的环保意识、对企业的认知感和社会的责任感。不仅如此，饭店作为一个物质文明和精神文明的窗口，对提高整个社会的文明程度具有很大的辐射作用，绿色宣传将在一定程度上提高社会的环保意识。

二、绿色饭店的基本原则

绿色饭店需要一些基本的原则来指导实际工作以支持其持续改进和发展。

（一）再思考（rethinking）——转变观念

环境问题的产生并不是人们故意破坏的结果，而是人们在追求经济发展、提高生产力、提高生活水平过程中的一个副产品。尤其是20世纪90年代以来变得日益严重的环境问题，如固体废弃物的增加，与产品生产者的生产理念、人们的生活理念有密切的关系。所以，饭店要重新思考现行的生产方式、经营方式和服务方式，把环境因素作为一个重要内容来考察现有行为的合理性，然后提出进一步的改进措施。长期以来在旅游界流行的"旅游业是无烟产业，不会造成对环境的污染"的观念需要改变。事实上，我国许多地方为了开发旅游业大兴土木，已经造成了对环境的严重破坏，而且许多破坏是不可弥补的。

（二）再循环（recycling）——节约资源

地球上绝大多数资源都是有限的，所以要提高对它们的利用效率，一个较好的方法是对资源进行再利用。再利用可分为微观再利用和宏观再利用两个层次。微观再利用是一种企业内部的行为，而宏观再利用是在全社会范围内，通过政府干预或其他方式而实现。饭店内部首先要努力实现微观再利用，例如中水、冷凝水的回用等。但是纸张的宏观再利用，即纸的再利用，在饭店内部是无法实现的，此时，饭店的任务是要为宏观再利用创造条件，即把废弃的纸张从其他的废弃物中分离出来，集中由废品处理站送到造纸厂进行再利用。

（三）再减少（reducing）——降低成本

简化、减少的根本目的是减少浪费、减少废弃物的产生，从而降低经营成本，提高资源效益。在大部分人的观念中，现代饭店就是豪华生活的代名词，所以饭店非常注重"包装"，包括对服务过程、对提供物品的包装，正是这种包装使得饭店产生大量浪费，并产生大量废弃物。典型的例子就是饭店提供的生活用品、卫生用品包装精美，但被客人打开后就成了废弃物，饭店完全可以实施简化包装，既能节约资金，又可达到环境保护的目的。

（四）恢复、补偿（recovering）——改善环境

饭店存在大量对环境不利的因素，因此需要对这些因素进行改进，减少对环境的破坏；同时饭店要在可能的情况下投入资金，对已经造成破坏的环境进行治理，使环境得到恢复和补偿。虽然环境在遭受到破坏后很难再恢复原貌，但是对它进行恢复和补偿是必要的，例如饭店通过种植花草树木来净化空气，补偿绿地的减少。

三、我国绿色饭店的建设思路

（一）绿色设计"以人为本"

绿色饭店设计应遵循"以人为本"的设计原则。在饭店建设时，首先对场地进行周密研究，除应尽力保护原有植被、减少铺地面积、增加绿化面积外，还应组织好高效的进出车行流线，这既可以提升饭店的形象和使用性能，又可以减少场地内的能源消耗和尾气排放。在饭店公共空间和私密空间设计上，把握人体工程学的尺度，设计客人流线和服务流线，优化饭店整体公共区和后勤区的流线，公共空间要与大堂方便连接、客房与电梯厅应接近等，从而避免不必要的空间能耗。在客人的动线安排上，着重考虑如何最大限度地方便客人，节省客人时间，避免大量人流滞留大堂，相互干扰。在员工服务流程安排上，尽量避免与顾客服务流线交叉，并且要为员工服务提供方便。在绿色饭店设计中，还要考虑饭店内部采暖、通风、温度、湿度、照明、噪声、采光等方面的设计，做令人体感到健康、安全和舒适的设计。此外，饭店设计还应考虑无障碍设计，充分考虑残疾人士及老年人等行动不便者的需要。总之，绿色饭店设计的整个过程要充分考虑饭店内部环境的节能、节材、防污染和空间有效利用等，体现出人与自然的和谐，以达到饭店的可持续发展，为饭店带来长效的经济效益和社会效益。

（二）营造绿色环境

绿色环境的含义主要包括：饭店选址不破坏周围的生态环境；通过绿地、假山、喷水池、人工湖、树木等营造饭店的外部环境；通过绿色植被、观赏花卉、人工瀑布等增强内部环境的绿色空间。绿色环境设计是创建绿色饭店的重要一环，饭店通过环境绿化，覆盖了裸露的地面，美化了环境，净化了空气，营造了一种人与自然和谐相处的氛围。在绿色饭店设计中，可以从以下方面营造绿色环境。

（1）用本地植物对周边进行美化，这既是对本地植物的保护，也可保证整体环境系统的协调。因为移植异地物种除了较高的转化成本外，其生存和成长能力具有较大不确定性。

（2）所有建筑物的外观应该与环境相和谐，如采用符合当地文化传统特色的建筑风格、木质材料、敞开式阳台、体现周边环境的色彩等。

（3）建筑物层高的控制，最好能够将层高限制于2层或低于周边树木高度。

（4）所有使用的木料应该来自本地树木种类，而且该树种可以较快再生。

（5）无害化设计。主要是考虑建筑物一定要安全，对人体无害。

（三）打造绿色客房

客房设计是饭店中最主要也是最易流于形式的部分。绿色客房是指符合环保要求的对人体无害的客房。绿色客房应尽量少地使用含化学物质的材料，采用节能环保性的能耗低、噪声小和有害物质少的客房设施。客房各种日常用品、家具、电器等，坚持减量、再利用、再循环及替代原则。客房的温度、湿度和空气清洁度应符合人体的舒适标准。美国迈阿密达特蓝饭店（Miami Dadeland Marriott Hotel）开展"绿色客房运动"，就是吸引绿色消费者的一个成功实例。该饭店共有客房330间，在其中19个客房安装了高效防微粒装置和水过滤系统。虽说绿色客房比普通客房每晚增加5美元的费用，但客人完全可以接受，而且对此反响积极，绿色客房供不应求，第二年绿色客房增加到38间。

绿色客房的设计具体可以从以下方面入手：

（1）饭店应设置无烟楼层和无烟客房。无烟楼层应有规范、清晰、醒目的禁烟图形符号。无烟客房内不放置烟缸，调整烟感报警灵敏度，使不吸烟的客人能够在清新的环境中住宿。

（2）布置客房中的绿色环境，在客房中增加有利于净化空气和美化环境的对人体有益的盆栽植物，如芦荟、龟背竹等植物。

（3）客房光线充足，封闭状态下无噪声、无异味，客房内空气质量经检测达到或超过国家标准。

（4）在客房设计中，通过低窗、落地玻璃门等来增加景观眺望的价值。

（5）客房里尽量减少不可降解材料包装，简化纸制包装。用绿色物品替换客房原有的有害物品，用棉制洗衣袋替换塑料洗衣袋，用棉布等自然纤维制品替换化纤制品。此外，客房用品应尽量用绿色物品。

（6）客房装修设计中，在满足标准星级饭店应有的硬件配备外，在装修材料的选用、家具设计风格、色彩处理上力求个性化、地域化、风格化。地面、家具用料、饰面多采用当地材料。造型设计力求简约中带有地方文化特色，为客人营造舒适自然、有浓郁地域文化的室内环境。房屋建筑物必须使用不含污染物质和放射性物质的原材料，房屋装修不使用大量散发挥发性有机化合物（VOC）的化学合成材料，如客房地面用取材当地的天然石料或其他材料，避免使用采自热带雨林严重破坏生态环境的木材。

（7）在客房中放置绿色告示卡，使饭店创建绿色客房的行动取得宾客的理解和支持。

（8）积极采用节能、节水设施，节约客房消耗。例如绿色小冰箱、节能灯等。在保证水压的情况下，减少抽水马桶的每次用水量和水龙头的出水量；在满足客人要求和保持清洁卫生的前提下，减少床单等的洗涤次数。

（9）在一次性用品减量方面，当顾客连续多天使用客房时，可以提供给顾客两种选择：如果不要求更换床上用品和拖鞋、洗漱等一次性用品，给予顾客积分奖励，积分可以在下次购买产品时用来抵扣，也可用来交换礼品；通过免费提供类似服务来进行补偿，顾客可以要求一些替代服务如免费洗衣，从而使顾客觉得公平合理，顾客也能从这种选择中获得更大的价值。此外，牙刷、拖鞋等尽可能分色放置。沐浴露、洗发液等用品有条件的饭店可以用大包装容器替代小瓶装。

（10）完善的消防设施，积极的防护、逃生措施。设立必要的安全设施和控制办法，确保住客及访客的人身和财产安全。

（四）提供绿色餐饮

设置绿色餐厅，首先要营造绿色的就餐环境。如选择环保无害的材料装修、装饰；在餐厅周围放置绿色植物，如果条件允许，在餐桌和餐桌之间设置相应的隔间或包间，满足客人舒适性和私密性要求；根据饭店的客源和市场定位，合理确定餐座数量和餐桌设置；餐饮部开设无烟餐桌，以满足不吸烟消费者的需要；通风良好，营业高峰期无油烟味；严格控制食品、烟酒的进货渠道，设立外购原料告示牌；餐厅内男女分用卫生间，卫生间洁净无异味，各项用品齐全；厨房的燃气（或电气）灶具、锅炉安全合格，制定并实施严格的消防措施；不使用一次性发泡餐具、一次性木制筷子，减少一次性毛巾使用量。

设立绿色餐厅的核心是推广绿色食品（是指无公害、无污染、安全、新鲜、优质的食品，包括蔬菜、肉类和其他食品）。绿色餐厅慎重选购绿色食品，供应的食品应遵循人体最佳营养结构，并在加工中达到清洁卫生，符合食品标准的要求。在烹调时使用天然色素，不用化学合成添加剂；不用珍稀动物和野生动物制作菜肴；尽量多使用具有"绿色标志"的原材料。

创建绿色餐厅还要做好绿色服务：在客人点菜就餐时，餐厅服务员在推荐、介绍菜肴时不能只考虑推销产品，还应考虑客人利益，力求做到经济实惠，营养配置合理，资源不浪费；向客人推荐绿色程度高的菜肴、饮料。用餐完毕后，必须根据环保要求对容器等做消毒等有效处理，使之不污染环境。若客人有剩菜还须主动提供周到的"打包"服务。有些饭店还可提供代管剩酒服务，供客人下次消费，并专门设一张精致的橱柜存放客人的剩酒，在剩酒的酒瓶上挂上一张标签，标注酒名、客人姓名、地址、电话以及存放日期。这些绿色饭店产品的设计都极大地满足了顾客对健康的需求，提升了饭店产品的价值。

（五）实施绿色管理

1. 建立健全饭店内的绿色管理体制

饭店的绿色管理活动是一项涉及饭店所有部门、全体员工的综合性管理活动，因此建立健全绿色管理体制对饭店绿色管理活动的实施来说极为关键。饭店为了使"创绿"更有效率和效果，应建立实施绿色管理措施的专门职能部门，此部门的负责人可由饭店的主要领导人担任，并配有专门的管理人员。同时，为了有效实施绿色管理措施，饭店还应做好以下两点：①责权分明，饭店为建立健全内部绿色管理机制，一项重要工作就是要明确各部门管理机构管理者和员工的权利和责任，做好有权可用、有责可循；②提供必要的支持，饭店为了更好推行绿色管理措施，高层管理者就要在这方面提供必要的支持，这种支持包括必要的人力资源支持、物力财力资源支持和专项技术技能支持，这样才能有效地调动饭店全体人员参与的积极性和主动性，更好地推行绿色管理。

2. 制定饭店内的绿色管理战略

饭店的绿色管理战略是饭店为节约能源、保护生态环境所采取措施的总体纲领，也是饭店实现差异化取得竞争优势的基础，同时它也是饭店长期、稳定、持续贯彻绿色管理制度，避免朝令夕改等短期行为的保证。饭店绿色管理战略应建立在以下几个要素的基础上：①饭店的长期战略规划目标；②行业内部的有关规定；③法律法规等相关政策；④饭店本身能源使用情况的分析及饭店对生态环境影响因素的调研结论。

在综合以上因素制定战略目标之前，还要对国内外走绿色化道路有显著效果的饭店开展认真细致的调研，将调研得到的资料、学到的经验自上而下地传达到饭店的各个职能部门，饭店各职能部门依据这些先进的经验再提出本部门的绿色管理目标和具体实施措施以及期望达到的效果，以此为基础，制定饭店总的绿色管理战略。

3. 加强饭店内部的评估与审核

绿色饭店内部评估、审核工作是推行绿色饭店管理活动的重要保障。它的目的就是考量饭店走绿色化道路的层次与深度，掌握饭店对能源的消耗程度和对生态环境的友好度，及时发现问题的根源，采取相应的管理措施和技术，引导绿色饭店朝一个良性的方向发展，不断提高绿色饭店的核心竞争力。饭店有两大产品服务项目：客房服务、餐饮服务。这两大项产品服务是绿色饭店的经济来源支柱，其他形式的产品服务项目都是辅助服务项目。目前饭店两大服务产品系统的物资采购、产品生产和最终服务过程的运作方式都是相对独立、直线型的，两大服务系统之间在中间生产过程和最终服务过程中没有形成互动互补的循环方式，导致各自在加工生产产品的过程中的剩余物全部弃为垃圾，这不单单是对物资的浪费，还包含采购、运输、贮藏等一系列过程中各种能源资源和人力资源的浪费。面对饭店行业这样落后的方式，绿色饭店内部评估、审核工作的展开要建立在循环经济和清洁生产的理论上，由饭店的最高管理者适时进行，评审范围应当针对绿色饭店这两大主要服务项目，在饭店循环经济理念下使物资形成一个闭环的流动，在饭店内部实现"小循环"，以便提高物资的使用率，从而减少此过程中产生的废弃物，以降低饭店自身的成本和社会总成本。

四、全球最绿色的八大饭店

（一）海湾：灌木丛中的帐篷饭店（Paperbark Camp）

澳大利亚悉尼南海岸的Jevis海湾，以白色沙滩和明澈剔透的海水成为深潜和浮潜爱好者的圣地，其实在这些高耸挺拔的桉树林中隐匿着一座五星级帐篷饭店（见图5-1）。饭店由12个巨型帐篷组成，建立之初，充分考虑到对自然环境、花草植被和鸟类生物的完善保护。所有的帐篷悬挂于树木之间，既最小化了土木工程对地貌的影响，又充分利用了海风来进行通风。饭店对所在地灌木的保护完全顺其自然，旱灾时任其枯萎，雨季时又任其重生。汽车必须停放在周边指定的停车点内，客人经由标识出的专门路径绕过原始的灌木丛进入驻地。驻地内部的出行由环保电瓶车代劳，排泄的污物和废水则通过压缩泵抽入专门的渠道进行统一处理。除了传统的海上运动之外，逗留在Paperbark Camp的客人可以在初夏和深秋季节看到北游的鲸鱼，可以俯瞰着风光旖旎的海湾美景打一场高尔夫，好酒的客人可以去品啜一下邻近酒庄声誉日隆的新世界葡萄酒。而豪华帐篷中的客人则可以在绿色环抱的私密阳台上享受露天的浴缸，浸泡在温暖的热水中，倾听海风吹过灌木的瑟瑟声，还可以揽书阅读，或是做个按摩。

图5-1　Paperbark Camp

（二）野生动物园：未开采宝藏之营（Campi ya Kanzi）

Campi ya Kanzi意为"未开采宝藏之营"（见图5-2），位于南肯尼亚乞力马扎罗山脚马赛人占地400平方英里的聚居地牧场上。这是一对意大利夫妇于1996年倡议，并作为马赛部族扶助计划开始开展的，目前由夫妇两人打理，但是所有权归马赛人所有。营地房屋全部由当地的熔岩石和枯草建造而成，利用太阳能进行发电和烧水，并用环保煤炭进行供热。为了减少游客对当地环境的污染，每次接待的游客人数控制在16人以下，而且每位游客每天必须支付70美元环境维护费，作为马赛部落的收益。它所取得的杰出业绩为Campi ya Kanzi赢得了各种荣誉，与它相关的马赛人基金会还经常得到好莱坞名流的慷慨解囊。

图5-2　Campi ya Kanzi

（三）森林：将绿色进行到底（Jungle Bay Resort & Spa）

多米尼加的Jungle Bay Resort & Spa酒店（见图5-3）是由依傍在树下的35间悬空"吊脚楼"组成的，所有建筑的原料选用二次利用的木材和采石场的废弃石料，家具由当地工人采用当地百分百的天然材料打制。在建筑设计的阶段，饭店已考虑到对自然风能和光线最大限度的利用，目前饭店正在实施安装现代风车，利用风力进行发电。餐厅提供的有机食物中95%由本地出产，以避免进口或远途运输引起的不必要的包装浪费，也保证了食物无农药和无化学品的污染。流经饭店的温泉水由饭店蓄积起来，然后通过重力作用分布到饭店不同的单位。此外，Jungle Bay Resort & Spa还资助当地多米尼加东南部的居民学习掌握一些职业技能，以备当地的香蕉产业一旦出现危机，他们可以拥有其他的谋生技能。2006年1月，饭店还创立了东南部私营者贷款基金，鼓励私营者投资有机食品生产、本土艺术及手工艺业、本土文化导游等领域。

图5-3　Jungle Bay Resort & Spa

（四）山峦：绿色乌托邦（The Black Sheep Inn）

两位和平主义者Andres Hammerman和Michelle Kirby怀着"成为环境保护和生态旅游先锋，永远超越预想"的信念，在厄瓜多尔安第斯山脉中创建了自己心目中的"理想乌托邦"（见图5-4）。他们通过自己的研究和探索建立起来的"肥料厕所"和"零浪费"模式如今已声名远播，并广受赞誉。化肥厕所不用水，而是用煤炭。煤炭与排泄物一起发酵后成为滋养自留地鲜花和蔬菜的有机肥料，使旅店各处绿树如荫、鲜花如织。旅店基本只使用散装和可再利用包装的用品，并对纸张、纸板、玻璃瓶、塑料桶、厨房垃圾、水和排泄物等采取就地回收利用，每人每天制造的不可就地回收垃圾仅为28.35克。这28.35克垃圾也会交由旅店资助的回收中心进行进一步的利用。除了骑马和自行车越野以外，旅店附近的多条远足线路都曾被众多旅游杂志强力推荐，历时半小时到一整天不等。路线跨越2500～3800米海拔，因此可领略到山中多种不同微观气候的瞬息变化。路线的主题或是参观当地奶酪工厂，或是欣赏Rio Toachi峡谷的美景，或是赞叹前印加文化废墟的奇观，或是漫步雨雾森林。

图5-4　The Black Sheep Inn

（五）乡村：把有机食品进行到底（Penrhos）

建于1280年爱德华一世时期的Penrhos（见图5-5），700多年来一直作为一家农场屹立于赫里福郡与威尔士的交界线上。今天这家农场旅店以提供全方位的有机食物而闻名于世，这里产肉的牛、羊、猪和鸡、鸭等都是用天然饲料喂养的，而蔬菜也绝对不用化学肥料来施肥，就连每天供应的面包也是面包师按照传统工艺，使用有机面粉和野生酵母经过慢速发酵过程烘焙出来的，比起一般超市中以廉价面粉和人工酵母为原料，通过快速发酵和快速烘焙烤制出来的品种，多含了50%的镁和46%的锌。Penrhos于2002年获得了英国首屈一指的有机食物推广及认证机构Soil Association的认可。这并非偶然，旅店的主厨Daphne Lambert是一位有机食物拥护者和经验丰富的营养师，她在旅店开设了"绿色烹饪"的课程，在倡导有机食物理念的同时，教授如何用有机食物烹饪出美味可口的菜肴，颠覆了人们一般所认为的有机食物营养却不好吃的观念。Penrhos还拥有附属的有机及环保产品商店，除了出售有机食物以外，游客还可以在这里购买到旅店自家所使用的一切环保用品，如床单、床罩、杯碟、家具、洗浴产品、花种草种、木制工艺品等，旅店同时还提供邮寄服务。

图5-5　Penrhos

（六）丛林：天空中的城堡（Orion B & B）

相信每个人在童年时都曾梦想有一间悬挂在树上的小屋，聆听虫鸟燕雀婉转的啾鸣，仰望夜空璀璨星辰。Orion旅店隐于法国南部蓝色海岸丛林中的树屋群中，是建筑师们根据每棵树不同的形状和造型，在树上搭建起来的小屋（见图5-6）。小屋全部使用木材建成，有冬暖夏凉的功效。树屋毗邻着一座自然保护区，被杉树、柏树、橄榄树和棕榈树所环绕。树屋下的仿自然生态建造的人工湖泊，通过石头、水草和菌类对水体进行过滤净化，完全不含氯盐等化学原料。闲时不妨到徒步可达的Saint-Paul de Vence信步一游。这座独具南法风情的历史古城，保存有14世纪风貌的建筑遗迹，玻璃、珠宝、制陶等世家的手工艺流传至今，同时它又吸引了众多法国当代艺术的艺术家们聚居于此，因此被誉为"法国当代艺术的摇篮"。当你不经意地进入一间街角的画廊或工作室，或许就邂逅了抽象派大师或是能工巧匠，就此展开了一段愉快的对话。

图5-6　Orion旅店

（七）沙漠：与野生动物同居（Al Maha Desert Resort and Spa）

迪拜，这座在沙漠中不可思议拔地而起的都市，突然以奢华的姿态成了炙手可热的时尚目的地。Al Maha Desert Resort and Spa距离迪拜45分钟的车程，作为世界领先的绿色饭店之一，建造于225平方千米原始沙漠的绿洲之上，它是世界上唯一一家建造于沙漠野生保护区内的饭店（见图5-7）。1999年，它在所属的Al Maha保护区施行了广泛的育种和保护动物计划，因此获得了2004年世界环境保护奖项。它所提供给游客的奇特地貌和自然景观是无与伦比的，同时它所开发的生态旅游项目也是令人叹为观止的。游客可以参加包括逐鹰、骑马、赛骆驼和射箭在内的沙漠传统竞技项目，在向导的导引下一边欣赏阿拉伯沙漠无人地带的美景，一边追逐着当年劳伦斯王子统率千军、英勇骁战的背影。沙地滑雪和四轮自行车越野也是不容错过的特别项目。好静的朋友可以远足到Hajar山的山巅，俯瞰干涸的河床，或拜访有200年历史之久的Hatta古镇，参观传统的灌溉系统和古老的防御工事，也可以瞻仰一下古代统治者的陵墓。晚上在一望无际的苍穹下，身处浩瀚的红色沙丘之中享用一顿烛光晚餐，披着星光，遥望升腾的雾气中跃过的一只只轻盈的羚羊，或是一匹憨厚的斑马，或者一头矫捷的黑豹，不要怀疑，那绝对不是海市蜃楼!

图5-7　Al Maha Desert Resort and Spa

（八）沙滩：像海豚一样生活（Jean-Michel Cousteau Fiji Islands Resort）

斐济的Jean-Michel Cousteau Fiji Islands Resort（见图5-8）在2007年被Trip Advisor评为世界十大环境友好饭店之首。创始人Jean-Michel Cousteau继承了父亲——著名船长Jacques Cousteau对海洋的挚爱，作为知名海洋探险家和环境保护者享誉世界。所有建筑全部使用当地的天然材料，用椰子和回收瓶构建的废水系统将水净化后注入海湾，它是世界上唯一一家雇用海洋动植物专家常驻的饭店，担纲海洋生态事务的咨询，并通过组织体育娱乐活动向游客传授海洋生态保护方面的知识。在这家五星级饭店，游客可以享受到一切海洋运动的休闲，该饭店还拥有适合潜水的极佳水域。为了使游客能够像海豚一样生活，饭店甚至取消了电话和电视机，当然在进行海洋运动之余，你也可以到邻近的村庄向当地人讨教如何为自己编织一双斐济风格的凉鞋，或是学习药草的配方。

图5-8　Jean-Michel Cousteau Fiji Islands Resort

宁波开元名都大酒店节能减排经验

为了进一步降低饭店的营业成本，宁波开元名都大酒店从筹建开始就将节能环保作为施工的一项基础要求，自从2007年12月12日正式开业以来更在抓好经营的同时，把节能降耗和绿色环保作为饭店的一项重要工作。同时，宁波开元名都大酒店将节能降耗工作与创建绿色环保饭店紧密结合起来，使得节能降耗工作的开展更加深入、更加具有意义。从制度硬性约束，到引导员工自觉参与；从饭店内部推广，到引导宾客参与；从改造饭店设备，到加强细节控制，饭店采取了一系列的节能措施，目前已经取得了一定的成效。

1. 选用环保建材，安装智能控制

饭店从筹建开始就一直非常关注节能环保问题，在建造时就考虑到优先选用环保建材。饭店主体施工使用钢结构，内部隔墙全部使用环保型蒸汽砖，外墙玻璃都采用双层中空玻璃，既达到环保要求，又保证了大楼的隔热效果，减少空调能耗费用。饭店不仅在装修中采用环保材料，而且在选用管理系统时都考虑到节能，如灯光可按营业时间变化调整，客房采用智能控制系统来实现客房内设备的控制，另选用楼宇自动控制系统进行智能控制。

2. 出台节能制度，全面推广节能

为了进一步从饭店制度层面来推广节能工作，加快节能工作开展的进度，饭店出台了一系列的节能制度。首先是对空调的开启进行了明确的规定，各区域空调温度设定在26℃，并安排人员进行检查，对违反规定的部门进行处罚。其次是对饭店外围灯光、水景、热水器、室内灯光开启时间按需要进行钟控控制及开启时间规定，仅此项调整每月节电近20000度。另外对员工乘电梯也做了规定，对未携带重物的员工，提倡上一层、下二层改走楼梯，以减少不必要的能耗浪费。

3. 改造用电设备，降低饭店电耗

饭店在进行整体巡检后发现，许多使用日光灯的后台区域完全可以更换为节能灯且不影响正常照明，从而节约能源。各部门确定整改目标，就可整改设备进行可行性分析，计算出整改所需费用和整改后月节省经费比例，并预期5个月内收回更换节能灯的成本并持续节能。在饭店领导的大力支持下，工程部立刻将饭店地下室的原热交室、空调机房、蒸汽房、水泵房和地下车库内共446盏40W日光灯改造成60盏25W节能灯，将客房中庭吊灯的40W蘑菇灯泡更换成5W节能灯泡。虽然饭店为此多花费了将近2万元，但每月至少可以为饭店节约用电8000度，3个月不到就可以收回成本，而且改造所带来的经济效益将随着时间的延长而不断提高。

此外，饭店投入13万元对中餐厅的落地玻璃进行贴膜，以降低室内温度，节约空调能耗。

4. 培养节能意识，落实节能措施

"再好的设备只是节能的基础，员工养成良好节能意识，才是设备发挥最佳效益的保证。"为了进一步推广饭店节能环保工作，饭店开展了一系列的员工节能活动，以此来提高员工的节能意识，确保节能措施的有效落实。首先是组织"节能金点子"活动，动员全体员工参与节能思考，积极为饭店节能降耗献策略；其次是通过和宁波市节水办合作，播放相关宣传影片，开展"节能电影宣传周"活动，调动员工的节能积极性。同时在饭店的文化长廊、电梯和走道等处，随处可以看到许多节能减排的宣传标语，以此来营造浓厚的节能环保氛围。

除了在节电方面采取了大量的措施外，饭店在节约水资源、降低一次性消耗品等方面也开展了大量活动。比如在节约水资源方面，首先是在员工浴室采用智能水控系统，防止员工洗澡时间过长，水源浪费；其次是回收利用蒸汽冷凝水，预计每月可回收600多吨水。又比如在降低一次性消耗品方面，首先要求办公室用纸时需双面使用，降低纸张的消耗；其次是推行环保奖励计划，在客房里放置温馨提示，引导宾客绿色消费，降低一次性消耗品的使用频率和减少棉织品的洗涤。节能环保工作是一项长期的工作，饭店将结合创建绿色饭店的契机持续开展节能环保工作，争取获得社会效益和经济效益的双赢。

资料来源：根据酒店内部资料整理而成。

■ 闯关测试

2010年怡莱连锁酒店全面开展一项与"低碳生活"有关的活动。此项活动命名为"怡莱低碳积分计划"，鼓励宾客在入住过程中通过点滴的行动，降低碳排放，饭店将给予丰厚的积分奖励。低碳积分可以兑换为怡莱房费优惠金。怡莱低碳活动吸引了广大的住店宾客共同参与，产生了良好的社会效应。同时，通过这项活动，怡莱各个饭店的节能降耗也产生了一定的效果。

"怡莱低碳积分计划"非常简单易行，住店客人通过改变一些生活细节，就可以做到。怡莱低碳行动主要分为三个类别：A类建议宾客在住宿期间尽量减少卧具的更换和洗涤次数，减少客房消耗品的使用量（续住之日起每天可获得50分奖励）；B类建议宾客节约水电，冬季空调设定在20℃以下，淋浴时间不超过15分钟，睡觉前关闭所有的光源和电源，多走楼梯少用电梯，手提电脑结束充电后及时拔去插头，合理点餐不浪费食物等（住宿期间每天可获得30分奖励）；C类建议宾客离开饭店后也能继续低碳生活，将怡莱低碳积分计划告诉亲朋好友，出行时多使用公交车或自行车，不用一次性塑料袋，不使用一次性木筷，减少购买过度包装的商品等（住宿期间每天可获得20分奖励）。

同时客人的低碳积分可以转为相应积分，从而获得房费优惠金，鼓励宾客积极参与（见表5-1）。

表5-1 积分兑换参照

怡莱碳积分 （1碳积分=3房费积分）	怡莱会员积分 （房费积分＋碳积分）	房费优惠金 （元）
200	600	20
500	1500	50

续表

怡莱碳积分 （1碳积分=3房费积分）	怡莱会员积分 （房费积分＋碳积分）	房费优惠金 （元）
1000	3000	100
1500	4500	150

通过半年多的宣传和推广，参与该活动的宾客逐月增加。有50%的客人响应该计划，仅六小件客用消耗品每年就节省近20万元，洗涤费可以节省40万元，如果每人每天缩短5分钟洗澡时间，那么饭店全年仅洗澡一项就可节省近万度电、5000吨水。空调方面节约的能耗就更大了：如果冬季低于正常设定温度4℃，夏季高于正常设定温度4℃，大约全年节电30万度，全年光空调一项就减少二氧化碳排放量24万千克。因此，怡莱酒店在低碳积分行动中已充分显现出实际效果。

"怡莱低碳积分计划"的开展得到了宾客的广泛认可和赞誉。怡莱连锁酒店·黄龙店一位住店宾客王先生说："怡莱连锁酒店的这个计划非常有意义，从小的方面来说，我成了这个饭店的一分子，从大的方面来说，我成了地球的一分子，怡莱的活动提醒着我应该为保护地球做点什么。我非常愿意参加。"入住怡莱连锁酒店·西湖店的一对夫妇说："我在怡莱连锁酒店的海报上看到这样一句宣传语，'点滴之间我们拥有改变未来的力量……'非常感动，怡莱不仅给在饭店内的低碳行为积分奖励，同时也给离开饭店后继续低碳的行为给予积分奖励，我感觉你们更多的是在向人们推广环保的概念，是一项公益性的活动。"

■ 思考题

1. 借鉴案例，思考饭店应如何有效和全面展开绿色管理。
2. 小组讨论：减少"碳"足迹，怎样从身边做起？

测试题

第六章 主题饭店

主题饭店

引言

　　主题饭店建设，从饭店本身而言，是为了改变饭店产品模仿有余、豪华有余，文化内涵与个性明显不足、同质化现象严重的状况，使饭店从形式到内容、从产品到经营、从员工服务到顾客体验体现出个性和品位。从行业的角度来说，这是饭店品质已经达到一定水平的前提下再提升的新要求，也是饭店业品质提升的新突破。

教学目标

知识目标：

▶ 掌握主题饭店的概念、特点及与特色饭店的区别。

▶ 掌握发展主题饭店的必然性。

▶ 了解国内外知名主题饭店。

核心概念：

▶ 主题饭店

第一节 │ 主题饭店概述

一、主题饭店的概念

（一）主题饭店的定义

　　主题饭店的概念来源于主题餐厅，最早在美国出现。什么是主题饭店？主题饭店的定义很多，秦浩、孟清超认为主题饭店是指建筑风格、装饰艺术、文化品位、市场定位和服务特色等方面围绕某个特定主题的饭店。欧荔认为主题饭店是指建筑风格、装饰艺术以及服务项目突出表现某一特定主题的饭店。综观国内文献发现，对主题饭店的概念研究已成熟并有趋于一致的看法——主题饭店是特色饭店，以某一特定的主题来体现饭店的建筑风格和装饰艺术，体现特定的文化氛围，让顾客获得富有个性化的文化享受。同时也将服务项目融入主题，以个性化的服务取代刻板化的服务，让顾客获得快乐、知识、刺激。主题饭店有别于一般饭店，它不再是单纯的餐饮住宿设施，而是让顾客获得欢乐、知识和刺激的天堂。著名旅游专家魏小安用三句话来概括主题饭店："以文化为主题，以饭店为载体，以客人的体验为本质。"

主题饭店是特色饭店，但特色饭店不一定是主题饭店，四川大学旅游学院教授李原认为，所谓特色饭店是指通过引入独特的自然、文化资源以及现代科技成果赋予饭店外形、氛围或者服务产品某种与传统饭店相区别，能够给消费者带来独特感受的饭店。而主题饭店则是指以饭店所在地最有影响力的地域特征、文化特质为素材，设计、建造、装饰、生产和提供服务的饭店，其最大特点是赋予饭店某种主题，并围绕这种主题建设具有全方位差异性的饭店氛围和经营体系，从而营造出一种无法模仿和复制的独特魅力与个性特征，实现提升饭店产品质量和品位的目的。

（二）饭店主题的内涵

所谓饭店主题，是以某种文化为主题，以饭店为载体，以客人的体验为本质，这三句话加在一起，大体上可以构成主题饭店的基本定义。但主题饭店绝不是简单的文化包装。

比如，很多饭店都有温泉资源，便提出温泉主题。其实温泉并不能作为主题。温泉是一种资源，在此基础上建立一个温泉度假村，形成一个饭店产品，并且这个饭店产品以温泉文化作为主题。这样的饭店，才可称为温泉主题饭店。那么，温泉文化又是什么呢？实际上饭店以温泉文化作为主题，其目的是追求健康，所以应该是一个健康的主题；在健康的主题之下，采用某种文化表现形式，作为主题的包装。再比如，很多地方提出以生态为主题。严格地说，生态很难构成主题。同样道理，生态首先是一种资源，饭店要把它转化成产品，再在这个产品的基础上转化成生态文化，才可能成为主题。

实际上我们所讲的主题饭店文化和一般意义上的饭店文化是两个不同的概念。饭店文化的核心是如何把饭店经营得最到位，如何培育饭店更强的竞争力。在如何把饭店经营得更好这个问题上，虽然其与主题饭店的概念是相通的，但其中有不同的内涵。

（三）主题饭店和特色饭店的区别与联系

目前，许多人将主题饭店和特色饭店的概念混淆，甚至习惯使用"主题特色饭店"表达。然而主题饭店与特色饭店有各自的内涵，只有搞清楚两者的区别与联系，主题饭店和特色饭店的建设才会健康发展。

主题饭店和特色饭店的概念既相互联系又相互区别，主要表现在以下几点。

（1）主题饭店一定是特色饭店。独特、新颖是主题饭店和特色饭店生存和发展的基础，两者具有同质性。第一，都有鲜明的个性特征。与其他饭店相比，主题饭店和特色饭店都与它们有差异性，形成错位竞争。无论从饭店建设、产品设计到服务品质上，两者都力求有个性，力求让客人能够过目不忘。第二，有高端优质的消费团体。主题饭店和特色饭店的客户群除了少数猎奇者以外，大部分是对生活品质有较高要求的高端人群，享受舒适、自然、与众不同的产品和服务是他们来店消费的动力。除了满足功能需要之外，更多的是满足心理和精神需求。

（2）特色饭店不一定是主题饭店。特色饭店不能称为主题饭店。主要表现在：

第一，浓郁的区域性。特色饭店取材于古今中外、流行符号等，凡是能被人好奇、能称为智慧或者文化结晶的都是它猎取的目标。主题饭店则取材于当地文化，具有鲜明的地方文化气质。第二，系统性。特色饭店一步一景、一景一主题，整个饭店系统可以包括各种各样的文化特征。主题饭店顾名思义强调整体的主题化，所有的产品和服务、硬件建设和软件设计都围绕一个主题进行，整体体现一个核心，把饭店全部空间和服务用于体现所选主题的文化氛围。第三，周期性。特色饭店凭借新颖性、独到性能创造一种新鲜感，形成一时轰动，但是与主题饭店相比，具有一定的周期性，且与饭店所在城市的文化氛围不能有机融合。由于系统化的不足，特色体系缺乏强有力的支撑，价值的影响力受到限制，因此，其特色极易被模仿和复制。随着同质竞争者的出现和客人的审美疲劳，特色成为一种共性，设计产品便走到了它的生命周期。

二、主题饭店文化的内涵

主题饭店要以饭店文化为基础，这就需要弄清楚，什么叫饭店的文化。饭店的文化，归纳起来是三句话。

（1）以人文主义精神为核心。饭店应该"以人为本"，虽然这句话已经讲了多年，但是很多饭店在设计、装修、经营、管理、服务等方面仍往往以管理者、以服务者为本。

（2）以特色经营为基础。这要求饭店必须研究自己的特色。

（3）以超越性的品位为形式。这里提出一个问题：人们为什么会住饭店？因为出差的需要，因为旅游的需要，因为各种流动性的需要，人们选择来住饭店。针对人们对饭店的期望，饭店必须超越人们的日常生活，进而产生饭店文化的效益。在社会快速发展的今天，饭店作为服务性企业，在追求不断发展的同时还要注意超越其他饭店。只有超越日常生活，超越其他饭店，饭店才能达到超越性的品位。

三、主题饭店的特点

主题饭店作为一种特殊的服务类型的饭店，有以下几方面特点。

（1）别具一格的文化性。建设主题饭店首先要明确所要表现的主题文化，主题应是鲜明的、别具一格的，应体现浓郁的区域性。所有的建筑都围绕这一主题进行，建筑外观、室内设计、产品设计、经营管理、服务设施、服务水平都以营造主题氛围为中心。

（2）内涵的深刻性。饭店业深层次的竞争是文化的竞争，面对个性化的消费市场，饭店竞争的终极战场应当是顾客的心灵感受，以极富个性和特色的产品及服务满足消费者的需求。最有力的工具和载体无疑是文化，而饭店本身所选择的主题为文化的竞争提供了强有力的选材设计基础。没有文化就没有饭店的生命力，饭店就更缺乏竞争力。因此，追求文化含量和文化底蕴，无疑是饭店竞争的共同行为。

（3）产品的差异性。主题饭店想在激烈的市场竞争中脱颖而出，不仅要靠其鲜明的文化性，还要靠与普通饭店形成错位竞争。饭店是一个完整的系统，主题与地方文化相吻合，与饭店建设相吻合，与企业管理相吻合，与市场需求相吻合，主题的文化表现不可复制，与普通饭店形成了巨大的差异，只有这样才能使主题饭店立于不败之地。

（4）体验经济下的主题饭店。饭店由一个庞大的系统组成，设计构思、实施系统、设计提案、系统评价等每一个环节又分为若干个小分支。每一处细节的处理都要考虑到顾客的体验感，给客人带来美的享受。现代饭店不仅要有高舒适度的服务设施及服务质量，而且更需要构筑高品质的文化环境和文化氛围，让客人体验到这种文化的存在，提高娱乐程度，以满足物质生活之外的精神需求。

（5）形象的识别性。饭店所选择的主题，要提炼出具有审美特性和鲜明度的文化符号。例如京川宾馆的LOGO设计为"双龙戏珠"，这一符号贯穿于饭店的走廊、大堂、电梯间等各空间，塑造着深刻的主题内涵。饭店的主题内涵给消费者带来独特的心理交流和难忘的入住体验，最终主题饭店以其主题特色成为城市中一道亮丽的风景线。

（6）从业人员专业化。主题饭店的成功与否，很大程度上取决于饭店经营者和管理者能否做足主题。因此，主题饭店的服务员与普通饭店的服务员相比，更要注重职业素养和文化内涵的培养，尤其要精通与主题相关的一切文化常识。主题饭店要对从业人员在招聘培训、考核等方面有更高的要求。

第二节 主题饭店的发展

一、主题饭店产生的背景

众所周知，目前的饭店行业面临着同质化的现状，为了在竞争中抢占先机，大家纷纷打价格战，在装修上也是比建材、比奢华。其实这是进入了一个竞争怪圈，最终结果就是两败俱伤。同时，现在的消费者又是一群"付钱买体验的消费者"。消费者在饭店已不再局限于单纯的物质满足，而是希望在接受服务的同时能得到更大的心理满足和精神享受。就目前而言，这种个性化的需求往往是难以达到的，这也是饭店的一大缺点。

在饭店业面临"同质化"和"个性化需求"的状态下，主题饭店的提出对解决这一状态有了很好的对策。业界适时提出了创建主题饭店的思路。

（一）现实的逼迫——市场形势

国内酒店经营数据显示，新一轮增长周期已经启动。根据原国家旅游局公布的星级饭店收入及客房数据，国内星级饭店经历了一个完整周期后，2017年开始复苏。一般而言，出租率是酒店行业周期变化的先行指标，从2012年至2019年，酒店行业出租率先出现负增长，随后平均房价也开始下跌；自2014年下半年开始，出租率和平均房价保持底部震荡稳定，出租率同比增速开始恢复正值，预示着酒店行业已经见底。数据显示，一方面，我国酒店客房需求增速2014年起小于供给增速，需求与供给量之比稳中有升；另一方面，高端消费下沉，大众消费中端化。

（1）产业规模大，信息海量。现在的行业规模已经非常大，数据显示2017年第四季度，文化和旅游部星级饭店统计管理系统中有10962家星级饭店，再加上各类非星级饭店，以及各类中心、大厦、度假村等，规模比星级饭店大几倍。这样就在市场上形成了一个海量信息，消费者在其中进行选择变得非常难。所以现在消费者的选择方式之一是主动选择。主动选择只能选择大饭店、高星级饭店或者是品牌比较好的饭店，比如外国连锁公司这类饭店。另外一种是被动选择，比如在携程网预订。在这样一个饭店市场的汪洋大海之中，要想引人注意，就必须形成岛屿、形成高地，岛屿和高地在一定意义上要靠文化性的主题来构建。

（2）从标准化、规范化向特色化、个性化发展。1988年以来，经过30余年的发展，国家旅游局推行星级制度，应该说，现在标准化、规范化的基础已经具备。但是在30余年的发展过程之中，这个基础比较扎实，也自然形成了另外一个方面，大家硬性地按照星级标准执行，对于很多文化性的东西注重不够。这样就使得很多饭店片面追求豪华，忽略了文化竞争，忽略了文化性经营。现在市场正在向特色化、个性化方向发展，对应市场的特色化和个性化，市场在呼唤文化，呼唤主题饭店的产生。

（3）行业体系变化。现在饭店行业大体的分工体系已经具备。在这个过程中，大饭店、高星级饭店已经基本找准自己的位置。但是中小型饭店，尤其是一些单打独斗的中小型饭店，在市场上随波逐流，找不准自己的位置，也很难形成自己的核心竞争力。

以上三个方面的因素所构成的市场形势，逼迫主题饭店产生。

（二）发展的需要

一个行业成熟的重要标志，是分工和专业化。应该说，饭店行业经过30余年的培育，尤其是不断引进国际先进经验，借鉴国际惯例，现在总体来看，分工体系已经大体形成。

这种分工体系如果从地域上来说，基本上是中部地区和西部地区形成了一个垂直分工体系。在一个城市内部，随着星级饭店体系的建立，也形成了一个垂直分工体系，大体上是高星级饭店占据了高端市场，中档饭店和低档饭店占据中低端市场。在每一个水平面上，又形成了一个水平分工体系。

这个分工体系虽然已经大体形成，但很不健全。更重要的是，其中还没有完全的专业化意义。从国外的情况来看，国外的饭店基本上是两极分化，档次好的极好，一般的非常一般。相较于我国的《旅游饭店星级划分与评定》（GB/T 14308—2010），中国的星级标准更为严格。实际上，这种严格是对应我们缺乏文化传统、缺乏服务传统、缺乏"以人为本"精神的国情提出来的。如果硬件的要求低，软件更加上不去。所以在一定意义上，我国现阶段实施的《旅游饭店星级划分与评定》是希望通过硬件标准的高要求来带动服务品质的提升。

但是从现在来看，只强调这一点已经不足，必须强调分工。首先，饭店要明确自己的主要功能，2010年版星级饭店评定标准在这一点上有了突破。饭店在明确了自己的功能定位之后，再研究自己的空间定位；在确定空间定位的基础上，再研究在垂直分工体系和水平分工体系上应有的位置。在一些发育比较成熟的产业里，这是一个自然的过程，但在饭店这个新兴产业里还需要摸索。

现在只能说，分工体系已经大体形成，但是多数饭店对自己的市场定位不是很清楚，这就形成一个误区，饭店认为自己可以接待所有的客人。有上千间客房的饭店可以接待所有的客人，商务客人、团队客人、会议客人都要接。有一两百间客房的饭店也认为自己可以接待所有的客人，这就是定位的错误。此外，还存在一种表述上的误区，比如有一些饭店打出这样的口号，"我是三星级饭店，却是一星级价格、五星级服务。"这样的饭店到底是几星，实际上自己都不清楚。这两个误区实际上说明了市场定位的不清楚。所以主题饭店的产生，对于推动市场定位、适应市场的发展需要，会产生重要的作用。

（三）竞争的升华

价格竞争是饭店竞争的一个基本手段。这么多年以来，市场形势好的时候，价格问题不突出；市场处于低谷的时候，恶性的削价竞争一定非常突出。在市场最低潮的时候，甚至有这样的话，"与其自杀，不如自相残杀"。事实上，可行的办法是"与其自杀，不如自救""与其自相残杀，不如联合自救"。很多饭店还是把价格当作唯一法宝，但我们应该清楚地认识到，价格是基本竞争手段，绝不是唯一法宝。在市场反复跌落的过程之中，很多饭店已经认识到了，必须从价格竞争上升到质量竞争。所以有些饭店靠质量吸引人，靠质量抓住人，这样维持自己的一些常客，进而维持饭店经营的基本开支。

再进一步，饭店业要从质量竞争上升到文化竞争，或者说，文化的竞争是一种更高层次的质量竞争。饭店业在文化竞争方面花样百出，有不少很好的经验，也有一些失败的教训。但是至少说明了一点，大家在往这个方向努力。研讨主题饭店、创建主题饭店，应该说是文化竞争的一种高级表现形式，这种高级表现形式会在市场上产生很大的辐射效应，这种效应能使我们适应发展的需要。

二、大力发展主题饭店的意义

大力发展主题饭店具有重要的意义，主要体现在以下方面。

（1）引发关注。现在的饭店很多，客人的成熟程度也越来越高。在这种情况下，主题饭店的第一个意义，是引发关注。比如，在一个饭店群或者在一条饭店街上，人们看到一家饭店，并认为这家饭店有点意思，这就是关注的引发。所以作为一家主题饭店，首先要在文化形式上出新，这样才能引发关注。

（2）深化记忆力。同理，我们住过很多饭店，但是能记住几个呢？我们甚至连去过的城市都记不住几个。中国处于工业化发展的过程中，很多城市没有特点、没有文化，千城一面的状况越来越突出。我们可能一口气跑了10个城市，却连这10个城市的名称都记不住。同样，我们在这10个城市里住了10家饭店，看了20家饭店，但能让人记住的饭店没有几家。有文化、有主题的饭店一定能让人记住，可以达到深化记忆力的作用。深化记忆力等于培育回头客。

（3）创造文化力。通过主题饭店的构建，创造一种文化力。这种文化力实际上是一种生产力，因为它会引发一系列的市场效益。

（4）形成品牌力。通过主题的打造，形成饭店特有的品牌。就目前来说，很多中型饭店甚至小型饭店，企图加入世界饭店业的组织，或者企图引进大的管理集团，这种设想都是不现实的。那么品牌问题怎么解决？对于饭店来说，常规没有特色的经营就难以形成品牌，饭店经营形成特色化的品牌，必须靠自己。

（5）培育竞争力。主题饭店的创建，其最终目的是培育饭店在市场上的竞争能力。

第三节 | 主题饭店的评价与创建

一、主题饭店的一般类型

（一）自然风光饭店

此类饭店超越了以自然景观为背景的基础阶段，把富有特色的自然景观搬进饭店，营造出身临其境的场景。比如位于野象谷热带原始雨林深处的西双版纳树上旅馆，它的主题创意来源于科学考察队为了更深入地观察野象的生活习性。现在，前往野象谷景区的游客可以入住树上旅馆，在那里静待观象，体验人和象和睦相处的难忘之旅。

（二）历史文化饭店

设计者在饭店建筑了一个古代世界，以时光穿越的心理感受作为吸引游客的主要卖点。顾客一走进饭店，就能切身感受到历史文化的浓郁氛围。如玛利亚酒店推出的史前山顶洞人房，抓住"石"做主题性文章，利用天然的岩石做成地板、墙壁和天花板，房间内还挂有瀑布，而且沐浴喷洒由岩石制成，浴缸也是石制的。

（三）城市特色饭店

这类饭店通常以历史悠久、具有浓厚文化特点的城市为蓝本，以局部模拟的形式和微缩仿造的方法再现城市的风采。如我国首家主题饭店深圳威尼斯酒店就属于这一类。该饭店以著名水城威尼斯的文化进行包装，利用了众多可反映威尼斯文化的建筑元素，充分展现地中海风情和威尼斯水城文化。

（四）名人文化饭店

以人们熟悉的政治界或文艺界名人的经历为主题是名人文化饭店的主要特色，这些饭店很多是由名人工作、生活过的地方改造而来的。如西子宾馆，由于毛泽东27次下榻于此，陈云从1979年到1990年每年来此休养，巴金也曾在此长期休养，该饭店推出了主席楼、陈云套房和巴金套房，房间里保留着他们最爱的物品和摆设。

（五）艺术特色饭店

凡属艺术领域的音乐、电影、美术、建筑特色等都可成为这类饭店的主题所在。Madonna Inn有以电影《美国丽人》为背景的一种美国丽人玫瑰房可供选择。位于八达岭长城脚下的公社酒店则以独特建筑取胜，它是由亚洲12名建筑师设计的11幢别墅和1个俱乐部组成的建筑群，公社每栋房子均配有设计独特的家具，训练有素的管家随时可以为客人提供高度个性化的服务，住客可以在此充分体验亚洲一流建筑师展现的非同寻常的建筑美学和全新的生活方式。

二、主题饭店的评价标准

中国第一部主题饭店建设与评定标准——《四川省主题旅游饭店的划分与评定》的起草人、四川大学旅游学院李原教授说："主题饭店目前已出现了泛主题化的现象。"为规范主题饭店的健康发展，业内酝酿着提高准入门槛。2007年，李原受四川省旅游局、四川省星级饭店评定委员会委托，编制了《四川省主题旅游饭店的划分与评定》，对主题饭店的类型，各功能区域的基本要求、服务流程、管理制度等做了具体的描述与要求。同年，国家旅游局将《主题旅游饭店的划分与评定》进行立项，并将四川省作为创建主题饭店工作的试点。

2011年浙江省编制了《浙江省特色文化主题饭店划分与评定实施细则》，引导浙江省饭店业创建特色文化主题饭店，提升饭店文化品位。

知识拓展

《四川省主题旅游饭店的划分与评定》对主题旅游饭店的界定

1. 术语

主题旅游饭店是指以某种特定的主题为核心，在饭店建筑设计、环境设计、装饰用品设计、服务方式设计、产品形态设计、企业形象设计等方面表述同一的文化理念，展示同一的文化形象，传递同一的文化信念，并能够以个性化的具象存在为服务对象提供物质享受，并产生精神感染力的旅游饭店。

2. 符号

以太阳神鸟图案为素材形成的符号作为主题旅游饭店的标志。

3. 等级

根据旅游饭店主题化建设的程度与水平，分为一级、二级、三级、四级和五级主题旅游饭店。级数越高，表示旅游饭店的主题化程度越高。

三、主题饭店的创建

（一）明确主要功能

功能是创建主题饭店的基础。对于一家饭店来说，首先需要明确的是功能，然后是结构，最后才是形式。形式既要服务结构，又要服务功能，这是一个基本的逻辑关系。为什么把这个作为第一个问题提出来，是因为现在有一些饭店在对文化的强调上走偏了，或在强调主题饭店的时候走偏了。偏到一个什么程度，功能服从结构，结构服从形式，好像文化形式成了最重要的问题。实际上绝不是这样。如果形式变成了最重要的问题，那就违背了饭店文化的概念。主题饭店必须建立在饭店文化的基础上，饭店文化的要义就是"以人为本"。

多年以来，我国的饭店主要包括两类：一类是城市中档型的饭店，一类是旅游饭店。所谓旅游饭店，就是以接待旅游团队为主，以标准间为主。这两类基本上是没有个性的饭店，我们很多主题饭店要在这个基础上产生，就要研究如何创出差异、形成特色的问题。但是这里的基础是明确自己的功能。

比如，根据饭店的地理位置和市场条件，如果某饭店明确要做成商务饭店，那么商务饭店的功能就是其主要功能。在商务饭店的基础上，再来研究饭店结构和具体的文化形式。一家商务饭店的文化形式必须要与商务功能紧密联系起来。这就要求形式一定要服务于结构、服务于功能。如果一家商务饭店的文化表现形式是海洋文化，那么就算这家饭店的文化形式做得不错，但由于其与商务功能联系不到一起，反而形成了功能和形式的冲突。

（二）研究市场定位

饭店应根据市场来明确功能，再根据功能进一步研究市场定位，最终确定饭店所对应的市场。除了少数大饭店之外，饭店基本上不必研究怎样对应所有的客人。现在很多中小型饭店也想设总统套间，也要有行政楼层，同时还要有旅游的团队房，还要有非常多的会议设施。事实上，只有两三百间甚至一两百间客房的饭店，不需要研究这么多。这是市场定位不清的表现，即使是在做主题饭店，也很容易误入歧途。

饭店只有在明确主要功能和研究市场定位的基础上来研究主题饭店，才可能抓住主题，否则极容易走歪。

（三）深化主题设计

1. 方法一：挖掘——挖掘主题文化

实际上挖掘主题文化的方法是多种多样的，我们可以从多个角度、多个维度进行挖掘。比如某个地方有比较浓郁的地域文化特征，我们就可以研究能否在地域文化上形成主题，民族文化、民间文化、历史文化等都是可以挖掘的题材。再如行业性文化，若某家饭店是邮电系统的宾馆，那它就可以在邮电文化方面多做文章；一家铁道系统的宾馆，就可以研究能不能在铁路文化上多做文章。

2. 方法二：移植

第一种是移植文化。实际上现在多数饭店都是在移植文化，看看人家有什么好东西，然后再搬过来。

第二种是把国外的成功项目直接"搬"过来。天津有一家拥有1600间客房的饭店基本上是把南非的迷城照搬过来，但是扩大了规模。因为南非的迷城是400间客房，而它的规模扩大了三倍。中国人看了，就觉得非常新鲜、非常独特，但是你仔细一看，这就是一个克隆性的项目。只要能够对应市场就行，有些时候这种移植性的方法可谓立竿见影，也未必无效。问题在于如果大家都移植，这种主题的吸引力在市场上就会大打折扣，因为移植和克隆本身就意味着丧失了独特性。

比如，大家都很赞赏深圳的威尼斯饭店。它是中国首家以威尼斯文化为主题的商务度假饭店。从文化本身来说，威尼斯饭店就是一种移植，但是在做法上进行了创新。深圳华侨城的波托菲诺水城是一个房地产项目，虽然该项目就是把意大利的某个镇"搬"过来，可是它在中国这片土地上创造和展示了一种新的文化。这种异域文化在市场上的吸引力也是不容忽视的。

3. 方法三：整合

一般来说，主题饭店最好形成单一主题，但是有些饭店觉得单一主题不能完全适应饭店自身的需要，就形成了一个复合型的主题。有的是双主题，以商务作为主要功能，努力形成一个商务文化主题；可是商务文化主题只是一般性的文化，不具备特殊性，所以在商务文化的基础之上，再加上一系列的文化符号，可能就有了另外一种主题展示方式，从而形成了一个复合型的主题。

至于哪种形式更好，没有判别标准，只要能对应市场就是好的。有些饭店看着不怎么样，在文化上甚至是失败的，可是它能够对应市场。有些饭店追求标新立异，其过程很难讲是否成功。比如北京郊区有一家饭店，它以"福、禄、寿"三个巨大的造型作为饭店的外观，客房就建在"福、禄、寿"上，整个饭店的设计匪夷所思。但这有一个好处，那就是游客基本上看一眼就能记住。

所以主题饭店也有一个主题设计和选择的问题。其实一个基本要求就是对应市场，第二个需要对应文化的提升，不能弄来弄去变成一个没落文化的体现。

一家主题饭店要想做到极致，应该有故事、有人物。比如，拉斯维加斯的一些特大型饭店，拥有5000间客房，呈金字塔形，有一个完整的故事链，当游客沿着故事链进去，里边有各种各样的人物。这类饭店让游客感觉是在逛景区，而且这个景区里还有你的住宿地，这就可以说达到了一种极致。

成都的京川宾馆也是这样，无论是客房的安排，还是房间里的符号化、形式化的东西，一直到它的商店，都是以三国文化为主题的。实际上这样一家主题饭店在各个方面展示了当地历史文化和地域文化的特点，并自然地引入了故事和人物，如客房里有《三国演义》的小说和连环画、华容道的玩具等。实际上，这些故事和人物所构造的氛围正是引人入胜之处，还能够让客人真正留下记忆。

除了以上归纳的三种深化主题设计的方法之外，还有一些其他的方法也同样值得我们探索。这三种方法我们也可以进行组合，最终形成主题设计。主题设计最好是唯一的，如果做不到唯一性，就要具有比较强的文化撞击力和吸引力。

（四）开发主题产品

开发主题产品就要形成组合性产品，要培育一个经营链，并围绕着饭店的主题文化在方方面面体现出来。经营链主要是指旅游传统的六要素——吃、住、行、游、购、娱，实际上在这六个要素之中，我们始终要围绕主题文化来开展工作，并形成品牌性的客房。

比如，天津的利顺德酒店在品牌性客房方面就做得很到位。每间客房门口都有一个铜牌，比如写着"1952年班禅活佛在此下榻"的客房，进去之后里边是西藏的风格。再如有间客房是20世纪初孙中山先生下榻的地方，门口有铜牌，里边也有相应展示。这就形成了品牌性的客房。客人若想预订也很简单，打个电话，不说房号，说它的品牌就行。

虽然很多饭店未必可以做到这样，但是可以借鉴这个思路，通过构建品牌客房、主题餐饮、个性商品、特色娱乐等形成一个经营链。这样一个经营链对饭店的总体经营都是有利的。

（五）培育主题文化

1. 形式、氛围

培育主题文化首先在于明确形式。虽然形式要服务功能、结构，但是在培育文化方面，我们要注重形式。通过文化形式、文化符号这样的点缀，形成一个主题文化的氛围。氛围应该是无所不在的，只有这样才会让客人感觉这个主题极其突出。

2. 人才、应知应会

我们要培育主题型的人才。不仅是文化专员，还应该使我们的员工在主题文化方面做到应知应会。饭店的主题是什么样的，员工都要知道。有了这个应知应会，员工本身就介入了，就成了一个角色。换句话说，主题饭店在一定意义上就是一个舞台，在这个舞台上，饭店从总经理到员工都是演员，客人进到这个主题饭店之后，就感觉自己融入其中，也变成一个演员、一个角色，而且是很自然的。在这种氛围之下，客人的心态就转换了，从一般的住饭店的实用性心态，转换成了文化性心态。

比如，华盛顿有一家主题餐馆，展示的是17世纪的状况，所有服务员都穿着那时候的服装，餐馆点着蜡烛，菜单也是那时候的菜单，纸张非常粗糙。在这个过程之中，服务员的表演欲望极强，这是因为只有服务员扮演了一个角色，客人才能自然投入其中，感觉自己也扮演着一个角色。这就是一个互动关系，把主题的文化氛围创造得更加浓厚，大家的感受也就更加深刻。

（六）开展主题营销

主题营销主要有联动式和单独式两种方式。

联动方式又有多种具体的表现形态，比如将景区与饭店联系起来。有些地方提出，县城的宾馆应该和景区挂钩，以景区作为旅游的主题。比如，云台山县城里的宾馆，其主题就可以设为云台山，这样客人白天去看云台山的景区现场，晚上仍然感觉自己住在景区里。另外一种联动方式，是近似主题饭店之间的联动。很多饭店很难有唯一性，但是有近似的主题，有了这样的近似，我们就可以让近似主题饭店之间形成联动，从而形成一定的规模效应。

相较而言，单独式的主题营销必须把主题放在最突出的位置，同时营造独有的文化氛围。

（七）文化的转化

主题饭店不应将文化视为简单的外包装，而必须将其转化成核心竞争力，并不断挖掘、提升文化内涵。从一定意义上来说，文化的提升就是要把文化性的资源转化成文化性的产品，转化成客人可以体会、消费的产品。在此过程中，最重要的是注重细节的体现。很多饭店初看不错，细节却经不起考验。如果一家饭店在细节方面，尤其在文化性细节方面能够经得住考验，那么我们就可以说这家饭店在文化转化方面的工作做到位了。

在饭店文化主题的实施过程中，我们要形成一个体验设计的概念。从目标来说，不管是景区还是饭店，大家在视觉方面下了太多的功夫，可是人需要的是眼、耳、鼻、舌、身、心的全面感受和体验。所以不能只注重视觉设计，应该研究饭店的听觉设计、触觉设计、味觉设计分别怎么进行。如果饭店其他方面都比较好，可是洗手间臭烘烘的，这样显然不行。或者背景音乐总不换，让人听了就烦，这也不行。背景音乐实际上就是一个听觉设计，也存在一个怎么和主题相结合的问题。总而言之，饭店文化主题的实施是一个综合性的过程。

（八）主题饭店的社会认知和行业认证

主题饭店的创建首先需要社会的认知，需要被整个社会所接受。相信有这样一个基础，让社会接受难度不太大，因为大家感觉很新鲜、很有意思、很有特色。但是有的主题饭店在形式上花过多的功夫，反而容易引起消费者的反感，甚至引起社会的反感。总体来说，我们要在社会认知的基础上，进一步实行行业认证。星级标准是饭店档次、设备、设施、服务的一个总体认证，但是从文化方面来说，星级标准缺乏相应的文化指标，也缺乏相应的认证方式。所以，主题饭店发展到一定程度，也需要一个行业性的认证，这种行业认证和社会认知相互联系，就会促进主题饭店在市场上的发展，而且能最终得到消费者的认同。

（九）模式之同和主题之异

文化主题更多关注的是差异性。主题追求的是差异化，但是现代饭店的核心是标准化、规范化，进一步说，在主题饭店的发展过程中有一些相同的模式。很多主题饭店虽然在文化内涵、主题设计上有非常大的差异，但是操作模式很可能是相同的。这就需要研究模式之同与主题之异两者之间的关系。简单地说，就是通过大体相同的模式，达到一种低成本的运作，但是创出有差异的主题，形成特色化的经营，并最终培育出核心竞争力。

（十）构建新的旅游吸引物

主题饭店不应只具备简单的住宿功能，还应具有文化体验功能。对于主题饭店来说，设立文化体验功能就是要打造一个对游客具有吸引力的望景点。即让游客看一家主题饭店或入住一家主题饭店后，就相当于在这个城市逛了一个新的景点。如果各类主题饭店能够形成集群，产生联动效应，就能够给城市的旅游业创造一批新的吸引物，给每家主题饭店创造一个新的发展空间。

第四节 著名主题饭店介绍

一、国外主题饭店简介

国外主题饭店已有几十年的发展历史，主题饭店最早兴起于美国。1958年，美国加州的玛利亚客栈为早期的主题饭店之一，它首先推出了12间主题房间，深受消费者青睐。房间布置得很有氛围，让人仿佛置身于远古时代，例如，模仿史前山顶洞人住处的客房，其地板、岩石、墙壁的材料是天然岩石，卫生间的淋浴喷洒和浴缸都为岩石所雕刻。后来房间规模发展到109间，该客栈也成为美国主题饭店最具代表性的产品之一。

提起主题饭店，就不得不提拉斯维加斯。根据历史统计记录，世界上最为集中和著名的主题饭店当属美国的赌城拉斯维加斯。拉斯维加斯的第一个主题饭店是1941年开业的大牧场博彩酒店，它的主题是赌场。拉斯维加斯不仅成为"酒店之都"，更被业界认可为"主题酒店之都"。它拥有超过14万间饭店客房，是全球客房数最多的城市。

国外主要的、具有代表性的主题饭店见表6–1。

表6-1　国外部分主题饭店

所在地	饭店名称	饭店特点
阿布扎比	酋长宫殿（Emirates Palace）	造价30亿美元，最昂贵的饭店
澳大利亚	经度131度假村（Longitude 131）	国家公园里的豪华帐篷
拉斯维加斯	金字塔大酒店（Luxor）	金字塔主题酒店
澳大利亚	伍德华海湾度假村（Woodward Bay）	既原始又奢华
英国伦敦	布雷克斯旅馆（Blakes Hotel）	世界上最早的温馨旅馆
美国	原始森林酒店（Wildwood Inn）	超乎想象的主题SPA套房
美国纽约	图书馆酒店（Library Hotel）	最精致的图书馆主题酒店
德国柏林	怪异旅馆（Propeller Island City）	搞怪个性
美国缅因州	看守者之家（The Keeper's House Inn）	浪漫灯塔旅馆
美国博伊西	周年纪念旅馆（Anniversary Inn Bois）	连锁周年纪念
南非	玛拉玛拉营地（Mala Mala Camp）	十大浪漫酒店之"非洲探秘"
伯利兹城	卡潘多岛度假酒店（Cayo Espanto）	十大浪漫酒店之"孤岛幽情"
马尔代夫	Soneva Gili酒店	十大浪漫酒店之"人间天堂"
美国纽约	欧文旅馆（Inn at Irving Place）	十大浪漫酒店之"时光隧道"
意大利威尼斯	鲍尔酒店（Bauer Hotel）	十大浪漫酒店之"水域风情"
瑞典	冰旅馆（Ice Hotel in Sweden）	世界第一家冰旅馆
加拿大魁北克	冰旅馆（Quebec Ice Hotel）	世界第二家冰旅馆
美国	出游树屋度假旅馆（Out' N' About）	像鸟儿一样住在树上
巴厘岛	硬石酒店（Hard Rock Hotel' Bali）	亚洲第一摇滚主题
泰国芭堤雅	硬石酒店（Hard Rock Hotel, Pahaya) Hard Rock Hotel, Pattaya	亚洲第二摇滚主题
美国	野马旅游酒店（Wild Horse Pass）	印第安主题
毛里求斯	Voile d' Or	最后的摩尔人部落

二、拉斯维加斯的主题饭店

拉斯维加斯是世界著名的博彩之城，同时又是著名的会展中心、购物中心、婚礼之都、旅游休闲度假中心以及主题饭店之都。其中，主题饭店的发展构筑了拉斯维加斯一道独特的风景线。拉斯维加斯位于美国内华达州，是典型的内陆城市。拉斯维加斯以其独特的自然和人文景观成为举世闻名的旅游休闲度假中心。

主题饭店之都：拉斯维加斯

（一）凯撒宫大酒店（Caesars Palace）

1966年开业的凯撒宫大酒店，位于拉斯维加斯大道上（见图6-1）。它的开业轰动了拉斯维加斯，并造成后来主题酒店的流行。该酒店装潢采用古罗马风格，为客人营造了一种凯撒大帝时代的氛围。人们可以亲身体验帝王级的奢华和尊崇。酒店前的大理石凯撒像及巨大的喷泉，已成为拉斯维加斯最具代表性的地标之一。酒店内装饰豪华，其中大小是原作两倍的米洛斯的维纳斯和米开朗琪罗的大卫像等经典雕塑的复制品，格外引人注目。这里的古罗马集市购物中心汇集了世界顶级品牌。客人在享受购物的乐趣之余，还能静静地坐在餐厅里，在特制的人造天空下，边品尝美食边观赏街景，感受时光交替带来的双重享受。

图6-1　凯撒宫大酒店

（二）米高梅大酒店（MGM）

米高梅大酒店（见图6-2）坐落于赌城的中心区拉斯维加斯大道及热带路的交会十字路口上，于1993年年底完工，是目前全球最大、房间数最多的赌城酒店。酒店在建筑风格方面仿照了18世纪意大利佛罗伦萨别墅式样。内部装潢分别以好莱坞、南美洲风格、卡萨布兰卡及沙漠绿洲等为主题。酒店设有拉斯维加斯最大的赌场，因此闻名中外。作为拉斯维加斯最大的酒店，它的赌场也非同小可，其面积有四个足球场那么大。酒店内的活动场地均属大型设计，如米高梅历险游乐园，是拉斯维加斯规模最大，最受大人、小孩欢迎的娱乐中心。

图6-2　米高梅大酒店

（三）韦恩拉斯维加斯酒店（Wynn Las Vegas）

韦恩拉斯维加斯酒店（见图6-3）于2005年4月28日开业，是迄今为止世界上最豪华的主题酒店之一。这座酒店耗资27亿美元，用了5年时间，在215英亩土地上打造建成。由享誉世界的大导演佛朗哥·德拉格尼在一个拥有2087个座位的圆形剧场设计的一部耗资数百万美元以水为主题的大型节目，赋予了该酒店突出的主题。酒店价值连城的艺术画廊及高尔夫球场、人造喷泉等更铸就了酒店的豪华基调。

图6-3　韦恩拉斯维加斯酒店

（四）城市酒店

拉斯维加斯以城市为主题定位的酒店有巴黎酒店、纽约酒店、威尼斯酒店和金字塔大酒店等。

1. 巴黎酒店（Paris）

巴黎酒店（见图6-4），顾名思义是一家反映法国风情的酒店。其明显标志是屹立于酒店门外的埃菲尔铁塔复制品（165米），该塔塔高足有真塔的一半。在巴黎酒店门口，游客可以欣赏到凯旋门、巴黎歌剧院、卢浮宫以及埃菲尔铁塔。酒店内的餐饮街和购物街都是以巴黎街景形式展现的，弥漫着浪漫的法国情调。

图6-4　巴黎酒店

2. 纽约酒店（New York）、威尼斯酒店（Venitian）

纽约酒店（见图6-5），则将纽约曼哈顿的摩天楼群与惊险的云霄飞车结合在一起，反映了纽约的摩登、惊险和跳跃。在乘坐云霄飞车乘客的叫声中，仰望自由女神像，漫步布鲁克林桥，会让任何一个到过和没到过纽约的游客产生神往之情。

图6-5　纽约酒店

威尼斯酒店（Venitian），则是意大利在拉斯维加斯的缩影，它是世界上最大的集酒店和会议中心于一体的单顶式建筑。酒店的大堂可以看到古典欧洲的浮华和优雅。厚厚柔软的地毯、低垂的多层吊灯给人以复古的遐思。乘坐贡多拉（一种具有威尼斯特色的尖舟）在好客的意大利小伙子的歌声和介绍中沿大运河顺流直下，可以到达酒店内的圣马可广场。停留在蜿蜒的运河边或广场上，既可以观赏到来自意大利的表演，又可以逛街购物，或体验一次真正的意大利美食。

3. 金字塔大酒店（Luxor）

金字塔大酒店（见图6-6）以古埃及文明为主题，由著名建筑大师美籍华人贝聿铭设计。酒店外观呈大金字塔形，31米高的狮身人面像矗立在酒店的正前方。整个环境及房间的设计以古埃及风格为主。在酒店的中庭，人们到处可以看到反映古埃及时期场景的壁画和大型雕塑。颇为特别的还有酒店的电梯，受酒店外观设计形状的影响，酒店的电梯倾斜39度上下。乘坐这样的电梯，客人会被这种奇妙的经历吸引而惊叹。入夜，金字塔顶的灯发出的光束，十几英里以外的人们都可看到。停留在这样的酒店，还真有时光倒流的感觉。

图6-6　金字塔大酒店

（五）气候现象主题酒店

以各异的气候现象为主题，是拉斯维加斯主题酒店的一个热点。

1. 曼德勒海湾（Mandalay Bay）酒店

曼德勒海湾酒店充分体现了热带风光。酒店大堂中心是一个水族馆，里面有2000种海洋动物，总台的后方则以热带植物为装饰背景。在干旱的拉斯维加斯，曼德勒海湾酒店的泳池边有着令人难以置信的沙滩，由造波机产生的冲浪，令游客忘记了身在何处。值得一提的是，酒店还设了一座钱币博物馆，以丰富酒店的文化内涵。

2. 梦幻酒店（Mirage）

梦幻酒店是以沙漠中的海市蜃楼为主题设计的，突出体现沙漠中的奇异景象。其外观是金色的玻璃幕墙，俗称金殿饭店。游客只要一踏入酒店，立即会被棕榈树、瀑布和泳池所包围，仿如置身绿洲之中。酒店总台后的装饰独出心裁，是一个海水水族箱，内装75.8万升的海水，热带鱼、鲨鱼在珊瑚中畅泳，诠释着海洋风情。酒店内是绿洲，酒店外也是绿洲。在酒店的外面设置了一个大型湖泊。湖边是热带丛林景色，错落有致；湖上是瀑布、洞穴和火山。入夜，火山每15分钟喷发一次，吸引着众多的游客。

三、中国（特色文化）主题饭店简介

（一）主题饭店在中国的发展

2005年11月，首届"国际主题文化酒店发展论坛"在广东省江门市新会区古兜温泉度假村隆重召开，会议围绕"市场呼唤主题酒

李原教授眼中
的主题饭店

店""酒店如何赋予文化内涵""主题酒店的基本特征""单体酒店发展创新模式探讨""文化主题与酒店功能的融合""如何利用高科技手段与文化结合提升酒店的经营管理水平""酒店整合营销创新理念运用"等议题展开，这次会议深刻剖析了饭店业发展的历史、现状和趋势。在论坛上古兜温泉等22家饭店被正式授予"中国主题酒店"的牌匾。主题饭店开始备受理论界与实践界的关注。而早在2004年，四川就成立了国际主题酒店研究会，召开了"国际主题酒店发展论坛"。

主题饭店作为一种正在兴起的饭店发展新形态，在我国的发展历史不长，分布范围目前也仅仅局限在饭店业比较发达的广东、上海、深圳、四川等地。我国第一家真正意义上的主题饭店，是2002年5月在深圳开业的威尼斯酒店，它融合了文艺复兴和欧洲后现代主义的建筑风格，以威尼斯文化为主题进行装饰。四川省成都京川宾馆是一家以三国文化为主题的饭店；九寨沟国际大酒店和九寨天堂是以当地藏文化为主题的饭店。这些都为中国主题饭店业增添了一道亮丽的风景线。目前，中国部分主题饭店如表6-2所示。

表6-2 中国部分主题饭店

序号	所在地	饭店名称	饭店主题
1	上海	上海建业里嘉佩乐酒店	石库门内的海派文化
2	上海	上海The Drama戏剧主题酒店	戏剧主题
3	浙江	罗莱夏朵·杭州湖边邨酒店	民国文化
4	浙江	杭州九里云松度假酒店	禅茶文化
5	浙江	杭州新新饭店	民国历史
6	江苏	苏州同里花间堂·丽则女学	江南女学文化
7	江苏	南京颐和扬子饭店	欧洲城堡式民国建筑
8	黑龙江	哈尔滨敖麓谷雅酒店	森林文化
9	四川	成都钓鱼台精品酒店	老成都韵味
10	北京	北京长城脚下的公社	艺术

在中国饭店业发展进入成熟阶段的今天，主题饭店确实是在竞争中取胜的一种有效手段，也是中国饭店业未来发展的必然趋势，中国饭店业应该朝着主题饭店的方向突围。但是我国的主题饭店仅仅局限在饭店业比较发达的北京、深圳、海南、成都、上海、浙江等地，相对于国际上的主题饭店来说，发展的步伐既落后又缓慢，在主题文化定位、构建与经营上还存在一定的差距。

在中国饭店业规模最大、规格最高的年度盛事之一的"中国饭店2010年会暨第十届中国饭店论坛"上，华侨城洲际大酒店获得中国饭店金马奖之"中国最佳文化主题酒店"荣誉称号。华侨城洲际大酒店是中国第一家按照白金五星标准量身打造，以西班牙风情为主题的酒店。西班牙文化特色被提炼为各种个性符号，并巧妙地运用到大门把手、廊灯、小露台、铁花栏杆、红砖外墙、拱形天花板、雕塑等设计上。"细节体现奢华"，酒店每个角落都充满了艺术气息，色彩斑斓的手绘、亚克力公牛、弗拉明戈舞者像、艳红的水晶吊灯等都让人流连忘返。

就目前全国已经创建的主题饭店来看，以民族文化作为主题的饭店相对较少。一些地方，即便是民族文化浓郁的地区，如客家人集聚的赣闽粤地区，几乎所有的星级饭店都以西方现代主义为设计风格。还有一些饭店虽以民族文化为招牌，但都是借民族文化为名号，饭店里面并没有体现民族文化的实质性内容。

（二）我国主题饭店的主题类型

主题饭店形式多样，内容丰富、包罗万象，我国目前主题饭店开发的主题方向主要有：

1. 以历史文化为主题

如北京寰岛博雅大酒店——中国传统文化主题饭店，王府井大饭店——都府文化主题饭店，天津利顺德大酒店——百年历史文化主题饭店等。

2. 以地域风情、民族文化为主题

如千帆碧湾大酒店——海岛风情文化主题饭店，内蒙古饭店——草原文化主题饭店，西昌顺华大酒店——彝族服饰文化主题饭店，北京新疆饭店——新疆民族地域文化主题饭店等。

3. 以动植物观赏为主题

如菏泽花都大酒店——牡丹文化主题饭店，南京山水大酒店——赏石文化主题饭店，四川新蜀联大酒店——芙蓉文化主题饭店等。

4. 以异国地理环境和文化为主题

如深圳威尼斯皇冠假日酒店——威尼斯水城文化主题饭店等。

5. 以文学、艺术为主题

如名雅经纬大饭店——儒家文化主题饭店，绍兴咸亨酒店——咸亨文化主题饭店，川音爱乐酒店——音乐文化主题饭店，西康大酒店——茶文化主题饭店等。

6. 以影视文化为主题

如兆隆饭店——电影文化主题饭店等。

7. 以某一领域发展历史为主题

如普瑞温泉酒店——出版文化主题饭店，上海奥林匹克俱乐部——体育文化主题饭店等。

8. 多种文化主题相结合

如古兜温泉旅游度假村——盛唐温泉文化主题饭店等。

可以看出，中国主题饭店主题开发建设方向的覆盖面较广，对中国传统文化的利用也极为重视，但是主题开发深度不够，没有充分体现出文化性。主题饭店的主题及其表现形式之间必然存在一种内在逻辑关系，这种关系能够使主题饭店与目标顾客群体之间互动起来。主题饭店以各自独特的主题作为市场营销的卖点，想要营销成功，确立一个突出、有特色的主题是首要条件。在确定主题之后，经营管理亦是重中之重。

（三）著名主题饭店介绍

1. 鹤翔山庄

2003年，第一次明确提出道家养生文化主题概念的青城山鹤翔山庄，在饭店各个功能区按照服务需要注入相应的文化内涵，引起了全行业的广泛关注。鹤翔山庄也由于特色突出，成为中国第一家特色四星级饭店、中国道家文化第一庄。鹤翔山庄之所以选择"道家文化主题"，是因为地处世界文化遗产道教发祥之地，山庄坐落的位置正是1700多年前的古道观——长生观旧址。走进鹤翔山庄，即被道教文化包围，古木森森，千年古园，范长生大型石刻塑像、鹤翔碑记，道家文化的形象标记——太极图，象征长寿的鹤翔书画字帖……每间客房都有老子的《道德经》书法，餐饮上有"长生宴"，养生上有呼吸养生太极拳，还有道家音乐演出团体等。

2. 成都京川宾馆

京川宾馆的建筑风格和外观设计都是为三国的主题文化服务的。宾馆的建筑外观古朴、优雅，宾馆于2003年改造后，景观设计处处显示中国古典气息。进入宾馆之前看到的景观文化，虽然面积不大，但是园里诸葛亮雕塑的运用结合人造山区及大幅的墙壁雕塑，把三国气息塑造得出神入化，即使没有进入宾馆的人也被这些三国文化的园林景观所感染。宾馆内部向外面望而看到的景色优雅古朴，一门一景，一窗一景，园林的景观小品也设计周到，小到下水道的盖子、园林音响，大到园林夜灯、茶座、亭廊，处处与整体风格相协调。

知识拓展

绍兴咸亨酒店

绍兴咸亨酒店（见图6-7）创建于1894年，因鲁迅先生在《孔乙己》等多部作品中的生动描述而名扬海内外。现经扩建改造，酒店已提升为以江南文化、越文化为背景，融名城、名士、名酒风情于一体的五星级文化主题酒店。咸亨酒店总建筑面积5.7万平方米，设豪华客房206间（套）；有餐位2000余个，包括文化内涵丰富的各式包厢47个和可同时容纳800余人就餐的多功能厅1个；设立了西餐厅和日本料理，能够满足中外宾客不同层次的消费需求。酒店设有7个设施先进的不同规格会议室以及配备同声传译系统等先进设备的多功能厅。绍兴咸亨酒店最具文化特色的"堂吃"，更是游客体验绍兴风情的必到之处，另外商务中心、土特产商场、康乐休闲会所等设施一应俱全。

图6-7　绍兴咸亨酒店

杭州新新饭店

杭州新新饭店位于杭州西湖核心风景区北山路（见图6-8）。饭店前身可追溯到19世纪90年代，由上海最早连锁企业"何锦丰洋广杂货号"老板何宝林（宁波人），在东楼旧址上陆续建成中、西式楼房三幢——称为何庄。1909年董锡赓发现商机，与何宝林之子何积藩合股在何庄开始接待宾客，1913年设计完成英文名为"The New Hotel"、中文名为"新新旅馆"的店牌。而后董锡赓独自经营，并于1922年建成一幢五层高楼（现称中楼），冠名还是沿用"新新旅馆"。

美国哲学家杜威、日本文豪芥川龙之介、宋庆龄、宋美龄、蒋经国、陈布雷、朱家骅、于右任、李叔同、徐志摩、巴金、胡适、张元济、史量才、刘子衡、鲁迅、茅盾、郭沫若、丰子恺、华罗庚、启功、沙孟海、汪道涵、李可染、程十发、周昌谷、傅抱石等众多政要和社会名流曾下榻于此。1935年，奥地利姑娘瓦格娜与中国警官杜承荣在此演绎了一场催人泪下的跨国恋情。1981年，首届中国金鸡奖、百花奖明星夏衍、秦怡、白杨、达式常、王馥荔、张瑜、谢晋等在此下榻。

图6-8　杭州新新饭店

思考题

1. 假设你是杭州新新饭店的管理者，你觉得应该如何进行市场定位及推广？

2. 饭店产品在设计过程中需要关注游客的参与性，主题饭店更需关注，你认为杭州新新饭店可以从哪些方面来设计产品，以增强对目标客源的吸引力？

测试题

经济型饭店

第七章 经济型饭店

引言

　　经济型饭店是饭店业为适应消费者需求变化的产物，是相对于传统的全服务饭店（full service hotel）而存在的一种新业态。本章内容在结合国外经济型饭店发展历史的基础上，总结了我国经济型饭店的发展历程、发展特点、发展前景与趋势，分析了中国经济型饭店在发展中存在的主要问题，并重点介绍了中国经济型饭店的三大著名品牌：锦江之星连锁酒店、如家快捷酒店和7天连锁酒店。

教学目标

知识目标：

▶ 掌握经济型饭店的概念、分类和特征。

▶ 了解国内外经济型饭店的发展概况，中国经济型饭店发展的前景。

▶ 了解中国著名经济型饭店品牌及其成功原因。

核心概念：

▶ 经济型饭店 经营模式 前景与趋势

第一节 经济型饭店的定义与特征

一、经济型饭店的概念

（一）经济型饭店的定义

经济型饭店的概念

　　目前，学术界对经济型饭店还没有形成一个公认的定义。国外对经济型饭店的划分主要以价格为标准。例如经济型饭店是指不提供全面服务的，房价在1991—1993年维持在33美元以下的饭店。Quest认为，经济型饭店是一种新类型饭店，规模小，设施有限，价格实惠。Lee指出，它是一种在饭店业发展最快的饭店类型，提供整洁而简单的房间。Bale指出，美国的经济型饭店只经营客房，大约150间，房价总体低于中等饭店的25% ~ 50%。Gilbert与Arnold认为经济型饭店是一种提供有限服务的旅馆，提供标准规范化的住宿环境，质量与三、四星级饭店相当，但价格便宜25% ~ 30%。在20世纪90年代初，Snior与

Morphew认为经济型饭店是一种面向短途旅游而预算较低的旅行者的住宿类型。Justus把美国的Microtel酒店规则描绘成一种经济预算的住宿业，提供基本设施，保持价格低廉，没有食品酒水服务，没有宴会设施、健身房和其他娱乐设施。Davidson指出，经济型住宿业具有所有连锁饭店业的优势，通过特定的设计和管理，以极具竞争力的房价，达到低廉的营运成本。

经济型饭店的核心理念就是在为住宿者提供较为舒适的住宿条件的同时，无须住宿者为饭店摊销娱乐等非主体设施的费用，力求在严格控制成本的同时为住宿者提供较为低廉的价格、舒适的核心服务。我国经济型饭店创始人徐祖荣概括经济型饭店的特征为："一星的墙、二星的堂、三星的房、四星的床。"即经济型饭店既有一星、二星饭店的节约，也拥有三星、四星饭店的标准舒适的客房服务。

根据经济型饭店的特点和中国的实际情况，经济型饭店的定义可以总结为："以大众旅行者和中小商务者为主要服务对象，以客房为唯一或核心产品，价格低廉（一般在300元以下），服务标准，环境舒适，硬件上乘，性价比高的现代饭店业态。"

二、经济型饭店的分类

（一）国外关于经济型饭店的分类

经济型饭店有三种类型档次：有限服务饭店（limited service hotel）、经济饭店（economy hotel/budget hotel）和廉价饭店（super budget hotel）。有限服务饭店在经济型饭店中属于高档次，经济饭店属于中档次，廉价饭店则属于最低档次。这三种层次的饭店价格相差很大，其硬件设施的差距也非常大，有限服务饭店的客房硬件设施不亚于四、五星级饭店，而一些廉价饭店则在削减成本的思想指导下尽量简化设备，客房设施比较简陋。我国目前市场上还没有出现非常清晰的产品层次的划分。

国外关于经济型饭店的分类

（二）国内关于经济型饭店的分类

按照运营模式，经济型饭店可以分为单体和连锁两种类型。

（1）单体经济型饭店。单体经济型饭店利用自有资金投资建设饭店，自我经营，所有权和经营权都不属于任何一个联号饭店或者其他类型的共同联合体。这种经营模式的管理成本和代理成本比较低，但是随着规模的扩大，其规模不经济性就显而易见。

（2）连锁经济型饭店。连锁经营是指企业集团在统一的字号、统一的形象、统一的企业文化和经营理念下，从事着统一的业务模式的新型业态。连锁经济型饭店按照市场范围的大小可以分为区域连锁和全国连锁；按照经营模式的不同又可以分为直营连锁、特许经营连锁和委托管理。

三、经济型饭店的特征

（一）产品的有限性

经济型饭店紧扣饭店的核心价值——住宿，以客房产品为灵魂，去除了其他非必需的服务，从而大幅度削减了成本。一般来说，经济型饭店只提供客房和早餐（bed & breakfast，B&B），一些有限服务饭店还提供简单的餐饮、健身和会议设施。

（二）产品和服务的优质性

与一般社会旅馆不同的是，经济型饭店非常强调客房设施的舒适性和服务的标准化，突出清洁卫生、舒适方便的特点。

（三）价格适中

相对于高档饭店动辄上千元的房价，经济型饭店的价格一般在300元以下，一些青年旅舍和汽车旅馆甚至只有几十至100元。

（四）市场定位明确

经济型饭店的目标市场是一般商务人士、工薪阶层、普通自费旅游者和学生群体等。而高档饭店往往以高端商务客人、高收入阶层、公费旅客为主要目标市场。

（五）连锁经营的方式

经济型饭店一般采取连锁经营的方式，通过连锁经营达到规模经济，提高品牌价值。这也是经济型饭店区别于其他星级饭店和社会旅馆的一个明显特征。

（六）管理结构扁平化

经济型饭店经营管理较星级饭店也存在较大的区别，一般来说管理的层次更少，更扁平化，员工队伍要求更为精干，以降低管理和人力成本。

四、经济型饭店的设计和规划要点

经济型饭店并不等同于廉价饭店。投资较少，运营成本低，是经济型饭店的特征之一，但这不是本质，也不是绝对目的。经济型饭店的本质是负担小、回报快，这两个要素使经济型饭店的一般性规模和经营定位相对有了一个范围。

（一）位置与环境

（1）经济型饭店的特点是少花钱、快赚钱，因此往往只能在经济发达、人口流动快、人口密度高、交通方便、市政设施成熟的城市或地区生存。经济落后的地区很难诞生真正意义上的经济型饭店。

（2）经济型饭店内部以客房为主要经营项目，餐饮、康乐、会议等配套设施很少或没有，所以饭店四周300米半径范围之内应有满足客人综合需要又步行可及的餐馆、酒吧、商店、邮政、娱乐、便利店等设施，交通站点也应较近。

（3）为经济型饭店选址时，要特别注意当地已有的市政条件和通信条件。

（二）投资与评估

（1）投资额度与投资目标必须取得合理的平衡。选址的同时需要对客源结构及其可靠性和持久性进行评估。

（2）投资额的确定基于对建设成本和运营成本两个内容的精确了解，以及对投资回报可行性和周期的客观计算。

（3）房间越多单位造价越低。

（4）设备的实用主义选择。

（三）规模与功能

（1）经济型饭店可大可小，但每层16 ～ 20间客房，总层数不超过10层的设定是比较理想的。恰当的总建筑面积应该限制在6000 ～ 10000平方米。当然，完全可以再小些。

（2）也可以将经济型饭店建在一个大的商业建筑群体内，让这组建筑的其他功能区（如餐馆、酒吧、剧场、商店等）自然而然地为饭店配套、服务。

（3）也可以将饭店首层的某个区域用来招商租售，比如安排快餐店、洗衣店、旅行社等，既补充了功能，又方便了客人。

（4）"B&B"（bed and breakfast），客房是经济型饭店的最重要功能，应占饭店建筑总面积的70% ～ 80%；其次是一个前厅（大堂）、一个餐厅（或自助餐厅），有时可能会有一个饼店、一个小商品亭、一个小酒吧等。经济型饭店并不希望客人在饭店公共区长时间停留，大堂是精致而实用的。饭店的运营、调度、监控、财务功能都设在前台区域。

（5）安全、卫生、方便是基本标准。

（6）社会化服务配套系统的支持和保障。

（7）雇工管理模式及应用。

（四）风格与形式

（1）经济型饭店也有"风格"和"通俗"之分。风格型更具文化性，追求某种艺术效果和主题内涵，强调人性化环境，利于销售；通俗型比较简单、廉价，对位置要求极为苛刻，经营不易。

（2）经济型饭店也分为"城市风格""度假风格""大陆风格"等，有不同的规律、不同的定位、不同的效果。

（3）风格的周期性。经久不衰的饭店风格大多是非"时髦"的，而比较通俗的饭店则必须不断用设计注入大量的文化血液以维持风格的生命。

（五）经济型饭店房间配比

客房越多，则公摊面积越少，单位造价越低，运营成本相对也低。但经济型饭店一般不宜超过200间客房数量。

■ 知识拓展

认识经济型饭店投资回报情况（按人民币计算）

按经济型饭店行业平均水平，即客房数为110间，平均房价180元和出租率90%来计算，具体来说，投资一家经济型饭店需要的总投资包括装修费用、加盟费用和启动资金，总计610万元。而饭店的平均收入＝平均房价×出租率×客房数×365天，共计650万元，按50%利润率计算，年均毛利润可达325万元。再从其中减去房屋租金和特许管理费用，得到年均现金流约为135万元。所以投资一家经济型饭店的投资回报期在4.5年左右（见表7-1）。

表7-1 经济型饭店投资回报情况

项目	计算公式	示例
年营收	平均房价×出租率×客房数×365	180×90%×110×365=650（万元）
年利润	年营收×利润率	650×50%=325（万元）
总投资	装修费+加盟费+启动资金	550+30+30=610（万元）
现金流	年利润—租金—特许管理费	325—150—40=135（万元）
投资回报期	总投资/现金流	610/135=4.5（年）

资料来源：艺旅决策智库。

第二节 | 经济型饭店的发展

一、世界经济型饭店发展概述

经济型饭店的概念产生于20世纪80年代的美国。经济型饭店（budget hotel）是相对于传统的全服务饭店而存在的一种饭店业态。经济型饭店的特点之一是功能简化，它把服务功能集中在住宿上，力求在核心服务上精益求精，而把餐饮、购物、娱乐功能大大压缩、简化甚至不设，投入的运营成本大幅降低。

经济型饭店在全球的发展经历了四个历史阶段：萌芽与发展初期、蓬勃发展期、品牌调整期、重新发展期。

（一）20世纪30年代末期到50年代末期经济型饭店的发展（萌芽与发展初期）

20世纪30年代末期到50年代末期是经济型饭店的萌芽与发展初期。这一阶段的主要特点是汽车旅馆的出现与发展。20世纪30年代，随着美国大众消费的兴起以及公路网络的发展，汽车旅馆开始出现，为平民出游提供廉价的住宿服务。例如，早在1939年，美国佛罗里达州几家汽车旅馆就自发形成了行业联合组织品质庭院（quality courts），并于第二年改名为品质庭院联合酒店（quality courts united），为单体汽车旅馆业主提供行业服务。二战后，美国经济的繁荣带动了大众旅游发展，引发了对中低档住宿设施的大量需求；城际高速公路网络的建成则促进了汽车旅馆的风行。1952年成立的假日汽车旅馆在吸收了过去汽车旅馆发展经验的基础上改善了服务质量，并且第一次尝试采取标准化方式复制产品和服务，在短短的十年时间里沿着美国的公路网络迅速发展。

（二）20世纪60年代初到80年代末期经济型饭店的发展（蓬勃发展期）

从20世纪60年代初到80年代末期，经济型饭店进入蓬勃发展期。饭店数量迅速增长，而且产品形态呈现丰富的层次性，开始朝着多元化方向发展。连锁经营开始取代传统的分散经营模式，单体饭店开拓出快速发展的扩张途径，一些发展得比较成熟的经济型饭店开始并购整合单体饭店。同时，经济型饭店开始了国际化的发展，从美国传播到加拿大、中美洲、南美洲以及欧洲。这种扩张刺激了本土经济型饭店的兴起，尤其是欧洲的经济型饭店开始快速发展。到80年代末期，经济型饭店已经成为欧美发达国家成熟的饭店业态。

（三）20世纪80年代末期到90年代末期经济型饭店的发展（品牌调整期）

从20世纪80年代末期到90年代末期，经济型饭店行业开始进行品牌调整。经过长期的快速发展，经济型饭店进入了市场成熟期，高速增长和大规模扩张的动力逐渐减弱。大型饭店集团的多元化战略和投资政策促使饭店集团更加倾向于通过资本运作来购买和整合原有行业内的品牌，而不是自创的品牌。市场竞争淘汰了一些管理力量薄弱、资金运营不畅的品牌，一些大而强的品牌则因资本实力和管理实力变得越发强大。竞争的加剧迫使企业转向服务质量管理和品牌建设。品牌建设、质量管理、市场细分、产品多元化等企业内部管理得到前所未有的重视。

（四）新时期经济型饭店的发展（重新发展期）

进入21世纪，经济型饭店进入了新一轮快速发展期。这主要表现在经济型饭店在发展中国家的市场开拓和本土品牌的发展。在中国、东南亚等地区，经济型饭店的扩张非常迅速。世界著名的经济型饭店品牌陆续进入，如雅高集团的宜必思（Ibis）、方程式1（Formula 1），圣达特集团的速8（Super 8）、天天客栈（Days Inn），洲际集团的假日快捷（Holiday Inn Express）等，都纷纷瞄准了亚洲市场。同时，一些亚洲本土的经济型饭店品牌也开始发展，如中国的锦江之星和如家快捷等。

二、中国经济型饭店发展概述

（一）中国经济型饭店的发展现状

20世纪90年代，经济型饭店的概念开始进入中国。1996年，上海锦江集团推出了中国第一个经济型饭店品牌——"锦江之星"；进入21世纪，各种经济型饭店品牌如雨后春笋般迅速发展起来。携程网和首旅集团于2002年共同推出如家快捷品牌；美林阁于2003年推出"莫泰168"品牌；2004年，徐曙光创立格林豪泰（Green Tree）品牌，同时美国速8和法国雅高旗下"宜必思"等国际品牌也开始进入中国；2005年，7天和汉庭相继成立。除此之外，一些区域性的经济型饭店品牌也在部分地区迅速扩张，并积极打造全国性品牌；中国经济型饭店进入了飞速增长阶段。2005—2012年，中国经济型饭店快速增长，其间经济型饭店数量增长超过9000家，仅2012年与2011年年底相比，增长幅度就达35.68%。但进入2016年开始，经济型客房增速明显下降，行业进入洗牌期。数据显示，2016年全年新增客房约16.6万间，是自2010年以来增速最慢的一年。2017年，经济型饭店增长继续放缓，截至2017年年末，国内经济型饭店营业数为32444家，客房数为2009738间，客房数同比增长仅为9.95%。

特色中高端饭店、主题特色饭店、民宿等个性化住宿的兴起，逐渐将经济型饭店甩在身后。而同质化倾向成为新消费时代制约经济型饭店发展的最大"软肋"，加上价格优势早已被新兴市场主体稀释，陷入衰落也就不可避免。华住、首旅、如家等中国本土饭店管理集团逐渐加码中端饭店品牌布局。尽管中端饭店在国外已风靡多年，但我国中端饭店目前占比不足30%，市场潜力巨大。以华住为例，2017年华住净增中高端饭店316家，占华住净增客房总数的82%；首旅酒店年报显示，2017年首旅如家新开中高端饭店数量超过了经济型饭店数量。

当下经济型饭店已完成了从品牌积累到资本积累过程，都在面临转型期或寻求机会谋变，但转型并不代表只认准中高端。尽管中高端饭店市场增长迅速，但竞争也异常激烈，市场红海之下，未来供大于求矛盾或日益凸显。经济型饭店在转型道路上，只有充分了解市场趋势，提高基础品质和增值服务，提升大众消费者的体验感，走差异化发展之路，才能在激烈的市场竞争中脱颖而出。

（二）中国经济型饭店的发展特点

1. 经济型饭店行业成长迅速

搭乘了国民经济大力发展的快车道，中国经济型饭店以高出租率、高投资回报率、高成长率，取得了令世人瞩目的骄人业绩，创造了世界饭店业发展史上的增长奇迹。我国的经济型饭店主要服务于大众旅游者和中小商务旅行者，摒弃了星级饭店使用率很低的餐饮娱乐设施，而把更多的资源集中到商务客人最关注的睡眠、沐浴和商务设施上。借用汉庭酒店董事长季琦的描述是，经济型饭店的优势是"好睡觉、好洗澡、好上网"。经济型饭店正是凭借"三好生"的素质吸引顾客，打败招待所，挤压星级饭店。我国大众旅游市场的进一步成熟和中产阶级的发展，会给经济型饭店带来更大的市场空间。

2. 吸引了各类资本的涌入

众多国内外的投资人都看好了经济型饭店在中国的成长潜力，纷纷注资，包括国内自由资金、其他实体企业投资、国际风险投资等。此外，各饭店为了增强自己的资本运作实力，纷纷筹划上市，2006年10月26日，如家快捷在美国纳斯达克挂牌上市，之后又有多家企业跟进。

3. 行业标准缺失

"经济型饭店"是一个从西方引入的概念，不能轻易与二星级饭店、一星级饭店、社会旅馆、招待所等住宿设施等同。目前我国有一些服务质量不高、卫生条件差、管理不规范的饭店，也打着"经济型饭店"的旗号，结果使得人们将经济型饭店同脏、乱、差的社会旅馆、招待所等同起来，让人们对经济型饭店产生了错误的认识。经济型饭店行业没有统一的规范标准，其内涵和外延还有待于在现实发展中给予进一步规范和完善。中国不缺价格经济的饭店，缺的是达到真正经济型标准的饭店。

4. 专业的管理人才匮乏

目前经济型饭店的主要经营管理者来自国内饭店集团。国内品牌对市场熟悉，但管理经验特别是经营一个经济型饭店品牌的经验还很缺乏。而国际品牌有成熟的管理经验和人才培训体系，但对国内市场的了解和驾驭能力则显得不足。未来，如何利用国外品牌培养专业的管理人才，是国内和国际品牌合作的一个重要方向。中国培养的大部分饭店经理人都是为大饭店"定做"的，专业的中小饭店管理人才培养较少。

（三）中国经济型饭店经营模式

由于进入的技术门槛相对比较低，经济型饭店的快速规模化成为竞争的主要目标，行业扩张冲动加剧了加盟争夺战。

1. 特许经营

加盟店即特许经营，由拥有技术和管理经验的总部，指导传授加盟店各项经营技术经验，并收取一定比例的权利金及指导费，此种契约关系即为特许经营。

由于自身资金的限制和寻找当地优秀物业资源的需要，经济型饭店通过加盟的方式快速占领市场，欧美等发达国家的饭店品牌加盟比例均已超过50%。目前经济型饭店业内的加盟费收入构成，都是采用"首期加盟＋特许管理费用"模式。对于加盟者来说，首期加盟费用通常为50万～70万元，需一次性付清。特许管理费用与客房收入挂钩，一般为客房收入的4%～7%，按年度支付。

2. 直营店

直营店是一种由公司本部直接经营投资管理各个零售点的经营形态，总部采取纵深式的管理方式，直接下令掌管所有的门店，门店必须完全接受总部的指挥。

中国经济型饭店加盟情况

锦江之星CEO俞萌说，迫于资本市场业绩的压力或者对资本市场的冲动，以量取胜成为经济型饭店快速发展的主要动力，通过加盟扩大规模，时机合适。"一次性加盟费的收取和酒店年收益的6%作为管理费，对于被加盟品牌而言，是一笔可观的、直接的利润。国际上的经济型饭店连锁集团加盟门店的比例高达50%～60%。"可见，连锁经济型饭店加盟店数远远多于直营店数已成业界趋势。部分经济型饭店的加盟费用及期限如表7-2所示。

表7-2　经济型饭店主要加盟费（人民币）及期限

品牌	首次加盟费用（一次性）	特许管理费用（每年）	加盟期限（年）
锦江之星	20万元＋（2500元×客房数）	客房收入×4.5%	8
汉庭	30万元＋（3000元×客房数）	客房收入×6%	8
如家	36万元＋（3000元×客房数）	客房收入×6%	8
7天	30万元＋（3000元×客房数）	客房收入×7%	5

资料来源：根据各饭店官网公开数据整理。

（四）中国经济型饭店存在的问题

1. 市场细分不充分，产品层次不清晰

在经济型饭店非常发达的美国，不同的经济型饭店所针对的目标市场是非常明确和独特的。有专门为自驾车客人准备的汽车旅馆，有专门为老年游客服务的饭店，有专门为青年背包旅游者提供的住宿设施，有专门接待女性旅游者的饭店，还有针对家庭出游的公寓式经济饭店。由于经济型饭店在中国的发展也就二十几年的时间，尤其是一些民族品牌，还没有明确的目标市场，或者对目标市场的细分工作不够细致和完全，只是笼统地把自费出游和中小商务客人作为目标市场，很少有进一步的划分，导致了市场重叠或者过于宽泛，产品设计没有层次，缺乏针对不同细分市场需求的产品和服务。中国目前市场上还没有出现非常清晰的产品层次的划分。

2. 管理经验缺乏，人力资源不足

在二十几年的发展过程中，国内的经济型饭店积累了一定的管理经验，但是与国外一些成熟品牌几十年的管理经验相比，不足之处仍然很明显。在成本控制、服务质量、培训机制、物流配送、企业文化等方面，需要继续改进。同时，中国以往的饭店人才是按照高星级饭店的服务规范和特性培养出来的，无法适应经济型饭店"一人多岗，一职全能"的技能要求。对于高层管理者来说，很少有既精通连锁经营又掌握饭店管理的人才。经济型饭店各个层次的人才都面临供应不足的问题。

3. 市场营销手段缺乏，销售预订网络不全

与国外品牌相比，我国经济型饭店品牌明显缺乏市场营销的意识和手段。尤其是一些区域性的品牌，知名度非常低，品牌形象构建也不够成功。尤其重要的一点是除了7天、锦江之星、如家快捷等少数几家饭店连锁建设了独立销售预订网络和电话中心以外，其他很多饭店都主要依靠专业的订房中心和旅行社来销售客房。即使是有预订网络的饭店，其预订技术和效率也不是很高，设计不够完善。

4. 非理性资本的涌入给产业带来冲击

经济型饭店的高投资回报率吸引了大量的资本，但是一些非理性资本的涌入也导致了很多问题。一些低星级饭店被资本收购后改头换面冠以经济型饭店之名；部分经济型饭店的管理、经营等各个方面都存在很大的问题；一些资本的真实关注点是地产，只想借经济型饭店之壳进入房地产市场。这些现象都会搅乱这个原本就不是很稳定的产业秩序，导致一般民众对经济型饭店概念理解的混乱，并且为价格竞争埋下隐患。

三、经济型饭店的发展前景与趋势

（一）行业快速增长，寡头竞争格局越趋明显

基于以上对中国经济型饭店现状和影响因素的分析，研究认为，3～5年内中国经济型饭店将维持高速发展态势，排名靠前的经济型饭店品牌在规模迅速扩大后，行业的寡头竞争格局将越来越明显。目前规模较大、具有较强竞争力的品牌还不到10个，小品牌数量则有几百个。2017年中国经济型连锁酒店品牌30强排行榜前十名分别为：如家酒店、汉庭酒店、7天酒店、锦江之星、格林豪泰、城市便捷、都市118、尚客优、莫泰酒店以及布丁酒店（见表7-3）。随着行业的发展，因快速扩张需求和优秀饭店物业资源的稀缺，品牌之间的整合也不可避免。

表7-3 2017年全国经济型饭店门店数排名

排名	饭店名称	集团名称	2017年年底门店数量（家）	2017年年底客房数
1	7天酒店	铂涛酒店集团	2424	218372
2	如家酒店	首旅如家酒店集团	2385	251987
3	汉庭酒店	华住酒店集团	2181	221157
4	格林豪泰	格林豪泰酒店集团	1332	118578
5	都市118	都市酒店集团	1126	55439
6	锦江之星	锦江国际酒店集团	1011	121993
7	尚客优	尚美生活集团	925	51993
8	城市便捷	东呈酒店集团	665	57309
9	布丁酒店	住友酒店集团	461	30264
10	莫泰酒店	首旅如家酒店集团	411	50220

（二）加盟店的比例继续提升

经济型饭店品牌在发展过程中，由于自身资金的限制和寻找当地优秀物业资源的需要，会通过加盟的方式快速占领市场。欧美等发达国家的饭店品牌加盟比例均已超过50%。近年来中国各大经济型品牌加盟店的比例不断提高。汉庭和7天酒店的加盟店的比例从创建到2007年的两年间都不到10%，但随后几年为了快速发展，加盟店的比例都迅速提高。在各家今后的发展计划中，加盟店的数量又高于直营店数量，所以加盟店的比例将进一步提高。如家2016年就有三套新的加盟体系：现有品牌的特许加盟，吸纳个性化单体酒店的"云系列酒店"以及针对旅游目的地民宿的"云上四季"。为吸引更多加盟者，2016年年初，如家将特许管理费由原先的6%调整为现在的4%，且签约8年合同可享10年权益；"云系列酒店"甚至不收特许管理费。

（三）入住率短期内将维持高位

入住率是经济型饭店运营中最重要的一个指标，直接决定了企业的盈利能力。经济型饭店的入住率水平一般都在80%以上，远高于维持饭店盈亏平衡所需的50%～60%的入住率水平。7天连锁酒店CEO郑南雁表示，现在的入住率主要受新开饭店的影响，新开饭店一般需要3～6个月才能达到正常的入住率水平。今后几年入住率还将维持在较高水平，未来行业达到一定规模后可能会有所下降。

（四）多品牌发展渐成趋势

在前几大品牌中，汉庭原本就是从中高端的"汉庭酒店"品牌发展到"汉庭快捷"品牌，随后又发展了"海友客栈"品牌；锦江旗下更是有"锦江之星""百时捷""金广""达华""白玉兰"等多个细分品牌；莫泰也有"Motel168"和"Motel268"品牌；如家也表示要开始发展中高端的"和颐"品牌。特别是在最近"百元酒店"迅速发展的背景下，许多品牌都希望尽快进入这个市场。

■ 知识拓展

对经济型饭店认识的误区

经济型饭店的主要服务对象是普通旅行者、中小企业商务人士和学生等。如果你是其中的一员，那么你可能对经济型饭店的潜在市场有一个感性的认识，因为这些人经常需要到外地旅游或者办事，但预算并不很多，非常希望在一个陌生的城市选择一家价格较低但又十分卫生和安全的饭店居住，对于饭店的豪华程度并不在乎。经济型饭店针对的正是这些人的需求，装修和硬件设施比较简洁，但非常突出"经济性"的特点，价格一般在100～300元。多数专家、业内人士包括政府有关部门，对经济型饭店这个耳熟能详的名词，几乎都没能给出一个统一的定义。正是这种模糊，致使经济型饭店投资领域至少存在四大误区。

误区一：价格混乱

经济型饭店如何体现"经济"？美国经济型饭店的房价一般为30～65美元。测算显示，中国经济型饭店的房价应该在120元左右才比较合理。然而目前中国大多数经济型饭店的价格已经远远超过这一标准。沪上某标榜"经济型"的饭店连锁品牌在饭店大堂、楼梯上设置雕塑，在卫生间使用大型喷淋头，甚至还设置上下两层的套间客房——高昂的建设、装修成本必须依靠房价消化。这家经济型连锁品牌尽管打出"168元"的房价标准，但实际平均房价已经超过200元。

误区二：炒作概念

什么是经济型饭店？专家认为经济型饭店就是"B&B"，即"床（bed）＋早餐（breakfast）"。经济型之所以"经济"就是在满足基本住宿需求的同时，省去了星级饭店的冗杂设施，节省投资成本。可是，中国大量所谓的"经济型"饭店缺乏这样的成本控制理念。个别饭店为了招徕住客，不但提供午餐，还提供饭店舞厅的舞票。上海某"经济型"饭店甚至炒出了DIY的概念，在饭店中设置厨房、洗衣房，让住客自助服务。在国外，一般只有最廉价的青年旅舍才让住客自助服务，但这家DIY的经济型饭店的最低房价也高达268元，显得不伦不类。

误区三：单兵作战

经济型饭店依靠什么降低成本？"连锁"和"品牌"是经济型饭店成功的两个要件：前者可以使企业做大规模，通过统一采购、统一订房降低成本，提升出租率；后者可以提高企业知名度，增加客源，提高竞争力。但是中国现存的大量经济型饭店却处于单体状态。没有统一采购系统、订房系统和品牌支援，在市场旺盛的情况下它们可以衣食无忧，一旦市场趋于饱和，就会面临被淘汰的危险。

误区四：疯狂加盟

投资者加盟连锁品牌，一定赚钱吗？在经济型饭店的热浪中，一些连锁品牌拓展速度很快，引起了投资者的瞩目。但是，利润诱惑背后隐藏着利润陷阱。一家国内民企花几十万美元从海外购得了某经济型饭店品牌中国地区代理权，开了一家样板店后就开始大量吸纳加盟者。它的盈利模式是：当连锁达到一定规模后，立即把品牌和网络高价转卖给其他投资者，或者以经济型、连锁、网络的概念择机海外上市，套取巨额利润。无论哪种结果，加盟者必输无疑，而接盘者或者股民也会血本无归。

连锁经济型
饭店

第三节 | 著名经济型饭店介绍

一、锦江之星连锁酒店

（一）锦江之星连锁集团的概况

锦江之星旅馆有限公司系中国驰名的综合性旅游企业集团——上海锦江国际酒店

（集团）股份有限公司旗下一家著名的经济型连锁饭店的专业公司。公司创立于1996年，注册资本17971.22万元。1997年，全国首家经济型饭店锦江之星上海锦江乐园店正式开业，"经济型饭店"这一概念由此被带入中国市场。2010年，公司从H股回归锦江股份A股，成为第一家在A股上市的主营业务企业。截至2018年1月底，锦江之星连锁酒店总数已超过1300家，其中境外4家，其余酒店分布在全国约340个城市。近年，锦江之星以品牌输出等方式先后亮相菲律宾、法国，成为国内最早走向海外的经济型饭店品牌。2016年始，为回馈多年支持锦江之星品牌的加盟商及客户，也为了让锦江之星品牌走向更广阔的发展空间，集团重新梳理整合旗下产品，推出"锦江之星·品尚"、锦江之星标准版、"锦江之星·风尚"，形成锦江之星品牌系列。目前旗下品牌有锦江之星快捷酒店、金广快捷酒店、百时快捷酒店、白玉兰、锦江都城等。

　　锦江之星始终以中国经济型饭店事业健康发展为己任，一直为探索中国经济型饭店的发展方向不懈努力，积极作为。它坚持以国际视野塑造经济型饭店品牌，以先进理念打造企业管理系统，以质量为先加快企业规模发展；坚持信誉至上、以人为本的企业服务理念；坚持共商发展、共创双赢、回馈社会的企业经营宗旨；坚持创新发展、铸造细节、追求卓越的企业精神。在这种理念与精神的指引下，锦江之星经过多年的实践与发展，以"安全、健康、舒适、专业"为品牌特质，品牌品质始终保持了行业的领先地位，受到了社会各界的赞誉，创造了国内经济型饭店业界的多个第一。"锦江之星"持续被评为"上海市著名商标"。此外，锦江之星还先后荣获"全球酒店品牌连锁先锋""中国最佳经济型连锁酒店""最具竞争力连锁酒店品牌""中国酒店业拓荒者奖""上海市最具成长力的服务商标""上海名牌产品"等诸多荣誉称号。以"营养、实惠、时尚"为特色的"锦江大厨"餐饮品牌荣获了"上海著名餐饮品牌企业"。

　　自公司成立以来，为努力成就业内专业典范，为使锦江之星成为出行者专业、超值、简约、安全、舒适的经济型饭店的首选，公司坚持以专业的水平、务实的精神、真诚的服务，精心塑造品牌，不断创新产品，不断提升服务质量，追求简约又时尚、不求奢华但讲究品位的风格，在服务中始终关注客人的住宿体验，将产品的服务内涵与客人的基本需求完美地结合，努力打造健康、安全、舒适的饭店产品，专业、真诚的饭店服务和清新、淡雅的饭店形象。始终保持产品的性价比处于同行最高，为客人提供一个"品味自然健康、享受简约舒适"的经济型饭店产品。

　　公司在发展中坚持国际化的经营管理方向，不断将国外著名经济型饭店集团有益经验与锦江之星的实际进行有效的结合与发挥，建立了质量管理标准系统、管理服务操作标准系统、运营支持保障系统、市场营销支持系统、计算机网络管理系统、人力资源支持系统，对各连锁店进行支持与服务，以保障连锁运营质量，维护提升品牌形象。公司通过品牌经营的方式管理饭店、出售特许经营权，并为加盟店提供品牌、销售、管理、培训、技术等全面的支持及服务。为促进品牌特许经营健康有序发展，公司经营管理的连锁饭店按照经营项目统一、服务标识一致、管理标准规范、营销策略超前、操作系统便捷和连锁联网、资源共享的模式为客人提供标准化、专业化的服务。公司设有专门培养经济型连锁饭店各类管理人才的锦江之星旅馆管理学院。

白玉兰酒店是锦江之星旅馆有限公司适应消费升级，于2017年推出的优选服务饭店品牌，强势直击中档饭店与经济型饭店之间的蓝海市场。"人文＋服务"是其核心竞争力。白玉兰品牌将东方美学和西方文化完美结合，灵动时尚的空间和舒适温馨的客房与城市文明融会贯通。为满足80、90后挑剔的味蕾、独到的眼光，白玉兰酒店把整个大堂打造为城市的会客厅、社区的文化舍，吸引客人走出客房，积极融入酒店用心为其准备的城市会客厅，共创属于白玉兰的文创社群空间。目前已与luckin coffee（瑞幸咖啡）等一些热门业态跨界合作，积极探索白玉兰品牌的无限可能性。自2017年10月品牌正式发布以来，白玉兰开业酒店已达13家，目前已签约及意向签约酒店逾100家，预计在未来3年内可发展至300多家。

知识拓展

锦江酒店集团"锦江"的由来

早在1935年3月，"锦江"二字作为锦江川菜馆的企业字号开始使用。1951年3月，为使来沪的党和国家领导人以及国际友人能有一个安全、可靠的住处，上海市政府以3亿元人民币（旧币）盘下锦江川菜馆和锦江茶室的全部资产，并沿用"锦江"字号，将华懋公寓改名为锦江饭店，于同年6月正式开业。

锦江国际（集团）有限公司

锦江国际（集团）有限公司（以下简称"锦江国际集团"）是中国规模最大的综合性旅游企业集团之一，集团注册资本20亿元，员工5万余名。"锦江"系上海市著名商标，品牌价值达172亿元。锦江国际集团以酒店管理与投资、旅行服务及相关运输服务为主营业务；控股（或间接控股）"锦江酒店""锦江股份""锦江投资"和"锦江旅游"4家上市公司。在中国境内，酒店网络遍及国内超过300个城市，酒店业务涵盖全服务酒店、有限服务酒店，酒店品牌包括J Hotel、锦江（JinJiang）、锦江都城（Metropolo）、锦江之星系列品牌（JinJiang Inn）、金广快捷（Goldmet Inn）、百时快捷（Bestay Hotel）等系列，以完善的综合酒店服务及独特的业务模式享誉全国；在海外业务方面，锦江酒店持股50%的美国洲际酒店集团（Interstate Hotels & Resorts, LLC）在全球10个国家管理了近400家酒店，并合资经营"肯德基""吉野家"等著名餐饮品牌，中、西快餐列上海第一；还拥有中瑞合作的酒店管理学院，从事中、高级酒店管理专业人才的培训。

锦江之星"4S版"

本着"经营一代，开发一代，构思一代"的理念，截至目前，锦江之星已经陆续推出了四代饭店产品。负责锦江之星项目建设的上海锦江国际旅馆投资有限公司CEO刘国祥先生介绍说："与第四代相比，研发完成的'4S版'的饭店产品将安全、健康、舒适、专业的理念得到更高层次的展现，商务功能更加突出，更多的节能环保技术得到应用，饭店客房的功能更人性化，舒适度也更好。"

新风系统是"4S版"产品的最大亮点之一

在安全健康方面，新的客房产品全面应用了自然新风系统，使客房环境的空气质量更加清新。由于客人晚上休息后，门窗是完全关闭的，门缝又很小，因此室内空气就比较污浊，不利于客人的身体健康。目前国内经济型饭店考虑到成本，还没有完全独立的新风系统。此次锦江之星全面推广的新风系统借鉴了国外发达国家的一些做法，使住店客人在晚上入眠后，门窗都完全闭合的情况下，能为客人营造一个更加健康、清新的睡眠环境。

商务功能得到进一步的加强

在商务功能的提升方面，Wi-Fi将在"4S版"的饭店产品中做到安全全覆盖，方便商务客人安全自由地使用网络。随着时代的发展，如今像iPhone、iPad等智能产品得到了迅速普及，商务客人对无线网络的需求越来越强烈，因此锦江之星在"4S版"产品的研发中，就很认真地考虑了这一问题。另外，为了提高住店客人的舒适体验，客房中的液晶电视机也被放大了尺寸，座椅也更加舒适。

公共区域的设计布局将更加舒适愉悦

"经济型饭店也要彰显品位"，在完成了饭店大堂的提升设计之后，在"4S版"的产品中，锦江之星重点对公共区域尤其是走廊做了新的改进，提高了走廊的温馨度，同时也强化了隔音效果。作为专业的饭店公司，锦江之星从一开始就给自己打上了"专业"的烙印。

为了实现做百年老店、树民族品牌的职业梦想，锦江之星人始终在追求，始终在把握着饭店发展的潮流。就像乔布斯引领了智能手机的消费需求一样，锦江之星酒店产品的创新升级一直在引领行业的风尚，引领消费者的住宿需求。"我们不仅在满足需求，更重要的是要创造一种需求，而且锦江之星还要把这种创新、创造常态化，让锦江之星的饭店产品不断带给客人新的惊喜。"

（二）锦江之星取得成功的原因

1. 行业先发优势

锦江之星自1997年在上海开创国内第一家具有现代意义的经济型饭店至今，始终坚持以国际视野塑造经济型饭店品牌并保持着行业的领先地位。在中国饭店协会组办的中国饭店与餐饮业改革开放30周年纪念大会上，锦江之星作为中国经济型连锁饭店的开创者，受到了商务部与中国饭店协会领导及与会嘉宾的一致称赞，对锦江之星注重安全、健康、专业和舒适的饭店经营理念与良好的服务品质给予了充分的肯定。在大会上表彰的30个"中国饭店与餐饮业改革开放30周年功勋企业"中，锦江之星被列入前三名"功勋企业与中国饭店业著名品牌企业"。

2. 创建"互联、互通、智能"的智慧企业

为实现企业提高盈利水平，加速市场扩张战略，便捷服务顾客，锦江之星与IBM合作建成了具备250个座席，拥有精细化运营管理、标准化服务及销售流程的大型综合呼叫中心。这不仅是全国饭店行业内的新标杆，更全面体现了智慧企业的管

理理念。"锦江之星呼叫中心实施整合管理项目"充分利用并集成了锦江之星现有技术、设备，通过标准化流程再造和互联互通的技术整合，全面提升了锦江之星呼叫中心的客服水平和精细化、智能化管理，为锦江之星提升顾客忠诚度，持续改善顾客体验，把锦江之星打造成与客户共建"互联、互通、智能"的智慧企业，为进一步提高市场份额与盈利水平奠定了坚实的基础。

3. 走有中国特色的网络营销

在众多纷繁的网络营销案例中，锦江之星的市场营销团队注意到，只有将中国网民的行为习惯和企业营销目标结合起来，才能实现网络营销的效果最大化。与国内风头正盛的SNS媒体——开心网合作，便成为锦江之星市场营销团队的一次重要选择。开心网的用户主要以国内各大城市的白领为主，其人群特征和消费品位符合锦江之星的品牌定位，这是锦江之星选择和开心网合作的重要原因。锦江之星在不影响开心网用户体验的前提下，给予潜在客户人群以足够的利益驱动。例如，在2010年1月20日开始到3月10日，锦江之星携全国已开业的300多家连锁店共同推出千万（奖品）别错过的主题优惠活动，奖品非常丰富，活动设置轻松、有趣。活动期间，在开心网首页广告的网民浏览量已经超过了100万次，网友们对活动帖子的浏览量达到500万次，每天都有近10万人次将锦江之星的抵用券作为礼物在亲朋好友之间互相赠送。

二、如家快捷酒店

（一）首旅如家酒店集团的概况

如家酒店连锁创立于2002年，2006年10月在美国纳斯达克上市。作为中国饭店业海外上市第一股，如家始终以顾客满意为基础，以成为"大众住宿业的卓越领导者"为愿景，向全世界展示着中华民族宾至如归的"家"文化服务理念和民族品牌形象。2016年4月1日，如家酒店与首旅酒店完成合并，如家从美国纳斯达克完成退市回归国内市场，如家酒店集团作为合并后存续主体，成为首旅酒店的控股子公司。公司借鉴欧美完善成熟的经济型饭店模式，凭借标准化、干净、温馨、舒适、贴心的饭店住宿产品，为商务和休闲旅行等客人提供"干净、温馨"的饭店产品，倡导"适度生活，自然自在"的生活理念。

首旅如家酒店集团由原首旅酒店集团和如家酒店集团合并后成立。首旅如家酒店集团旗下拥有以住宿为核心的近20个品牌系列、近40个产品。截至2018年3月底，首旅如家酒店集团在国内400余个城市运营3700余家酒店，覆盖"高端""中高端""商旅型""休闲度假""社交娱乐""长租公寓""联盟酒店"全系列酒店业务。根据中国饭店协会2017年5月发布的《中国酒店连锁发展与投资报告》，首旅如家酒店集团位居"2017中国酒店集团规模50强排行榜"第二名；旗下建国饭店位居"2017中国连锁酒店高端品牌规模10强排行榜"第二名；旗下如家酒店位居"2017中国连锁酒店规模30强排行榜"第一名。

2017年，首旅如家酒店集团荣获中国饭店协会"2017国际酒店科技进步

奖"——"科技创新特金奖";

2017年，首旅如家酒店集团总经理孙坚先生荣获CHTA（中国酒店科技联盟）2017 Most Valued Awards 个人奖；

2017年，首旅如家酒店集团荣登酒店业权威杂志*Hotels*"2016年度世界酒店集团325强"第八名；

2017年，"如家"品牌荣登酒店业权威杂志*Hotels*"2016年度世界酒店品牌50强"榜首；

2017年，首旅如家酒店集团荣登中国旅游饭店业协会"2016年度中国饭店集团60强"第二名；

2017年，首旅如家酒店集团旗下"如家酒店"品牌连续四年入选全球最大权威传播集团VPP评选的"最具价值中国品牌100强"，品牌排名第76位，并以4.17亿美元的品牌价值蝉联酒店行业第一。

（二）如家快捷酒店取得成功的原因

1. 塑造品牌

如家在品牌塑造上采取了战略三部曲。第一步，建设品牌。首先是设计一个朗朗上口、方便记忆的名字，"如家"这个名字与饭店定位保持了高度一致性，取"home away from home"之意，希望客人能够有"宾至如归，温馨如家"的感觉。同时，"如家"谐音"儒家"，一听便是中国品牌。同时在logo设计上，采用了轮廓圆润的五边形设计。外观就像一所房子，既简洁明了，又兼具包容性，中挂一轮弯月，散发出浓淡相宜的亲情。在装饰上，如家快捷酒店采用明黄色，其清新明快的店面设计风格和饭店内详尽的企业相关资料介绍，都给了消费者以强烈的品牌形象视觉冲击，加深了消费者对如家品牌的认同。在选址上，主要原则在于：选择大、中城市的"一类地区，二类地段"。这样既保证了客源，又扩大了品牌影响。第二步，品牌维护，包括建立如家酒店管理学院，确保品牌一致性；推出常客优惠计划，树立品牌忠诚度；淡化加盟，提倡直营，保证品牌的质量；实施品牌营销策略，强化品牌的知名度。第三步，品牌扩张，包括树立明确的做国内经济型饭店第一的扩张目标；摸索资本＋品牌的品牌扩张模型；线上与线下品牌扩张共举。

2. 建立标准

如家运营系统的标准化包括总部管控的标准化和门店营运的标准化。总部的标准化包括了运营标准化和服务支持标准化，其中运营标准化涉及了门店的选址评估统一、建店装修标准统一、开店及开业验收统一、品牌形象统一，服务支持标准化涵盖了人资、财务、行政、信息化。而门店的标准化体现在人、物、环境的三个统一上，包括：统一的服务流程和标准，各连锁店均提供准三星的服务，门店的管理干部和基层人员均接受统一的服务和礼仪训练，保证了入住每家饭店享受的都是一样的服务；统一的硬件设施，体现在运营系统、技术系统、信息系统的统一，以及对客服务设施统一，如各连锁店均提供24小时热水淋浴、空调、电视、电话，有标准的席梦思床具及配套家具；统一建筑设施及环境，所有连锁店均由国外设计师提供室内外的设计方案。

3. 借力资本

连锁企业要扩张，可以采取加盟和直营两种方式。对于如家来讲，要保证扩张的质与量的平衡，就必须多开直营店，对于资本的需求就迫在眉睫了。如家是中国饭店业投资主体中第一个引入国际风险投资的，为的是寻求市场扩张的资金支持。2003年，如家引入包括IDG（美国国际数据集团）、美国梧桐创投等境外战略投资者后，开始了大举扩张。2006年10月，如家酒店依靠IPO（首次公开募股）从纳斯达克融资1.09亿美元。当饭店业并购之风再次触动了人们的神经时，中国饭店业海外上市第一股如家酒店集团2011年5月以4.7亿元收购莫泰168国际控股公司（简称莫泰）的全部股份。

4. 优化渠道

饭店的直销渠道包括散客、企业客户、旅行社客户，通过饭店官网和饭店电话进行预订；分销渠道有全球GDS预订系统、第三方饭店预订平台（如携程、同程、去哪儿等）、地方性的小型订房中心。目前，各经济型饭店为了增加利润，往往会严格控制直销与分销的比例，如家目前的自有渠道比例控制在85% ~ 90%，在行业内属于领先的地位。据相关数据统计，2011年经济饭店行业的电子商务规模约为240亿元，占行业总收入的90%左右，电子商务平台能最大限度地优化客房预订模式，减轻前台及呼叫中心的压力，压缩销售成本，如家已经实现了集PC端、呼叫中心、短信和移动端于一体的电子商务平台，其电子商务程度居于国内饭店行业的前列。

知识拓展

如家酒店集团的企业文化

如家的愿景：成为大众住宿业的卓越领导者！

如家的理念：把我们快乐的微笑、亲切的问候、热情的服务、真心的关爱献给每一位宾客和同事。

如家的使命：

为宾客营造干净温馨的"家"；

为员工提供和谐向上的环境；

为伙伴搭建互利共赢的平台；

为股东创造持续稳定的回报；

为社会承担企业公民的责任。

如家酒店的服务理念：

Convenience，便捷——便捷的交通，使您入住如家从此差旅无忧。

Warmth，温馨——亲切的问候和照顾，让您仿佛置身温馨的家庭氛围。

Comfort，舒适——我们在意每一个细节，专业服务为您带来舒适的住宿感受。

Value，超值——贴心的价格，高品质的服务，选择如家，超值就是这么简单。

三、7天连锁酒店集团

（一）7天连锁酒店集团的概况

7天连锁酒店集团（7 Days Group Holdings Limited）创立于2005年，自2005年3月在广州北京路开出第一家分店以来，短短几年取得了迅猛的发展。创建前三年以每年400%的增速发展，随后一直保持行业领先的增长率，2009年之后一直保持行业最快的扩张速度。2011年，7天连锁酒店完成了对"华天之星"（华天之星是隶属A股上市企业华天酒店集团股份有限公司的经济型连锁饭店）的收购。2009年11月20日，7天连锁酒店在美国纽约证券交易所上市。作为第一家登陆纽交所的中国饭店集团，7天连锁酒店秉承让顾客"天天睡好觉"的愿景，以直销低价模式，快乐自主的服务理念，致力于为会员提供干净、舒适、快乐的住宿环境和氛围，满足客户的核心住宿需求。2013年7月17日，铂涛集团正式成立，同时完成对国内连锁酒店品牌——7天连锁酒店的私有化收购，7天连锁酒店成为该集团旗下的全资子品牌。与此同时，铂涛集团一举发布推出多个酒店品牌：铂涛菲诺酒店（Portofino Hotels & Resorts）、丽枫酒店（Lavande Hotels）、喆啡酒店（James Joyce Coffetel）、ZMAX潮漫酒店（ZMAX Hotels）。2015年9月18日，铂涛集团接受锦江国际旗下上市公司锦江股份的战略投资，这标志着国内酒店业积淀最深的锦江国际与最具创新活力的铂涛集团强强组合，成为跻身全球前五的中国酒店集团。2017年1月16日，铂涛和锦江会员数据整合，有效会员人数超过1亿。

（二）7天连锁酒店集团取得成功的原因

1."垂直切割"的经营理念

自创立以来，7天连锁酒店一直以创新的发展模式引领着国内经济型饭店的发展趋势。从创立至今，7天连锁酒店坚持践行"垂直切割"的经营理念，不断满足会员的核心需求。根据目标受众（年轻，偏好廉价，注重实用）的需求倒推产品定位，把有限的资源尽数倾倒在最能使之感受到价值的地方，即切实用在住客身上的、满足"住"这一核心需求的——床垫及隔音门板（睡好觉）、花洒（洗好澡）、有线网络及无线网卡（上好网）、营养套餐（吃好早餐）；其余因素，如繁华地段、富丽大堂、康乐设施、复杂家具、冗余人工等一概剔除。这种最大限度地发扬目标定位，究其一点、不及其余的策略在7天连锁酒店内部被概括为"垂直切割"。

🔲 **知识拓展** --

以"垂直切割"修炼"内在美"

雅兰为7天连锁酒店定制了一款改善脊椎承托功能的床垫，而7天则计划在未来2年内斥资数千万元，逐步将旗下饭店的床垫全部升级为雅兰护脊床垫。如果相伴随的不是房价上涨，这对7天的会员和潜在受众而言无疑是一则利好消息：拥有多项专利的雅兰一向是高端床垫品牌的代表，入驻的往往是丽思·卡尔顿、JW万豪等五星级饭店。花几乎是最便宜经济型饭店的钱，躺在五星级的床垫上，无须仔细计算这也是件性价比甚高的美事。

有趣的是，如此大方的7天留给人们的一向是一个"抠门"形象：专拣非核心路段、非临街物业开店，甚而从中间楼层起租，前台都不在一楼；房间特别紧凑，平均面积17平方米，小于行业平均；相应的，窗户也更小一些，写字桌不装抽屉，只有一个插座；不提供一次性洗漱用品，不能免费打电话上网，吹头发要到走廊上，买泡面要下楼……一个经典段子是，有住客推开饭店房间的床，竟发现床下是没有地板的！

然而，以入住的步骤而非参观的心态，我们感受到的则是另一重理解下的"精明"：在7天连锁酒店网站直接订房，可过滤非实时房态，并节约拨打呼叫中心的等待时间；新推出智能手机Android系统客户端的会员试用版本，集合了几乎所有官网功能，在行业内率先做到了掌上check-in；订房的同时可选择是否需要、需要哪些日用品，销售的洗漱用品合作方是高露洁、棕榄和宝洁，售价则基本与超市持平；浴巾外包一层消毒包装隔离二次污染，下楼可自取一盒睡前牛奶，早餐定价较实惠且作为可选项不包含在房价内；凭会员卡可即时退房，免去查房这一被许多商旅客人归结为负面心理暗示的环节。

经济型饭店在控制成本方面都做了很大的努力。饭店在采取任何一项降低成本的措施时必然有一个前提，那就是品质绝不能下降。在买方和卖方之间存在着这样一种现象：买方总是希望价值越高越好，卖方总是希望成本越低越好。这看上去是一对矛盾，但是其实未必如此，所以对于企业经营者来说，他必须对客户的需求进行拆解，将其拆解成核心需求或非核心需求，核心附加值或非核心附加值。如果企业想降低成本，必须在核心需求提升的情形下，对非核心需求做一定的资源重组。

2. 电子商务的运用

在分店规模快速扩张的同时，信息技术的大力运用成为7天连锁酒店发展的重要驱动力。作为国内经济型饭店的领导品牌，7天连锁酒店在电子商务领域的持续探索和创新，一直是其区别于其他传统服务企业和同行的重要优势与显著特点。7天连锁酒店从只有5家分店的时候，就开始着手发展电子商务，依靠领先的电子商务平台和IT（互联网技术）基础设施，建立了具有7天特色并领先于业词内的电子商务体系，是业界唯一将网站和饭店数据库完全对接的饭店品牌，成功缔造了业内第一电子商业事务平台。7天强大的IT电子商务，为注重价值的客户提供从预订、入住到离店的全程互动沟通服务，同时也增强了顾客黏性。7天会员在预订饭店的时候，除了7天官网，还可以使用手机客户端等多种预订方式，即可完成整个预订、预付流程，既便捷又高效。目前7天80%以上订房来自会员在官网自主下单，其余来自呼叫中心及饭店前台walk-in，只有不到1%通过第三方渠道（少到在7天内部没有准确的统计数据），几乎可以定义为直销；会员在论坛上互动点评的数量达到了每月13万条。电子商务对7天总交易额的贡献已经达到80%以上，而会员对7天的贡献率更高达98%。

3. 提高产品和服务品质

目前，经济型饭店行业还没有像星级饭店一样的公开评价机制，因此，客人在选择饭店的时候，难以直观地判断某一分店的服务品质，尤其是硬件设施上的标准。在行业快速发展的同时，如何确保服务上的规范化、透明化，让客人能明明白白消费、真真切切体验，成为几大经济型饭店品牌关注的焦点。2011年年初，7天连锁酒店率先在行业中推出了"Q＋服务认证"项目，并成功地把这种服务认证体系发展为7天连锁酒店官网引导会员选择分店的依据。"Q＋服务认证"，是中国经济型饭店业的第一个服务认证体系，也是这个行业第一套由企业自发制定的服务标准。现已经推出的4个Q＋认证项目——7天连锁酒店定制舒睡床垫、10秒速热淋浴、免费Wi-Fi、洁净毛巾封包等推进十分迅速。目前，已完成床垫升级的分店达到400家，累计投入将近8000万元；和中国移动合作推出的免费Wi-Fi服务，已有近100家分店完成铺设；10秒速热淋浴系统和洁净毛巾封包服务则已覆盖全国各大分店。从7天连锁酒店每个月回收的近15万份会员调查问卷分析结果来看，"Q＋服务认证"受到了会员的广泛欢迎，在会员中的认知度非常高，而这种认知也进一步提升了客人的入住体验，提高了客人的满意度。

4. 独特的治理结构

7天连锁酒店的治理结构与其他连锁饭店都不一样。传统连锁饭店业务的管理是按区域划分的，前提是能找到合适的区域负责人。但此假设往往难以成立，因为在快速扩张的过程中，骨干通常比一般人才更难得。如果负责人不合格，整个区域都会被拖垮。在大动荡的情况下，划分区域的压力也很大。所以，7天连锁酒店的方式是，干脆假设永远都不会出现合适的区域负责人，而将整个系统视为一张网，每个分店就是网上的一个点。这种以单店为核心、监管型的管理模型，在7天连锁酒店的话语体系里，被称为"放羊式"。

■ **知识拓展**

"放羊式"管理

当被"放羊"时，店长的自主权很大，就算是请亲戚吃饭也可以开单报销。"只要你认为这个亲戚能带来生意，这属于你的商业判断。"但这种判断不是难以被制衡的，效法自NBA的"奢侈税"制度被引入了进来：将单店支出扣除房租等例行项目之后，计算出中位数，实际支出超出中位数15%的分店要从奖金中扣除超出部分，用于奖励低于中位数15%的分店。这种设置导致不同分店的奖金差别可能很大，多的有几万元、十几万元，少的则可能为负。这正是郑南雁想要的内部竞争："湖人每年都交奢侈税，但人家拿冠军，广告费高到完全不在乎支出这一笔，这样也行啊。"

在拥有决定权的同时，也意味着店长不能做错。一旦被系统和人力抽查发现问题，处罚会非常严格。如果被认定有贪污、虚假报销等过失，即使金额只有几百元也可能面临开除风险，不存在中国式的情有可原。"因为放权的前提，是建立在信任的基础之上的。7天的管理方式，就是把每个店长都视作独立经营者，让他们意识到自己是自己的老板，自己做主，对自己负责；而不是等着老板告知该做什么，犯了错也一概推到老板身上。抱打工心态的人会很不适应7天的管理，觉得缺少温情。但在我看来只有把每个员工都培养成创业伙伴，公司才能经营得更好。"郑南雁很推崇美国式的监管理念，表面上不怎么管，一旦违规则必须对结果负责，"这样会使得社会管理成本很低"。

任何管理都是有利有弊的，这种"放羊式"管理当然也有缺点：分店间缺乏协同效应。为弥补之，7天设立了"区域执政官"这一协调性职位：各区域通过民主选举选出一位店长兼任"执政官"，作为区域连锁业务的最高负责人，负责提升区域业绩、组织协调其余店长的工作。"执政官"享有一定的财权、评估权，但无人事任免权。一旦获任"执政官"，工资就翻了一倍，相当于多了一笔补贴，做得好还会上涨。"执政官"每年选举一次，为的是避免形成官僚机制，技术出身的郑南雁对之有天然的反感。目前，7天在全国共有25位"执政官"。其中，广州、北京两个城市由于分店数量太多，分别设置了2位。

店长与总部之间，还有一级组织："立法会"。从内部选出"九大立委"——由9位店长组成的团体，对公司治理结构中的重要决策具有审议权。为了让"立法会"的存在不流于形式，每次召开会议都要对7天的全体员工全程直播。普通员工有任何想法，都可随时给系统内任何一人电邮；但要成为店长，则需经受三个月的密集培训，期间可能面临洗两个月厕所之遭遇。店长又分为七个星级，目前最高星级者为五星，共有3位，都做过"区域执政官"；四星级店长则有20多位，享受"创业计划"，得到公司借款，利率接近银行，但一旦离职必须尽数还清；三星级店长开始享受期权；达到一星级的店长开始享受奖金。

如是，公司就像一个小社会，一套复合型系统将一切的人和事串联起来。郑南雁说他从不参加任何商会，因为在他看来，相比较人脉关系带来的信息和利益，内部系统的运转和消费者需求的满足更为重要。

5. 采取会员制营销

最初为了控制成本，7天连锁酒店选择了"推广会员制"这种直销模式，而不像很多连锁型经济饭店那样，依附第三方平台推广饭店。自2005年7天连锁酒店成立时，其自主开发的中央预订系统也投入使用。通过采取会员制营销，依靠强大的网络体系，7天连锁酒店使得客人能够直接通过企业门户网站获得便利的订房服务，从而节约成本。现在很多饭店都和中介多少有合作，有些销售能力不佳的小饭店可能很依赖中介渠道，相比于行业10%～15%的中介预订比例，7天连锁酒店把这个数字控制在1%左右。庞大的会员数量成为7天连锁酒店全直销计划的坚实基础。

亚朵酒店（Atour Hotel）

"我想和你一起听歌醒来。"

2018年4月初，网易云音乐酒店的开业，给这句撩人情话赋予了新的意义。

站在网易云音乐背后的合作伙伴是亚朵酒店。实际上，在网易云音乐之前，亚朵就曾先后和网易严选、网易漫画、腾讯QQ会员、知乎、果壳、日食记、差评等多家线上IP（知识产权）方合作，用"IP＋酒店"的模式，提升自身在大众市场的品牌影响力。亚朵的第一家酒店于2013年8月开业，坐标西安。截至2018年7月15日，亚朵酒店共开业203家，签约563家，分布134个城市。

■ 思考题

1. 你可以通过网络、实地考察等方式，多渠道了解亚朵酒店的特点，分析亚朵酒店和目前中国市场上其他经济型饭店的区别。

2. 分析亚朵酒店取得成功的原因。

测试题

民宿

第八章　民宿

引言

　　随着我国旅游从观光为主，转向观光、体验、休闲并重，民宿作为一种深度游的方式受到了大众的青睐。民宿有别于传统酒店的旅游接待设施，是人们体验旅游地风俗和文化的载体。作为新兴的旅游业态，民宿依托良好的生态环境、独特的人文风俗和季节性的特色农事活动等，逐步成为在住宿行业巨大发展和转型中成长的一种新热点。

教学目标

知识目标：

▶ 掌握民宿的定义、起源、特点及与饭店的区别。

▶ 掌握民宿的服务管理，了解民宿体验项目设计原则。

▶ 了解国内民宿现状，民宿发展存在的问题及解决的策略。

核心概念：

▶ 民宿

第一节 ｜ 民宿概述

一、民宿的定义

（一）民宿的概念

　　民宿作为近年来旅游界的热门新名词，学术界对此尚未有统一定义。中国台湾省2001年出台的《民宿管理办法》中对民宿的定义为：民宿是指利用自用住宅空闲房间，结合当地人文、自然景观、生态、环境资源及农林渔牧生产活动，以家庭副业方式经营，提供旅客乡野生活之住宿处所。一般认为，民宿究其起源，最早来源于英国的B&B（Bed and Breakfast），也就是提供早餐和住宿的家庭旅馆服务方式。但今日中国大陆对民宿的理解已经有别于欧洲国家的B&B，而与日本和中国台湾的民宿相一致。日本的民宿起源于20世纪70年代，主要是农民把自家空余的房子进行整修供游客住宿，并提供餐饮和导游服务，让游客在休闲中体验家的温馨。我国台湾民宿业发展较为成熟。台湾民宿于20世纪80年代初在垦丁国家公园附近开始兴起，之后扩展至阿里山等旅游地区。台湾民宿根据其经营规模，以客房数15间以下，且客房总楼地板面积150平方米以下为原则。但位于原住民保留地、经农业主管机关核发经营许可证登记证之休闲农业区、观光地区、偏远地区及离岛地区之特色民宿，则以客房数15间以下，且客房总楼地板面积200平方米以下之规模经营。中国大陆民宿则在最近20年间才得以兴起和发展。丽江、拉萨、阳朔、成都等地的民宿数量增长较快，品质也很高。2017年8月，国家旅游局发布《旅游民宿基本要求与评价》国家标准，提出旅游民宿（homestay inn）的概念：利用当地闲置资源，民宿主人参与接待，为游客提供体验当地自然、文化与生产生活方式的小型住宿设施。规定旅游民宿单幢建筑客房数量应不超过14间（套），并根据所处地域的不同分为：城镇民宿和乡村民宿。旅游民宿分为两个等级：金宿级、银宿级。金宿级为高等级，银宿级为普通等级。等级越高表示接待设施与服务品质越高。

（二）民宿与农家乐的区别

20世纪80年代，我国乡村开始形成农家乐，农民使用自家居住房屋接待游客，提供特有的乡村风景和农家菜肴作为吸引要素，多为一日游，很少住宿。随着家庭旅馆的概念进入我国，农家乐在原有基础上，开始提供住宿产品，作为旅游补充接待。2000年以后，随着游客个性化旅游需求及旅游电子商务的发展，住宿产品的形态也发生了多样性的变化，民宿就在此时逐渐产生。2009年国务院公布《国务院关于加快发展旅游业的意见》，确立了旅游产业作为国民经济的战略性支柱产业的定位；2013年出台的《国民旅游休闲纲要（2013—2020年）》，对休闲旅游发展做出政策指导。农家乐开始转型升级，乡村民宿旅游产品呈爆发性增长。民宿与农家乐的差异如表8-1所示。

表8-1　民宿与农家乐的差异

项目	民宿	农家乐
名称内涵	围绕"民"做特色；游客在参观旅游景区后，通过住宿在"本地之民"主人的个性化空闲房屋中，体验当地的民风民俗和特色休闲（房屋装饰、菜肴、节庆、技艺等）	以乡村自然环境和人文风俗为吸引要素，提供餐饮为主，娱乐、住宿为辅的乡村旅游接待设施
地理位置	城市、乡村	乡村
产品类型	观光、体验	观光
产品层次	大众、精品	大众
产品风格	双向；主客互动、人文气氛浓厚	单向；游客个体

（三）民宿与家庭旅馆、客栈的区别

家庭旅馆和客栈是在农家乐基础上，于20世纪90年代开始兴起的。家庭旅馆以住宿为主，客栈在家庭旅馆基础上，向住宿、旅游、娱乐等多功能发展。家庭旅馆价格低廉，设施设备相对简陋，多位于城郊或景区周边。而客栈多依附古城、名镇，以文化体验为主，经营项目或服务逐步体现当地特色。民宿则是在农家乐、家

庭旅馆及客栈基础上进行变化，相比传统酒店其规模较小，有多种经营方式，强调地方文化和"家"的感觉。民宿与农家乐、家庭旅馆及客栈的区别如表8-2所示。

表8-2　民宿与农家乐、家庭旅馆及客栈的区别

类型	起源时间	主要形式	特点
农家乐	20世纪80年代	以餐饮为主，娱乐、住宿为辅	利用自然生态环境、乡村生活等资源吸引城市居民，主要以农业观光为主，旅游基础设施较差，价格低廉
家庭旅馆	20世纪90年代	住宿	位于城市、景区周边，旅游基础设施较差，价格低廉，管理不够规范
客栈	20世纪90年代	以住宿为主，向餐饮、住宿、旅游、娱乐等多功能发展	依托名城、古镇，以文化体验为主，经营项目体现当地特色
民宿	21世纪	以住宿为主，并配套餐饮、娱乐、休闲体验等综合服务	民宿主人或外来经营者利用具有乡土气息和地域特色的民舍进行开发，有"家"的感觉，体现主人文化及当地特色，有主客的互动交流

二、民宿的特点

民宿具有旅游产品的共性：其一为综合性，即有形和无形的结合；其二为不可储存性；其三为生产与消费不可分割性。民宿自身同时又具有以下特征。

（一）有故事

民宿是需要有故事的，民宿主人或民宿建筑本身的故事往往成为一大卖点，也是住店客人的兴趣点。听民宿老板讲述自己的故事、生活，是很多自由行的人们钟爱民宿的理由。旅游很多时候需要"无中生有"，能不能成功，就在于这个"有"字做得精彩不精彩，也就是说要有创意，会讲故事。大部分民宿都有故事可讲，一方面是民宿经营者及身边人的经历故事，另一方面是民宿结合当地人文历史创作的故事。

（二）有美食

民宿要吸引客人，美食也是重要的因素。"民宿是一种生活方式，一种包括人文、餐饮情怀下的生活。"有些民宿虽然在房间设计等方面不是很有特点，但民宿提供的美食却深深吸引游客，也成为民宿的一大卖点。不少民宿没有提供餐饮服务，但民宿周边有当地的特色美食，也为民宿增色不少。

（三）有亲情

民宿跟酒店最大的不同是民宿能营造家的感觉，所以民宿不适用标准化的服务，游客希望体验一种家的温暖、亲人般无微不至的体贴。客人入住后会惦记着那个家，想着那些人、那些事。

（四）有体验

选择住民宿，就是选择了慢生活，"慢"就要让人在旅游目的地待得住，入住后有深刻印象。民宿如果仅以"床"为唯一卖点，势必会带来发展困境，逐步走向衰落。入住民宿，要让游客有场景的代入感，体验当地独特的风物、风俗、风情和风味，可开展与当地节庆风俗结合的活动，如采茶、做清明团等，也可开展结合季节特点的活动，如放风筝、出海捕鱼等，还可以插花、制作西点、爬山、骑行等。

（五）有情怀

民宿的主人有的是设计师，有的是生意人，有的是旅游达人，他们最初都是带着满满的情怀，看中经营民宿这种生存方式。民宿主人对生活的态度、对人生的看法都会对民宿经营产生一定影响。

三、民宿的分类

（一）根据经营模式分

民宿根据经营模式的不同，可以分为个体经营、公司经营和合作经营三大类。

个体经营的民宿又可分为主业经营和副业经营两种。所谓主业经营，就是民宿经营是业主的唯一或主要经营项目。随着民宿的发展，民宿业主们越来越注重民宿的特色，开始品牌连锁经营，在全国各地或省内开设多家民宿，推出自主品牌。所谓副业经营，就是民宿业主投入部分精力经营民宿，并不以经营民宿收入作为家庭收入的主要来源。不管是个体经营的哪种形式，民宿可以是业主自家产权房，也可以采取出租的形式。

公司经营就是旅游投资公司买断民居的产权，妥善安置好农户后，以公司名义对民居进行统一设计装修、统一经营管理，比较典型的如乌镇民宿，由乌镇旅游公司开展经营和管理。

合作经营的民宿主要有"公司＋农户"模式、"农户＋农户"模式、"政府＋农户"模式和"政府＋公司＋社区＋农户"模式等。所谓"公司＋农户"模式，就是依托当地独特的资源，旅游业发展投资公司租赁当地特色民居，挖掘当地文化资源，并与农户签订合同，对农户进行统一培训及管理，服务及经营由农户负责，公司主要开展旅游地基础设施建设及维护，对外宣传营销。所谓"农户＋农户"模式，就是在乡村旅游发展早期，一些富有头脑的农户或居民瞄准市场，率先开办民宿，随着旅游业的发展，农户们相互带领，共同经营。这种模式能较好地呈现目的地原住民的生活方式，满足游客的旅游体验，其最大的弊端是多为自发合作，难以形成规模效应。所谓"政府＋农户"模式，即政府统一引导，在政策和资金等方面给予支持，当地居民改造自家房屋，用于民宿开发。政府在基础设施、市场监管、管理协调等方面发挥作用，农户可以独立经营，也可以合户经营。这种模式能较好发挥政府的政策导向作用，使农户有依靠，大大增加就业机会，促进当地经济发展，但一旦政府导向发生变化，对民宿的经营影响较大。所谓"政府＋公司＋社区＋农户"模式，指政府负责基础设施建设与维护，负责制定民宿经营规范与相关政策；公司与社区合作，动员居民共同参与民宿开发建设和经营；农户接受公司统一培训，公司开展经营管理，并向农户支付薪水。

（二）根据地理位置分

民宿根据地理位置的不同，可以分为城市民宿和乡村民宿。城市民宿由小村落发展而来，多以公寓大楼的形式呈现，聚集在旅游目的地城市，以现代城市建筑风格为特色。乡村民宿以乡村文化为内涵，多依托景区或者地域特色资源而发展，建筑风貌、房间装饰、菜品小吃、民俗活动等乡土气息浓厚。

（三）根据民宿功能分

民宿根据功能的不同，可以分为纯粹住宿型和特色服务型两大类。纯粹住宿型民宿一般临近景区，依托周边景区的人气而发展，具有干净清爽、价格低廉等特点。特色服务型民宿自身也是旅游吸引物，通常结合周边资源，打造温泉养生、乡村运动等特色主题，提供农业体验、生态观光多项服务。

（四）根据经营主题分

民宿根据经营主题的不同，可以分为农家体验型民宿、工艺体验型民宿、运动体验型民宿、民俗体验型民宿。农家体验型主要依托民宿所在地的资源特点，开展农林牧渔体验加工活动。工艺体验型则有书法、雕刻、糖艺、剪纸等艺术体验。运动体验型主要为登山、骑行、滑雪、越野体验、骑马、滑沙等运动项目。民俗体验型主要是结合当地的风俗民情，开展民俗节日、祭祀祭奠、民俗礼仪等活动。

四、民宿的经营要素

民宿经营的核心竞争力因素主要是服务和文化特色。因此，民宿经营需要把文化元素、体验项目和人力资源作为主要元素。

（一）文化元素

民宿的文化元素包括所在地的人文环境、民宿建筑外形、设计风格、伴手礼设计等。民宿大多拥有良好的地理位置，或身处景区，或位于乡野农庄，有良好的生态环境和丰富的旅游资源。而要带给游客独特的文化认知，则可以在民宿的文化元素上加以挖掘。民宿建筑作为文化传统的载体，从历史、人文角度看，其本身就是一种文化艺术品，建筑的外形风格是否与当地文化吻合，内部设计是否有个性化及特色，民宿的美食、旅游伴手礼等是否有地方特色并彰显文化内涵，这都是给游客独特文化体验的元素。

（二）体验项目

体验项目包括民宿公共区域提供的活动及民宿拓展的体验项目。民宿主人可以在深挖旅游者的个性化需求之下，结合景区自然和人文资源，开发文化体验项目，尤其是结合本地的故事传说、民俗习惯，开展文化主题活动，如文化节庆活动等，给旅游者带来不一样、深度的文化体验。

（三）人力资源

人是民宿文化性彰显的践行者，民宿的人力资源包括民宿主人的文化背景、经营情怀及民宿员工的服务理念、服务素养等。民宿主人的情怀故事、生活方式、人生态度，民宿员工的服务细节、服务过程等都会给游客不同的文化体验。

第二节 | 国内外民宿发展

一、国外民宿

纵观世界各国民宿的发展，以英国、法国、奥地利、瑞士、德国、意大利、西班牙等欧洲国家最为普遍，美国、加拿大、日本、澳大利亚等国也十分发达。其中尤以英国的B&B、欧洲各国的"农庄民宿"，以及新西兰、澳大利亚的"农庄住宿"，日本的民宿为典型。

（一）英国民宿

20世纪60年代初期，英国的西南部与中部人口较稀疏的农家，为了增加收入开始出现民宿，当时的民宿数量并不多，采用B&B的经营方式，其性质属于家庭式的招待，相比青年旅舍，民宿同样价格低廉，而且客人可以享受采收农产品、喂食牛羊的乐趣，探索乡村的奥秘。让客人感受悠闲的农家体验，大大吸引了广大普通百姓。到了70年代后期，民宿经营范围扩大至露营地、度假平房等，并运用集体营销的方式，联合当地的农家组成自治会，共同推动民宿的发展。英国的B&B可以让旅客享受家庭式招待，在轻松自在间尽情感受英国的家庭气氛，围坐暖炉旁，享受英国红茶，谈天说地，像是投宿亲朋好友家做客。

英国民宿的
起源

（二）法国民宿

二战后，农村人口急速外移到城市去，空留许多农舍。1936年，法国颁布了每年15个工作日带薪假期的法令，于是城市工作者抓紧享受机会，但因经济能力有限，农舍低廉的价格、宁静悠闲的环境正好符合城里人的度假生活需求，又能够给农民增加一些额外收入。1951年，法国第一个农村民宿开张。如今法国民宿联合会已成为世界最大民宿组织，雇用600名职员，协助辅导5.6万家民宿业者的各项管理事项，负责监督、严格检查旅舍质量，并向200万绿色旅游爱好者推销这些民宿。法国民宿从简单的小农庄到设在文艺复兴城堡的可爱客房，应有尽有。2000年，法国政府重新对民宿法加以修订，限定民宿客房不得多于5间，超过者视为"旅馆"，但在2000年前取得营业执照者不受此限。申请设立民宿必须符合消防、建筑及食品卫生等安全规范，同时必须为旅客办理保险。

（三）新西兰民宿

新西兰是世界闻名的畜牧王国，为了让游客体验牧场文化，新西兰发展出了独特的农场住宿（farm stay）。新西兰民宿主要分为牧场附近的B&B和度假庄园。新西兰有各种不同特色的大小牧场，有的是小规模的家庭式牧场，有的为大型专业级观光牧场，牧场主人一边经营牧场，一边兼营B&B副业。此外，新西兰推出顶级度假庄园（lodge），lodge原指欧陆地区专供外出打猎或钓鱼人士住宿的小木屋，现新西兰的顶级庄园大多位于林间湖边，主人多属于上流社会阶层，他们将自家住宅的一部分开放作为民宿，主人亲自接待，一般客房为10～20间，lodge已成为顶级度假场所的代名词。

（四）日本民宿

日本民宿是由一些登山、滑雪、游泳等爱好者租借民居而衍生并发展起来的，因而多位于山水奇险之地。日本民宿在1959年至1960年期间，由于社会经济高度成长，夏季旅游胜地与冬季滑雪活动人潮汹涌，旅馆住宿空间明显不足，此时洋式民宿开始兴起；部分农场也以副业经营方式，满足旅客住宿需求，于是农场旅舍的住宿形态产生。1970年因大阪举办世博会，日本民宿得到真正繁荣。日本民宿主要分为和式民宿和欧风民宿。

二、国内民宿

在我国，民宿最初在台湾地区出现并相对成熟起来。台湾地区民宿是伴随着休闲需求和创造社区经济收入而发展起来的，于20世纪80年代起源于垦丁国家公园，其次在阿里山观光地区。此后，为了满足传统农业转型升级的需要，台湾开始在大量的休闲农场发展民宿，现台湾民宿已走上规范化发展道路。我国大陆地区的民宿早期则以农家乐、家庭旅馆、客栈形式出现。进入21世纪以来，尤其是近几年我国民宿业在上述形式的基础上，其功能、表现形式和特点有了深刻变化，突出地表现为向旅游度假目的地发展的趋势。

（一）台湾民宿

台湾民宿仿效日本模式，在台湾发展约有40年之久，1981年大规模发展，开始时式样接近日式，其后慢慢展现出自己的特殊风格。台湾的民宿经营规模一般在5间客房以下，150平方米以内，就算是特批的少数民族地区、偏远地区和离岛等地的特色民宿，客房也不能超过15间。台湾各地民宿特色明显，垦丁的民宿以南洋异国休闲风为主；宜兰的民宿强调田园乡村主题；花东的民宿强调原住民文化的奔放与山海相遇的激情；台北九份的民宿以矿山小镇怀旧为主题；澎湖的民宿以离岛度假、水上娱乐为特色；苗栗县南庄乡的民宿则散发着浓郁的客家风情。

（二）大陆民宿

大陆民宿的发展集群主要分为：①滇西北民宿群；②川藏线民宿带；③湘黔桂民宿群；④海南岛民宿群；⑤浙南闽北民宿群；⑥徽文化圈民宿群；⑦客家文化圈民宿群；⑧京津毗连区民宿群；⑨珠三角毗连区民宿群；⑩长三角毗连区民宿群；⑪浙闽粤海岸民宿带。

1. 滇西北民宿群

滇西北民宿群主要位于云南的丽江、大理、洱海、香格里拉等地。云南是大陆民宿客栈发展最早、最成熟的区域之一，也是国内民宿数量最多的地区。云南典型的聚集区有丽江古城民宿、洱海民宿、大研古镇民宿和束河古镇民宿等。这些民宿大多有浓郁的云南地区风情，"城依水存，水随城至"。民宿多为木结构的瓦屋楼房，"三坊一照壁，四合五天井，走马转角楼"。

2. 川藏线民宿带

川藏线民宿带主要位于川藏公路沿线，分南北线路，以风景优美、路途艰险而吸引大量游客自驾游。因此川藏线民宿主要客源为旅游探险爱好者和摄影爱好者等，大多为驴友或自驾游客人。典型的民宿有被称为"东方金字塔"的典藏新都桥民居，其特色是垒石与夯土民居；被称为"中国最美丽的乡村""藏区的童话世界"的丹巴甲居藏寨；被称为"曼陀罗的世界"的昌都康巴民宿；等等。川藏线民宿价格实惠，地域特色明显，但设施设备相对简陋。比较有特色的民宿如燕子沟的气泡酒店、康定甘孜麦朵康桑客栈、新都桥格桑花园客栈、雅江布珠民居、理塘的夏天国际青年旅舍、波密仁青客栈等。

3. 湘黔桂民宿群

湘黔桂民宿群的代表性民宿主要集中在湖南湘西的凤凰古城、贵州的镇远古镇、西江千户苗寨、肇兴侗寨、花溪和广西桂林的阳朔等地。湘黔桂民宿有浓郁的苗族、侗族少数民族风情，主要集中在景区周边，民宿以吊脚楼为主。

4. 海南岛民宿群

海南民宿产业处于萌芽阶段，海南岛民宿群以海口、三亚、琼海和陵水民宿为代表，主要体现为黎苗文化、海洋文化、红色文化和华侨文化。

5. 浙南闽北民宿群

闽浙交界地带，生态环境极佳，有武夷山、江郎山、太姥山等景区，民宿主要集中在浙江的泰顺、江山、丽水、松阳和福建的泰宁古镇、武夷山、屏南等地。

6. 徽文化圈民宿群

徽文化圈民宿群以明清徽派古建筑为代表，主要集中在安徽的屯溪、黟县、西递、宏村和江西的婺源、三清山等地。这些民宿多为古民居、生产队大礼堂等改建而成，把历史文化与徽州风景融为一体，和徽州精神一脉相承。如徽堂壹号客栈、上水间微酒店、九月徽州、张公馆、一品更楼、在水一方等。

7.客家文化圈民宿群

赣南、闽西、粤东区域是传统客家文化的核心区，以赣州、汀州（长汀）、梅州三地为核心，土楼、围屋、土堡是客家建筑的代表。客家文化圈民宿群主要集中在福建的长汀、永定、南靖、连城，江西的龙南县围屋区、会昌县的古村落、石城县的围屋区，以及广东梅县、大埔县的客家村落。

8. 京津毗连区民宿群

京津地区是中国人口最密集的地区之一，由于交通拥堵、空气污染、生活节奏快等原因，当地居民对民宿需求很强烈，民宿主要集中在北京的昌平区、怀柔区、密云区和河北的承德、北戴河等地。京津毗连区民宿群有四合院民宿、密云古镇民宿、北戴河海滨度假民宿等。截至目前，北京民宿数量位于大陆民宿的第三位。

9.珠三角毗连区民宿群

珠三角是中国经济最早开放的区域之一，快节奏的生活、良好的气候条件使居民对民宿需求强烈。珠三角毗连区民宿群主要集中在深圳的较场尾、观湖角、南澳镇，此外还有清远、肇庆、韶关等地。

10. 长三角毗连区民宿群

以上海为中心的长三角，是中国经济最活跃、经济体量最大的区块，也是中国城市化水平最高的地区。长三角毗连区民宿群主要集中在苏南的南京、苏州、无锡和浙江的杭州西湖周边、德清莫干山、乌镇、西塘等地，长三角地区农村经济现代化程度非常高，其中莫干山民宿是目前发展最成熟的范例之一，乌镇民宿是水乡民宿的典范。

11. 浙闽粤海岸民宿带

浙闽粤海岸线长度超过中国大陆海岸线的一半，三省的海岛数量则超过全国的80%，沿线主要以海岛民宿为主，最有影响的是浙江舟山和福建厦门鼓浪屿的民宿。舟山民宿以渔家民宿为主，而鼓浪屿民宿多为当地别墅改建而成。

（三）浙江民宿

截至2016年年底，我国大陆客栈民宿总数已突破5万家，浙江省民宿数量位居全国第二位。浙江省的民宿最早从德清莫干山起步，民宿经济是浙江旅游大产业中的重要环节，乡村旅游的主要抓手就是民宿，浙江省有很多优秀的民宿范例。

1. 莫干山民宿

莫干山民宿起源于洋家乐，以裸心谷、法国山居最为典型，后来逐步向乡村民宿发展，如西坡民宿、骑行民宿等。莫干山民宿很好地融合了乡土风情和文化内涵，深受上海、苏州等地游客青睐，尤其是公司奖

莫干山民宿

励旅游、团队活动等往往会选择莫干山民宿，因此莫干山民宿的价格一般都在1000元/间以上。

2. 丽水民宿

丽水民宿以云和、松阳最有名，其中，云和县获评首批全国民宿产业发展示范区创建示范单位，也是浙江省内唯一获此殊荣的地级市和县。丽水很好遵循习近平总书记"绿水青山就是金山银山"的重要嘱托，主要做好"生态＋"的文章，大力发展"丽水山居"农家乐民宿，主打最美生态、绿色发展、全域统筹、改革创新和富民惠民"五张牌"，涌现出云和云居·六头民宿、云和浮生半日、缙云近云·丽舍、松阳云山平田和松泰大院等全国有一定知名度的民宿。

丽水山居

3. 西湖景区民宿

西湖景区民宿与西湖的自然山水有机融合，集中在四眼井、白乐桥、茅家埠、青芝坞等地。杭州最早的民宿出现在何时何地已无法考证。2006—2007年时，在西湖景区满觉陇—四眼井一带，由一些农家乐发展而成的小酒店、茶吧、特色小客栈成了杭州民宿的"雏形"。此后，民宿又由上述区域延伸至白乐桥、梅家坞、青芝坞、龙坞等地，并逐渐形成了集聚效应。2015年起，杭州民宿呈现爆发式增长。

4. 乌镇民宿

乌镇民宿以东栅和西栅民宿为核心，是全国水乡民宿的经典之作。乌镇民宿由乌镇旅游集团公司统一经营管理，根据其所在位置及档次不同，分为青年旅舍、普通民宿和精品民宿，价格从几百到上千元不等。2017年，乌镇还推出乌村民宿，打造以亲子游为主题的五星级标准的乡村民宿。

第三节 │ 民宿发展的问题及解决策略

一、民宿对乡村旅游开发的作用

民宿已成为游客旅行过程中的重要住宿选择，部分民宿甚至成为重要的旅游吸引物。民宿对乡村旅游开发有十分重要的作用。

（一）开启乡村建设新局面

民宿满足了当代推动乡村建设运动、倡导乡村复兴的新诉求。它构建了一种打通城乡消费的体验场景，建立起了一种城乡消费之间的信任关系，并在社会自发的层面带来了资金、技术、人才、管理的城乡互动，为乡村经济转型升级找到了一个新的出口，将成为当前美丽乡村建设、乡村产业创新的重要推手，提升乡村的存续价值。

（二）盘活乡村闲置资源

近年来，随着城市化进程的加快及农村经济的发展，大量老宅和旧宅成为闲置资源，不少传统村落因人口稀少，房子年久失修，逐步失去生命力，越来越不适合居住。如浙江丽水松阳县，境内保存有100余座格局完整的传统村落，被誉为"最后的江南秘境"，但村民大多外出，村内居住人口越来越少。当地政府出面聘请知名设计师，对闲置老宅进行修缮，并由政府出面帮助出租，投资者仅享有房屋约定期限的使用权，租期结束后所有改造后的设施设备均留给房主，改造后600余间客房可用于民宿经营，有效地盘活了乡村闲置资源。

（三）创造乡村建设新力量

民宿开启了一个以知识、情怀、品牌与品质为核心的新时代，对年轻人价值观的重塑，引领其走向乡村建设运动、乡村社区再造，成为乡村创客、新农人发挥了相当大的作用。民宿作为一种基于小个体的个性化旅居产品，构成了当代中小资本进入旅游生活消费领域的重要载体与切入口，满足了一批高知人群下乡、进城人员返乡创业投资的新需求，为旅游领域中的"大众创业、万众创新"提供了广阔的天地。

二、民宿的发展方向与趋势

民宿不同于酒店的最主要方面在于服务方式。一般而言，高星级饭店客人取得房间钥匙后，由礼宾人员引领入房，而大多数酒店则由客人自行进房或自行外出游览，客人与酒店服务人员较少有深入交流。而民宿则不同，民宿提供的是管家式、亲情般服务，客人与民宿主人有充分互动，往往能让住客享受家人般关怀，给客人留下十分深刻的印象，并有再次来入住的愿望。在台湾，90%的民宿主人都会做三件事：一是运用当地食材亲手做早餐；二是把客人当朋友，分享生活态度；三是跟客人一起旅行，亲自解说当地人文生态。

如家酒店集团于2016年3月正式启动民宿运营，以合作形式将符合条件的民宿业主纳入旗下品牌"云上四季民宿"。公司已在全国8个城市签约了33家民宿作为样板店，试点系统运作和管理模拟，3月开始正式运营并开放合作。此后，公司将重点布局云南、江浙沪、海南、福建、广西等地。

首旅酒店旗下首旅寒舍在2016年年底签约60个古村落资源，并与宁波一家公司合作布局长三角民宿市场；众安集团旗下港股上市企业中国新城市转战民宿市场，推出提供在线预订与自有民宿管理运营结合的经营模式；外婆家餐饮集团跨界投资6000万元发力高端民宿。

民宿未来的发展方向则依托游客需求，注重旅游体验。体验经济的机制是依据客户的心理需求，提供难忘的体验，并探讨如何通过更好满足客人的精神需求，实现产品与服务的价值增值。未来民宿发展要依托"体验经济"理论，选定目标市场，强化体验，赢取良好口碑，主要在文化体验和情感体验上下功夫。

（一）游客对民宿的需求

1. 置身别样风景——文化主题性

民宿是一种经营，也是一种生活，更是一种艺术。民宿的个性化设计，突出的文化主题特色是客人对民宿的第一印象。民宿设计风格因境而作、因心而生，结合民宿所在地自然人文生态景观，设计风格各异，环境自由、轻松，满足游客追求个性化旅游的渴望，让游客置身别样的风景。尤其是首次住店的客人，民宿的位置、庭院的布置、内在装修风格及房间的摆设等成为游客选择入住的主要原因。民宿最终是客人体味"文化美感"，体验"美的情趣"，分享"生活哲学"和"生命意境"的场所。

2. 享受家的温馨——服务温情性

民宿的本意是"入宿随俗"，也就是吃民宿主人家的饭，过民宿主人家的生活，虽是旅行却时刻感受着家的温馨。由此可见民宿与酒店的最大区别就是"民"，没有殷勤好客的主人，家常口味的饭菜、点心、小吃，以及家庭式的房屋，便不是正宗的民宿。同时，民宿主人的待客之道是"情"。与酒店服务相比，民宿是主人热爱生活、分享生活方式的平台，民宿要有殷勤好客的主人，主人非常有人情味，让客人像在自己家里一样。

3. 传递生活方式——主客互动性

民宿经营的核心要素是主人必须与客人互动。经营民宿，不仅仅是经营生意，更是经营生活，这是民宿与普通农家乐提供食宿的最大区别。因此，去农家乐消费，我们往往关注的是绿色食品、空气质量、体验农业，但去民宿，我们往往会与主人深度交流，感受主人的生活态度，并与之成为朋友。可见，经营者丰富的生活历练、对生活的见解，使主客间能有良好的互动。同时经营者打造民宿，时刻向游客传递人文情怀，传递主人的生活态度。

4. 参与旅游活动——体验参与性

有美景、有个性服务的主题酒店目前也有很多，而游客为什么会选择住民宿呢？一个很重要的原因是民宿能给客人参与活动的体验，如台湾的许多民宿有骑行体验、陶艺制作体验；乌镇民宿推出戏剧节活动等；德清民宿的莫干山骑行、看露天电影、采摘等；周庄构建"民俗文化街"，让民宿游客体验各种传统民俗手工艺表演。通过住客参与各种旅游体验活动，让住宿与旅游、休闲、健身、农作等有机结合。

（二）民宿发展方向和趋势

未来，民宿作为连接城乡的平台，可以把农村一、二、三产业连接在一起，可以把都市市场和农村市场连接在一起，可以把生产和市场连接在一起，可以把线上和线下商贸活动连接在一起。农村所有的自然资源都成了市场要素，农民从一个个劳动者成为市场主体，景区、商业、老板三个属性将改变农村和农民。

1. 服务化——融入当地文化温情，做"服务＋细节"

美丽乡村建设是以乡村居民为核心，兼顾社会、经济、生态及制度的全方位的发展计划。未来乡村民宿发展是美丽乡村建设的一个发展方向。民宿在注重硬件建设的同时，要形成良好的口碑，以吸引回头客，其经营核心依然是服务。民宿的体验，不仅是一段居住体验，更是一种生活方式和情感文化的体验。民宿在提供游客服务时，更是提供了人情味和亲和力。未来民宿如何才能提供优质的服务？首先要有硬件保障，环境卫生、用品质量、配套条件等，这是服务的基础。其次要提高服务品质，民宿业主要融入个人感情和理念，将这种感情传递给游客，让客人有回家的感觉。其一，主人选择合适时机，多与客人交流，传递生活态度；其二，主人亲自担任向导，陪同客人游玩；其三，提供人性化、温情化的惊喜服务，如单身客人可以免费与主人共餐、提供免费深夜食堂自助夜宵、提供手绘地图和旅游线路、主人亲自开车送客人去景区等；其四，客人成为主人的微粉，形成民宿主人朋友圈文化。

2. 主题化——挖掘当地文化精髓，做"民宿＋项目"

民宿往往依托当地的人文、自然资源，提供给客人深度的生活文化体验，分享居民独特的生活形态。未来需要民宿业主深入挖掘当地文化精髓，积极成为文化的守护者和建设者，形成自身民宿特有的主题文化。民宿业主们与乡村居民建立共识，做"民宿＋项目"，如与农家茶馆、创意店、小吃店业者及农副产品生产者形成产业链。民宿的主题性可以结合地域区位特点，在建筑外观设计及客房布置上体现主题化，前台、公共空间或客房主题特色鲜明，以吸引客人。民宿的主题性还可以在体验项目设计上做文章，如台湾桃米村以青蛙文化为主题，厕所命名为公蛙、母蛙，晚上听蛙声，白天参观青蛙主题馆，制作以青蛙为主题的各色旅游纪念品等。客人到桃米，就打上青蛙文化的深刻印记。

3. 集群化——整合当地文化亮点，做"民宿＋合作"

2016年，我国旅游从"景点旅游"向"全域旅游"转变，全域旅游所追求的，不再是旅游人次的增长，而是旅游质量的提升，追求的是旅游对人们生活品质提升的意义。不仅要实现旅游全域化，还要实现旅游"全天候"，提升都市旅游娱乐服务水平，强化夜间娱乐项目建设。依托旅游景区和城乡公共休闲空间，开发民间文艺表演、茶艺、棋牌、游戏游艺、河湖夜游等观赏性、时尚性、体验性强的娱乐项目。因此，在旅游业发展新形势下，未来民宿经营要选择抱团取暖，打造区域民宿集群，形成集群效应辐射更广的范围，以特色民宿"＋"的模式发展，使民宿本身具有足够特色，形成品牌，并成为一种核心的旅游吸引力。民宿经营与乡村（社区）发展是息息相关、密不可分的，民宿的经营无法离开乡村（社区）；独立经营的民宿由于缺少乡村给予的各种公共支持，经营成本将大幅提升，其竞争力将大受影响。从乡村建设角度看，民宿是将乡土文化产业化的一种方式。

（1）确定集群定位。首先需要把各家民宿的资源进行整合，根据片区特色进行定位。以村为单位，分若干民宿群，如艺术审美、保健养生、亲子交流等，游客可以去各家民宿参与活动，大大增加民宿的吸引力。

（2）确定集群项目。主题项目可分为艺术审美类、养生保健类、美食类、健身美容类等，如开展游客的美术写生、花艺培训、西点制作、咖啡技艺等项目培训，在每个片区选择合适的场所，定期定点开展，客人由全体民宿提供，费用共同分担，盈利共享。

（3）确定集群产品。民宿需要开发具有地区特色的集群产品，并利用网络平台，把旅游纪念品、旅行社票务、景点门票、民宿伴手礼等资源有效整合，推向市场。

（4）开展集群宣传。民宿集群可以确定统一标识，使用统一logo，并形成政府、协会、集群区与个体一条龙的宣传带。

三、民宿发展面临的问题

民宿旅游既可以作为乡村振兴的产业基础，又能成为促进乡村复兴的有效方式，民宿在国内发展相当迅速，但发展过程仍面临不少困难和问题。

（一）政策与监管不完善

随着民宿经济的蓬勃发展，从中央到地方出台了一些支持民宿业发展的相关政策，2017年8月，国家旅游局发布《旅游经营者处理投诉规范》《旅游民宿基本要求与评价》，首次为民宿行业建立行业标准，但仍算不上国家层面对民宿旅游业的法律规范。国家层面法律欠缺，合法经营与有效监管等问题也随之出现。

目前各地不少民宿没有营业执照，没有消防许可证、特种行业许可证、卫生许可证等住宿业必备的证件，实际处于灰色地带经营。民宿的主要经营场所是居民闲置的住房，土地、物业性质多为宅基地、非建设用地等，法理上却要求其产权性质为商业或者经营性集体建设用地。另外，民宿属于非标准住宿，不能像星级饭店那样可以按标准去衡量和监督，因而，管理混乱、卫生欠佳、安全隐患、监控设施不全等负面行为时有发生。在具体执行准入机制、市场监管过程中，公安、消防、食品和卫生安全等部门也普遍感到操作困难，监管时有时无、时续时断，使已出台的行政法规和地方法规难以有效执行。

（二）缺乏良好的社区环境

民宿发展需要良好的社区环境支撑，不少村庄道路改造没有与美丽乡村建设有机结合，有的道路两旁乱堆乱放，宅间路不够通畅；停车场、特色风景道、道路标识系统、路灯等配套设施不到位，公共设施缺乏，雨天排水不畅，甚至有泥石流等自然灾害发生的隐患，有些村庄晚上漆黑一片，游客没有休闲去处。乡村整体布局不够合理，管理不到位，新农村建设后环境卫生有较大改善，但有些民宿由于其位置较偏，并不在乡村核心区域，有的甚至在偏僻山区，庭院蚊蝇爬虫较多，客房潮湿霉味很重，有些区域手机信号、宽带等通信设施不够通畅。部分村庄，村民们并没有很好接受民宿业主，致使对待游客的接受程度较低，不够友好，甚至产生安全隐患，导致民宿入住率和重游率降低。

（三）同质化竞争严重

目前民宿客源对象以家庭、情侣、青年学生为主。但民宿的服务内容单一，客源类型单一，成为周末经济的产物。同时，民宿的酒店化趋势严重，经营者盲目扩大规模，资金众筹，连锁经营，但经营模式大同小异，管理品质下降。而且民宿设计缺乏新意和地域特色，精品特色民宿不多，导致客源停留时间短，黏性不强，带动效应不够明显，无法吸引高端客户，更难吸引回头客。同时，部分民宿过于依赖休闲旅游产品，独立性相对不足，导致民宿季节性现象明显。

（四）经营者管理水平有待提高

民宿与精品酒店最大的区别是民宿要营造家的温暖，融入经营者的情怀。民宿经营者除原住民外，很多人士的专业背景跟民宿业毫不相干，多是跨界投资。他们爱旅行，喜交友，有民宿情怀，但缺少服务理念，每日面对烦琐的管理，不断处理各种突发事件，情怀开始摇摆。民宿前台管家没有服务经验，服务不细致，也不贴心，有些连基本服务都做不到；客房清卫阿姨没有服务背景，服务流程不规范，客房卫生状况堪忧；民宿晋升发展空间较小，人员管理不够规范，因此民宿较难吸引优秀人才加入。

许多民宿经营者缺少特色意识，盲目复制模仿其他旅游项目，追求现代化、高档享受，对发展规划不够重视，由于缺乏产业规划，使得民宿发展方向不清晰，资源没有统筹、力量没有整合。不少民宿仅以"床"为唯一卖点，缺乏配套服务，没有体验项目，也没有挖掘文化内涵，导致民宿经营陷入困境。

四、民宿发展的对策

立足文化旅游视野，引导民宿向精品化、特色化方向迈进，鼓励民宿行业规范有序健康发展，民宿需进行顶层设计，创建特色，塑造品牌。

（一）重视民宿政策保障，加强民宿科学化规划

根据民宿旅游的需求，建立评鉴、分级与认证制度。从经营场地、接待设施、安全管理、食品卫生、环境保护、服务质量、特色项目等各个方面加强对民宿的规范性管理，推进标准化建设，出台民宿质量标准或民宿规范性管理办法。将扶持重点转向精品民宿，引导民宿产业向精品化发展，发挥示范引领作用。同时加强与旅游、海洋渔业、城建、国土和消防等相关部门的沟通和协调，共同推进民宿产业健康可持续发展。按照"规划互补、产业融合、布局集聚、特色彰显、环境友好、有扶有控、发展有序"要求，对民宿进行科学布局，处理好村庄规划、农民建房、民宿集聚、产业布局的衔接，统筹好一、二、三产业的融合，正确处理生态保护和环境承载的关系，兼顾农民致富和集体增收，积极解决县乡两级如何在发展空间、发展要素上整体谋划民宿产业布局问题，从而推动精品民宿串点连线成片，大众民宿实现"规模＋特色"快速发展。

（二）提升民宿规模档次，构建民宿产业化形态

鼓励乡村特色民宿规模、集聚发展，坚持以市场为导向，以打造精品为要求，统筹吃、住、行、游、购、娱六要素，推进乡村民宿产业集聚健康发展，充分发挥民宿产业的经济关联作用，积极拓展村民增收渠道，带动实现村美民富。积极引导社会资本投资开发民宿，采取"政企合作""村企合作"的模式发展。将一批自然环境好、特色鲜明的村庄，通过村镇合力，引进有实力、有先进理念的经营户或投资公司进行规模化民宿群落打造，深挖区域特色，开发优势资源，结合各村特点，分区域打造特色各异的主题民宿。串联乡村旅游经济产业链，拉动农村一、二、三产业的发展，形成相互促进、相互补充的局面。

（三）凸显民宿特色品牌，实施产品差异化战略

特色是民宿发展的生命和灵魂，品牌是民宿营销的关键。将民宿开发与特色村打造融合起来，深挖区域特色、保持本土风格，做到以"文化"促"旅游"。结合国家《旅游民宿基本要求与评价》，评选一批金宿级和银宿级民宿，引导民宿业主"学标准、用标准、重标准"，助推民宿的标准化建设，鼓励民宿挖掘文化内涵，营造文化特色，在设计命名、客房铭牌、公共空间布置、伴手礼设计、服务特色等方面体现文化韵味，同时融入原住民的生活方式，让游客感受当地的文化特质。从当地人文及自然景观出发，挖掘和培育不同文化主题，开发更多涵盖体验、度假、休闲等生活元素的农耕和民俗活动，集学习知识、考察、娱乐于一体。培育形成"村村有精品，村村有特色"的乡村民宿旅游品牌，避免设计类同、简单效仿，实现错位发展。

（四）探索民宿经营策略，形成管理多元化模式

理顺民宿管理层级，政府层面加强政策引领和宏观指导，制定好相关政策和规范，注重管理落实，组建好公司、合作社、行业协会等村级经营、自律和服务组织，协调好集体、农户和公司的关系，实现区块自治、行业自律和统一管理。思考众创、众筹、三产联动的道路，将政府、投资者和村民等参与主体凝聚起来，开创"民宿＋"的多元化管理新模式。提高从业人员专业技能、管理水平、文化品位，提升民宿服务理念和整体形象。在民宿业发展较成熟的国家，行业协会发挥着管理整个行业的重要作用。我国也可以通过构建民宿行业协会，架起行业与政府沟通的桥梁，引领民宿行业发展。同时，民宿需要引进一批具有国际战略眼光、深谙文化创意的投资者、设计师和开发者参与建设和经营，鼓励青壮年、大学生返乡创业；积极开展民宿产业交流活动，聘请民宿领域专家组成民宿产业导师顾问团，从而培育一支人才队伍，提升民宿经营品位。

（五）创新民宿宣传理念，开展民宿网络化营销

"酒香也怕巷子深"，民宿需要运用"互联网＋"思维，进行专业品牌打造，加强宣传，提高知名度。增强民宿经营业主的宣传意识，组织和参与相关宣传促销活

动。可以利用各种载体，接轨国际国内新闻动态，拓展宣传平台、创新宣传模式、强化营销手段，运用旅游网站、微博、微信公众号等网络营销手段，开展强攻势的宣传促销。同时要精准营销，针对不同的消费群体，适时调整宣传侧重点，提高宣传频率，并突出民宿的独特性和排他性，开展智慧旅游宣传。鼓励开展民宿标识标牌统一活动，编制民宿宣传手册、民宿导游指南等。

知识拓展 ··

旅游民宿基本要求与评价
（LB/T 065—2017）

1. 范围
本标准规定了旅游民宿的定义、评价原则、基本要求、管理规范和等级划分条件。

本标准适用于正式营业的小型旅游住宿设施，包括但不限于客栈、庄园、宅院、驿站、山庄等。

2. 规范性引用文件
下列文件对于本文件的应用是必不可少的。凡是注日期的引用文件，仅注日期的版本适用于本文件。

凡是不注日期的引用文件，其最新版本（包括所有的修改单）适用于本文件。

GB 2894　安全标志及其使用导则

GB 5749　生活饮用水卫生标准

GB 8978　污水综合排放标准

GB 9663　旅店业卫生标准

GB 14881　食品安全国家标准 食品生产通用卫生规范

GB 14934　食（饮）具消毒卫生标准

GB 16153　饭馆（餐厅）卫生标准

GB 18483　饮食业油烟排放标准（试行）

GB/T 17217　城市公共厕所卫生标准

GB/T 19095　生活垃圾分类标志

GB/T 22800　星级旅游饭店用纺织品

JGJ 125　危险房屋鉴定标准

CJJ/T 102　城市生活垃圾分类及其评价标准

3. 术语和定义
3.1　旅游民宿（homestay inn）

利用当地闲置资源，民宿主人参与接待，为游客提供体验当地自然、文化与生产生活方式的小型住宿设施。

注：根据所处地域的不同可分为：城镇民宿和乡村民宿。

3.2　民宿主人（owner and/or investor）

民宿业主或经营管理者。

4. 评价原则

4.1 传递生活美学

4.1.1 民宿主人热爱生活，乐于分享。

4.1.2 通过建筑和装饰为宾客营造生活美学空间。

4.1.3 通过服务和活动让宾客感受到中华民族传统待客之道。

4.2 追求产品创新

4.2.1 产品设计追求创新，形成特色，满足特定市场需求。

4.2.2 产品运营运用新技术、新渠道，形成良性发展。

4.3 弘扬地方文化

4.3.1 设计运营因地制宜，传承保护地域文化。

4.3.2 宣传推广形式多样，传播优秀地方文化。

4.4 引导绿色环保

4.4.1 建设运营坚持绿色设计、清洁生产。

4.4.2 宣传营销倡导绿色消费。

4.5 实现共生共赢

4.5.1 民宿主人和当地居民形成良好的邻里关系。

4.5.2 经营活动促进地方经济、社会、文化的发展。

5. 基本要求

5.1 旅游民宿经营场地应符合本辖区内的土地利用总体规划、城乡建设规划、所在地旅游民宿发展有关规划，无地质灾害和其他影响公共安全的隐患。

5.2 经营的建筑物应通过JGJ 125房屋安全性鉴定。

5.3 经营场地应征得当地政府及相关部门的同意。

5.4 经营应依法取得当地政府要求的相关证照，满足公安机关治安消防相关要求。

5.5 生活用水（包括自备水源和二次供水）应符合GB 5749要求。

5.6 食品来源、加工、销售应符合GB 14881要求。

5.7 卫生条件应符合GB 16153、GB 14934、GB 9663、GB/T 17217要求。

5.8 旅游民宿建设、运营应因地制宜，采取节能环保措施，废弃物排放符合GB 8978、GB 18483、CJJ/T 102要求。

5.9 开业以来或近三年未发生重大以上的安全责任事故。

5.10 从业人员应经过卫生培训和健康检查，持证上岗。

5.11 服务项目应通过适当方式以文字、图形方式公示，并标明营业时间。收费项目应明码标价，诚信经营。

5.12 经营者应定期向旅游主管部门报送统计调查资料，及时向相关部门上报突发事件等信息。

6. 安全管理

6.1 应建立健全各类相关安全管理制度，落实安全责任。对从业人员进行定期培训。

6.2　易发生危险的区域和设施应设置安全警示标志，安全标志应符合 GB 2894 要求；易燃、易爆物品的储存和管理应采取必要的防护措施，符合相关法规。

6.3　应配备必要的安全设施，确保宾客和从业人员人身和财产安全。

6.4　应有突发事件应急预案，并定期演练。

6.5　应自觉遵守当地习俗。

7. 环境和设施

7.1　环境应保持整洁，绿植养护得当。

7.2　主体建筑应与环境协调美观，景观有地域特色。

7.3　单幢建筑客房数量应不超过 14 间（套）。

7.4　建筑和装修宜体现地方特色与文化。

7.5　主、客区宜相对独立，功能划分合理，空间效果良好。

7.6　应提供整洁卫生、安全舒适的住宿设施。

7.7　宜提供整洁卫生、安全舒适的餐饮设施。

7.8　宜提供宾客休闲、交流的公共区域，布局合理;

7.9　设施设备完好有效，应定期检查并有维保记录。

7.10　应有适应所在地区气候的采暖、制冷设备，各区域通风良好。

7.11　公共卫生间应位置合理，方便使用。

7.12　应配备必要的消毒设施设备。

7.13　应配备应急照明设备或用品。

7.14　宜提供无线网络，方便使用。

8. 卫生和服务

8.1　旅游民宿应整洁卫生，空气清新，无潮霉、无异味。

8.2　客房床单、被套、枕套、毛巾等应做到每客必换，并能应宾客要求提供相应服务。公用物品应一客一消毒。

8.3　客房卫生间应有防潮通风措施，每天全面清理一次，无异味、无积水、无污渍，公用物品应一客一消毒。

8.4　应有防鼠、防虫措施。

8.5　民宿主人应参与接待，邻里关系融洽。

8.6　接待人员应热情好客，穿着整齐清洁，礼仪礼节得当。

8.7　接待人员应熟悉当地旅游资源，可用普通话提供服务。

8.8　接待人员应熟悉当地特产，可为宾客做推荐。

8.9　接待人员应掌握相应的业务知识和服务技能，并熟练应用。

8.10　晚间应有值班人员或电话。

8.11　接待人员应遵守承诺，保护隐私，尊重宾客的宗教信仰与风俗习惯，保护宾客的合法权益。

9. 等级

旅游民宿分为二个等级，金宿级、银宿级。金宿级为高等级，银宿级为普通等级。等级越高表示接待设施与服务品质越高。

10. 等级划分条件

10.1 金宿级

10.1.1 环境与建筑

10.1.1.1 周围应有优质的自然生态环境，或有多处体验方便、特色鲜明的地方风物。

10.1.1.2 建筑和装修宜特色鲜明，风格突出、内外协调。

10.1.1.3 宜在附近设置交通工具停放场地，方便抵达。不影响周边居民生活。

10.1.2 设施和服务

10.1.2.1 客房装饰应专业设计，体现当地特色，符合基本服务要求，整体效果好。

10.1.2.2 客房宜使用高品质床垫、布草、毛巾和客用品，布草应符合GB/T 22800标准规定，可提供二种以上规格枕头，整体感觉舒适。

10.1.2.3 客房宜有较好的照明、遮光效果和隔音措施。电源插座等配套设施应位置合理，方便使用。

10.1.2.4 客房卫生间宜装修高档，干湿分离，有防滑防溅措施,24h供应冷热水。

10.1.2.5 公共空间宜专业设计，风格协调,整体效果良好。

10.1.2.6 民宿主人应提供自然、温馨的服务，能给宾客留下深刻印象。

10.1.2.7 宜组织多种宾客乐于参与的活动。

10.1.2.8 宜提供早餐服务。

10.1.2.9 宜提供特色餐饮服务。

10.1.2.10 宜设置导引标识或提供接送服务，方便宾客抵离。

10.1.2.11 宜建立相关规章制度，定期开展员工培训。

10.1.2.12 宜建立水电气管理制度，有设施设备维保记录。

10.1.2.13 宜开展和建立消防演习和安全巡查制度，有记录。

10.1.3 特色和其他

10.1.3.1 设计、运营和服务宜体现地方特色和文化。

10.1.3.2 应有宾客评价较高的特色产品或服务。

10.1.3.3 应有较高的市场认可度。

10.1.3.4 宜积极参与当地政府和社区组织的集体活动。

10.1.3.5 宜提供线上预定、支付服务，利用互联网技术宣传、营销。

10.1.3.6 经营活动应有助于地方经济、社会、文化的发展。

10.1.3.7 宜注重品牌建设，并注册推广。

10.2 银宿级

10.2.1 环境与建筑

10.2.1.1 周围应有较好的自然生态环境，或有多处方便体验的地方风物。

10.2.1.2 建筑和装修宜内外协调、工艺良好。

10.2.1.3 宜设置交通工具停放场地，且不影响周边居民生活。

10.2.2 设施与服务

10.2.2.1 客房装饰应体现当地文化，整体效果较好。

10.2.2.2　客房宜提供较为舒适的床垫、布草、毛巾和客用品，布草应符合GB/T 22800 标准规定，可提供二种以上规格枕头。

10.2.2.3　客房宜有窗帘和隔音措施，照明效果较好，电源插座等配套设施宜位置合理，方便使用。

10.2.2.4　客房卫生间应有淋浴设施，并有防滑防溅措施，宜使用品牌卫浴。

10.2.2.5　民宿主人应提供自然、温馨的服务。

10.2.2.6　宜组织宾客乐于参与的活动。

10.2.2.7　宜提供早餐和特色餐饮服务，或附近有餐饮点。

10.2.3　特色与其他

10.2.3.1　可为宾客合理需求提供相应服务。

10.2.3.2　宜利用互联网技术宣传、营销。

■ 闯关测试

民宿如何引领乡村社区复兴？

台湾南投县埔里镇老旧的桃米村遭遇巨震后几乎成了废墟，而后它用了20年的时间发展生态旅游，蜕变成了3月看蛙、4月看萤、5月看油桐花的"桃蛙源"。

1999年9月21日，台湾遭遇了百年以来最严重的一次地震，整个桃米村几乎成了废墟。如何重建家园，成了当地政府和村民们要面对的问题，为此他们向社会各界发出援建的邀请。

震后一个月，成立于1999年年初的新故乡文教基金会（以下简称"新故乡"）也收到邀请。"新故乡"董事长廖嘉展相继邀请了来自政府部门及高校的专家团队，进入桃米村进行调研。随后发现，桃米村有着丰富的生态资源，尤其是青蛙物种，台湾的29种蛙类，桃米村就拥有23种。而台湾共有143种蜻蜓，在桃米村也发现有49种。于是地震后的桃米村定位为结合以生态保育为前提的生态旅游，结合生态社区发展桃米生态村。

重建的第一步是在村内组织村民们开生态课，让居民了解自己的生态资源，了解生态保育。2001年9月，在"9·21"地震两周年的纪念活动中，桃米村挂上了"桃米生态村"的牌子，宣布该村的旅游业进入试运营阶段。在纪念活动期间，"新故乡"与政府部门策划了以"抢救台湾生态，绿色总动员"为主题的活动，吸引了一批热心的环保人士来到桃米村。

在台湾，民宿大致分为两种：一种是"红色民宿"，多数建在一些旅游观光景点周边；另一种是"绿色民宿"，主要结合当地的特色发展。而"新故乡"希望桃米村能够打造成为具有生态特色的"绿色民宿"。

在着手打造民宿时，"新故乡"并不希望村民们大兴土木，而是鼓励有空置房子的村民们，先将房间进行打扫，整理出几间进行尝试性营业。民宿经营者需要对自己的楼房进行设计和创作，为民宿增加艺术特色，增进不同人群在桃米村更多层次的体验。

2008年，随着前期5家民宿发展的成熟，政府、"新故乡"联动联系银行为桃米村新建民宿的村民提供贷款。贷款条件要求，村民自筹款项必须超过60%。村民们

 新编饭店概论

通过"换工"的形式互助，在村内建起了一间又一间民宿。村民们合作建房，发展民宿的过程，也是重塑桃米村核心价值的契机，专业互动，进而将桃米村推向"合作与互助的时代"，逐渐把人与人之间的感情连接起来。

桃米村的民宿经营者之间是"共生"关系，这种共生，在各家民宿兴建时，便开始有所表现，各民宿在风格上虽有共同之处，却又各有特色。桃米村如今30多家民宿中，有5家以露营为特色，但在房子的建筑上，也各自融入民宿经营者的创意。在住宿价格的制定上，也不大一样。每家民宿都成了一个媒介平台。30多家民宿媒介平台之间互相帮助，基本的客户群建立起来后，又陆续有其他游客经过介绍来到桃米村。这种和谐的关系，不仅存在于民宿经营者之间。经营者跟游客之间的关系，也很融洽。通过民宿和外界良好的互动交流，桃米的民宿经营已渐渐"打出名堂"，每逢节假日各家民宿都是"爆满"状态。

资料来源：客栈民宿研究会. 巨震中几乎被震成一片废墟，依旧可以涅槃重生[EB/OL]. (2015-09-29)[2019-07-15].http://blog.sina.com.cn/s/blog_149a0d1c50102w8fq.html.

■ **思考题**

1.民宿如何引领乡村社区复兴？

2.请结合《旅游民宿基本要求与评价》，比较金宿级和银宿级在服务特色上的区别。

测试题

民宿 第八章

参考文献

[1] 谷惠敏.世界著名酒店集团管理精要[M].沈阳：辽宁科学技术出版社，2001.

[2] 蒋丁新.饭店管理概论[M].大连：东北财经大学出版社，2002.

[3] 蒋佳倩,李艳.国内外旅游"民宿"研究综述[J].旅游研究，2014(4).

[4] 蒋卫平，范运铭.饭店概论[M].2版.北京：旅游教育出版社，2016.

[5] 刘深魁.台岛传真不卖流行卖回忆——一间鹿港民宿的经营哲学[J].两岸关系，2015(4).

[6] 刘伟.酒店管理[M].2版.北京：中国人民大学出版社，2018.

[7] 马勇.饭店管理概论[M].北京：清华大学出版社，2006.

[8] 潘颖颖.民宿在浙江发展的可行性分析——以杭州为例[J].经营管理者，2013(11).

[9] 吴勉勤.休闲农业与民宿经营管理][M].台湾：松根出版社，2013.

[10] 薛秀芬.中外酒店集团比较研究[M].北京：北京师范大学出版社，2011.

[11] 杨欣，殷燕.两岸民宿比较研究[J].经济研究导刊，2012(34).

[12] 佚名.2017中国景区民宿市场研究报告[R/OL].http://www.sohu.com/a/149926078_100158.

[13] 詹益政.现代酒店经营[M].广州：南方日报出版社，2002.

[14] 郑健雄.休闲旅游产业概论[M].北京：中国建筑工业出版社，2008.

[15] 周琼.台湾民宿发展态势及其借鉴[J].台湾农业探索，2014(1).

[16] 周志宏.酒店概论[M].长沙：湖南大学出版社，2009.